青年视角下新时代基层中国研究丛书

史传林　杨正喜　丛书主编

群体社会工作与基层社会服务

罗天莹　曾永辉◎主编

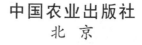

中国农业出版社
北京

党的十九大报告指出，经过长期努力，中国特色社会主义进入了新时代，这是我国发展新的历史方位。新时代的国家治理面临新的形势和新的任务。党的十九届四中全会提出要坚持和完善中国特色社会主义制度、推进国家治理体系和治理能力现代化。2021年4月，中共中央、国务院印发了《关于加强基层治理体系和治理能力现代化建设的意见》，提出基层治理是国家治理的基石，统筹推进乡镇（街道）和城乡社区治理，是实现国家治理体系和治理能力现代化的基础工程。党的二十大对完善社会治理体系、健全城乡社区治理体系、推进基层治理提出了新的要求。在此背景下，加强新时代中国特色社会主义基层治理研究具有十分重要的理论意义和实践意义。

华南农业大学是国家"双一流"建设高校，是一所以农业农村研究见长的综合性大学。华南农业大学公共管理学院拥有公共管理和社会学两个一级学科，公共管理学科是广东省优势重点学科。学院设有行政管理、公共事业管理、土地资源管理、劳动与社会保障和社会工作5个本科专业，有3个国家级一流本科专业建设点和1个省级一流本科专业建设点。学院学科建设和人才培养的原则是入主流、强特色、聚焦乡村、聚焦基层。近年来，学院正在扎实推进公共管理新文科建设，推进公共管理学科与学校新农科、新工科融合发展，力求形成以农村公共管理为鲜明学科特色，以城乡公共治理为特色方向的完备学科体系，将学院建成华南地区研究农村公共管理和农村社会工作的高地。围绕学科发展特色，学院在人才培养方面采取了一系列举措，包括实施本科生导师制、设立本科生创业创新训练项目、举办城乡基层治理调研大赛、成立新文科试验班等，一大批学生因此脱颖而出，他们对基层治理、乡村治理产生了浓厚的兴趣。这些学生在老师的指导下深入基层、深入乡村开展调查研究，撰写调研报告和学术论文，产生了一批优秀的研究成果。这些成果是新时代青年对基层中国、乡村中国的观察和思考，虽然有些稚嫩，但学院还是决定将这些优秀的研究成果结集出版，并命名为"青年视角下新时代基层中国研究丛书"。这套丛书的出版是我们在人才培养和学科建设上的一次有益尝试，未来我们将继续选编出版学生的优秀研究成果。

本套丛书的内容比较丰富，涉及基层治理、乡村治理的众多主题，具体包括基层治理体系建设、基层治理体制机制和平台建设、基层智慧治理能力建设、基层政权治理能力建设、城乡社区群众自治制度建设、乡村"三治融合"的机制建设、基层政府公共服务能力建设、农村人居环境治理和美丽乡村建设、农村土地制度改革与社会治理、农村减贫治理和社会保障治理、乡村社会发展和乡村治理等内容。

本套丛书由六部专著组成，包括方敏副教授、方静之老师、黄剑飞老师主编的《基层治理与农村公共服务》，李灿副教授、王玉琳老师、曾桂香老师主编的《土地制度改革与乡村空间治理》，朱汉平副教授、张小娟副教授主编的《和美乡村治理》，张开云教授、徐强副教授、陈然副教授主编的《城乡社会保障与减贫治理》，罗天莹副教授、曾永辉老师主编的《群体社会工作与基层社会服务》，程启军副教授、曲霞副教授主编的《乡村社会变迁与治理》。

本套丛书的每一篇调研报告和论文都由学生撰写，尽管有老师的指导，但由于学生们的能力有限，其作品一定存在许多不足之处，希望各位读者提出批评并赐教。在写作过程中，学生们参考了大量的已经发表的专著、论文以及媒体的报道、权威部门发布的统计数据等文献资料，在此向这些文献的作者表示感谢！本套丛书的出版，得益于华南农业大学公共管理学院蔡茂华书记等领导的重视和支持，得益于学院各系的组织和参与，在此对学院领导、老师和同学表示感谢！最后，要感谢为本套丛书出版付出辛勤劳动的中国农业出版社的编辑们，他们的专业负责使本套丛书得以顺利出版。

史传林

二〇二三年十月五日于广州五山

华南农业大学社会工作专业是华南农业大学公共管理学院下属的本科专业之一，于1999年开始招生，是华南地区开办时间最早、师资力量强大、累计招生人数最多的社工专业。专业建立以来，一直非常重视社会工作学科的专业发展和学生的培养质量，立足为政府、事业单位、社会组织培养具有社工服务、社会政策、社区规划、社会治理等方面专业知识和能力的人才。本专业不仅是广东省教育厅评定的广东省省级特色专业、广东省人才培养模式创新试验区专业和省级综合改革试点专业，而且获批了2020年度国家一流本科专业建设点，近年来为全国尤其是广东省社会工作专业人才培养作出了重要贡献。

本专业致力于培养理论与实践能力相结合的社会工作行业领军人才，注重对学生学术科研与课内外实践能力的培养，积极促使学生将理论知识和实务工作进行有效结合。作为社会工作专业必修课之一的毕业论文设计，是学生运用所学的专业理论知识，结合自己的实习活动和社会实践，对社会工作各领域的问题进行多视角的思考和探讨，是其四年专业理论与实践学习的总结和成果展示。

为了更好地呈现本专业学生对于当前社会工作服务实践及服务管理等工作的深度思考，充分地展示社会工作专业学生的所学、所思、所论、所得，同时也检验和促进教师的专业教学工作，本书遵循理论指导与服务实践相结合，系统性、实用性与先进性相统一的原则，从近十年的学生毕业论文中选取了部分优秀论文结集出版。

该书主要包括残康社会工作服务、老年人群体社会工作服务、社区治理服务等，涉及当前社会工作实践服务的主要领域。所选论文立足于广东省区域发展实际，是华南农大社工专业师生集体共同智慧、共同努力的结晶，充分展现了华南农大社工专业在读大学生的实践研究能力和教师的学术指导水平。该书所具有较强的地域特色和实践指导性，也将对广东省各高校社工专业开展毕业论文指导工作发挥借鉴和指引作用。

罗天莹　曾永辉

2023 年 8 月

剧场策略在工伤社会康复中的应用[①]

袁颖君

1 绪论

1.1 研究背景

1.1.1 工伤康复之境

在全世界，每 15 秒就有 1 名劳动者死于工伤事故或职业病、160 名劳动者在遭遇工伤事故，每年因工伤事故、职业病以及职业安全与卫生所造成的经济负担约占全球总 GDP 的 4%。据不完全统计，至 2008 年，全国因工伤致残的职工总数累计已超过 100 万人。据估算，每年新增工伤职工达 100 多万，其中，需要接受康复治疗的人数超过 40 万。

1996 年，劳动部出台《企业职工工伤保险试行办法》，明确提出劳动者享有工伤康复的权利，并将"工伤康复费用"列入工伤保险基金的开支项目。2004 年 1 月 1 日起，国务院《工伤保险条例》正式施行，工伤预防、补偿、康复"三位一体"的工伤保险制度框架基本形成，工伤康复的措施得到逐步落实。在我国，工伤保险当前的功能主要集中在工伤赔偿，与德国、日本等国家相比，对工伤职工的康复关注较少。

2009 年 9 月至 10 月，在人力资源和社会保障部组织的全国工伤康复试点评估中，整理出我国工伤康复目前存在"缺乏康复"的问题，表现在作业治疗、康复工程开展欠缺，特别是绝大多数康复机构尚未开展职业康复和社会康复业务，工伤康复领域亟待发展。

1.1.2 工伤求助之碍

工伤职工因负伤失去了劳动能力，甚至是自理能力。由于缺乏有力的社会支持，他们无法及时获得全方位的治疗。面对突然残缺的肢体，受工伤者会时常陷入失能的痛苦和无助，很容易产生焦虑、抑郁的情绪。这些精神伤痛往往会被人们忽视，事实上这种精神状况会在很大程度上影响受工伤者的康复效果及后续的生活。

根据文献资料，工伤职工存在的障碍有自我障碍、环境障碍和社会障碍。

[①] 林诚彦老师指导。

自我障碍是主要的障碍，源于工伤职工的性别、年龄、个性特征、学历教育背景、职业教育、肢体功能、认知功能、自我效能、担忧顾虑（主要是对症状复发、再次受伤的担心）、较低复工期望值、就业动机和就业意愿、伤残适应、工作技能等；其次是环境障碍，源于工作环境、交通环境、家庭过度保护、就业政策、企业文化与结构等；再者是社会障碍，源于社会偏见、社会歧视、雇主态度、同事态度等。

1.1.3 工伤康复之春

2001年10月，广州市劳动保障局在全国建立第一家工伤康复中心并率先探索开展职业康复服务，首创"以医疗康复为基础、职业康复为核心，促进工伤职工全面回归社会和重返工作岗位"的工伤康复模式。此后，经过全国各地陆续探索，职业康复和社会康复的理念正逐步被推广并融入实践中。

部分地区借助社会工作蓬勃发展之势，将企业社会工作、医务社会工作与工伤康复结合起来，使用社会工作的方法对工伤职工进行情绪疏导、信念激励、潜能挖掘、资源链接和社会支持网络构建，促进工伤职工达到预期康复效果。

广州、深圳、东莞等地陆续成立关注工伤议题的社会组织。社会康复服务以个案辅导和团体服务为主。个案辅导包括探访和法律支持，如定期到医院开展探访活动或者通过电话访问跟进个案、针对个人的工伤情况提供法律支持；团体服务包括开展法律讲座和各类主题的小组活动，小组活动主题多为心理疏导、互助、法律支持。

1.2 选题缘起

笔者在实习过程中跟进了广州善导社会工作服务中心（以下简称为"广州善导中心"）的"戏剧扎根流动人口社区"项目，领略到剧场策略为社区和人们带来的活力，见证了工伤职工、流动人口家庭、各行各业的志愿者等因戏结缘、因戏成长。

广州善导中心与东莞同耕社会工作服务中心合作的经历引发笔者思考良多。工伤职工在社工、剧场工作者的协助下，将自己的故事改编成短剧、歌曲，排演受工伤的经历。他们与志愿者一起组建剧社，到工厂、社区、高校巡演，为自己发声、为工伤议题发声。笔者在目睹了社工开展社会康复的历程以及戏剧工作坊中工友们的成长和蜕变后开始反思：怎样可以全面、有效地促进工伤职工的社会康复，提高其生活质量，使其尽快回归社会？剧场是否能够作为一种整合的工作思路和适用的工作手法，协助我们解决工伤的社会康复问题？若可以，它是如何发挥作用、在实践中应如何操作呢？

1.3　研究内容

1.3.1　工伤社会康复的现状及社会工作在工伤社会康复领域的应用

通过文献查阅整理在工伤社会康复领域已探索过的方法及其成效，了解社会工作方法在工伤康复领域的应用，分析现有工作思路与其利弊。

1.3.2　剧场策略在工伤社会康复领域的应用

通过参与式观察和半结构化访谈的方法对剧场工作者、社工和参与剧场工作的工伤职工开展关于戏剧团体活动的过程和成效的质性研究，并对戏剧团体活动的剧场策略进行总结。

1.4　研究意义

1.4.1　理论意义

一方面，现今有关工伤康复的研究集中在法制建设、政策倡导、医疗手段等层面，较少关注工伤职工群体的个体处境和需求。本研究以工伤职工的处境为切入点，关注他们的情感需求，为工伤社会康复丰富了研究案例，同时为个案处理提供了方法参考。

另一方面，本研究是对应用戏剧理论和剧场策略的拓展和延伸。应用戏剧是一个特殊的教育、工作手法，在 20 世纪流行于英国。在我国，从 21 世纪开始，相关的剧场工作者、公益人士将剧场手法引入社区服务领域，组织外来务工人员、教师、特殊人士、NGO 工作人员以及志愿者、社区居民等群体参与演出并设立戏剧工作坊。

剧场策略在小组社会工作、社区社会工作的应用实践较为丰富，但是相关理论研究较少。本研究对工伤社会康复领域中剧场策略的应用，从叙事、赋能等角度展开，并深入探究剧场策略的有效原理和应用操作。

1.4.2　现实意义

本研究总结和分析了目前我国在工伤社会康复领域的社会工作手法，分析各种方法的利弊，有利于工伤社会康复发展。整理剧场策略在工伤社会康复领域应用的经验，有助于社工机构优化工伤康复的路径；有助于社工了解剧场策略在相关领域应用的原则、理念和方法。

1.5　研究方法

质性研究是一种以研究者本人为研究工具，在自然情境下采用多种资料收集方法，对社会现象进行整体性探究，使用归纳法分析资料和已有理论，通过与研究对象互动对其行为建立解释性理解的活动。在研究过程中，使用多种方法，如开放式访谈、参与式和非参与式观察、实物分析等收集资料，用归纳法自下而上地在已有资料的基础上提炼出分析类别和理论假设。质性研究从受访者的观点来了解意义、特定的情境、历程以及建构理论，强调研究者必须能够掌握受访者的主观解释，而不将自身的立场强加于研究对象上。

本研究希望通过收集相关活动的带领者经验和建议，总结工伤社会康复领域现有的戏剧应用探索历程与经验。选用自下而上收集资料，进而提炼分析的质性研究方法。

1.5.1 半结构式访谈

半结构式访谈是一种按照访谈提纲而进行的非正式访谈。该方法对访谈对象的条件、所要询问的问题等有基本要求，但访谈者可以根据访谈时的实际情况做出调整，如对提问的方式和顺序、访谈对象回答的方式、访谈记录的方式和访谈的时间、地点等没有具体的要求，由访谈者根据情况灵活处理。

面对研究对象时，笔者希望最大化地获知个体的知识和经验，灵活地根据访谈进展调整问题结构和提问方式，在访谈中不断地归纳推论，于是笔者采用了半结构式访谈的调研方式。

1.5.2 参与式观察

参与式观察是指研究者深入研究对象的实际生活中，在参与研究对象日常社会生活的过程中所进行的观察，是一种非结构性的观察。参与式观察可以帮助研究者获得真实的现实情况，以便掌握和记录研究资料。

本研究基于笔者的实习经历展开，因此可以实现系统记录和观察。

1.6 研究框架

通过分析工伤社会康复面临的社会困境以及工伤职工的个体需求，笔者了解了社会工作在工伤社会康复领域的应用，并整理现有思路方法与其利弊，再以剧场视角为切入点，应用半结构式访谈、参与式观察总结工伤社会康复剧场工作坊中呈现的剧场特色、功能、经验，总结剧场在工伤社会康复中的应用策略和经验，如图 1 所示。

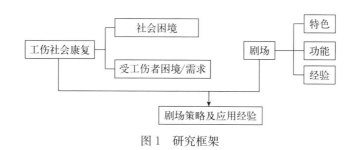

图 1 研究框架

2 工伤社会康复

2.1 工伤社会康复的定义

工伤社会康复指用社会学、社会工作、心理学的理论和方法研究工伤职工的康复问题，以减轻工伤导致的社会问题为目的，尽最大努力改善工伤职工的活动功能，提升其生活自理能力，并使其充分参与社会生活，使工伤职工的权利和尊严与健全人在事实上达到平等。社会康复的核心是促进工伤职工全面康复并回归社会。

在广东，工伤社会康复主要通过社会工作者实施，力求帮助工伤职工解决职业伤病后的个人问题、家庭问题和社会问题，强调的是工伤职工对社区生活的适应、经济上的独立以及工伤职工的生活保障。社会康复贯穿于工伤康复的各个阶段，根据康复阶段的不同，社会工作者需要选择不同的康复内容和切入手法，通过运用专业和非专业的综合措施，寻找解决问题的办法，改善工伤职工的生活和工作环境，提高其生活质量。

2.2 工伤社会康复的社会困境

2.2.1 康复理念待普及

工伤康复包括医疗康复、职业康复和社会康复，目前我国的工伤康复以医疗康复为主，职业康复和社会康复发展缓慢。全社会乃至专业人员对于康复的理解仍局限于医疗康复层面，对职业康复、社会康复的重要性认识不足。

企业雇主对工伤康复缺乏积极认知。首先，企业雇主担心如实申报工伤情况将会影响企业绩效考核，甚至可能引起劳动局对该企业的关注。因此，他们不愿意承担责任，尤其是在工伤情况较严重或涉及多名员工时。这种担心导致雇主倾向于隐瞒或减少报告工伤案例。其次，一些雇主由于缺乏全面的康复理念，为了避免承担长期、高额的康复费用，常常选择跳过规定的工伤赔偿流程。取而代之的，是他们选择与受伤的员工"私了"的方式来解决问题。这种短期有效的解决方式可能会为企业节省一些费用，但却忽视了工伤职工的长期康复需求，可能导致工伤职工潜在的健康问题和患病风险。

2.2.2 康复制度不健全

2003 年颁布、2010 年修订的《工伤保险条例》对于工伤康复经费的提取比例、康复费用的具体用途、工伤康复机构定位和经费来源、康复与治疗的衔接等问题均没有给予明确规定，导致各地工伤保险经办机构以及康复机构在处理具体问题时缺乏规范性操作。劳动功能评估和伤残评定结果是制订工伤康复方案和评定康复效果的重要依据，也是确定劳动者补偿待遇的主要标准。但目前由于康复评估的规范和标准尚不健全，影响了工伤康复工作的顺利开展。"先康复后补偿"是我国从德国工伤保险制度学习到的宝贵经验和制度实施的理想状态，但是我国工伤职工更关注工伤补偿，担心康复后会影响评残等级进而影响补偿待遇而排斥工伤康复，这在一定程度上影响了工伤康复体系建设。

2.2.3 康复资源稀缺

在机构配备上，根据原广东省工伤康复中心主任唐丹测算，即使将我国目前所有的康复机构全部有效地利用起来，每年也只能为 30 万病人提供 2 个月的康复治疗。然而全国每年需要接受康复治疗的工伤病患至少有 40 万人，可见全国范围内工伤康复的医疗资源尚呈稀缺状态。

在康复机构的人员配备上，专业技术人员数量明显不足，学历偏低，特别是受过正规培训的康复治疗师普遍较少，康复专业技术人员的合理调配和继续教育工作亟待加强。即使在医疗康复硬件资源配备齐全的机构或者地区，也存在着因缺少康复师而无法正常开展工作的问题。

2.2.4 社区康复环境较差

社区康复是当前国际上开展残疾人康复服务的主要方式，是通过整合社区内卫生、教育、社会服务、就业等资源，为残疾人提供各种机会和条件，促进其回归社会生活。而在中国，一方面，社区康复与综合医院康复双向转诊网络尚未形成，影响受工伤劳动者及时有效地获得治疗。另一方面，社区成员对工伤康复的认识不足，导致对受工伤者接纳和包容的态度较难形成，这也不利于受伤劳动者的社区融入和再就业。

2.3 工伤社会康复的个人困境

2.3.1 经济压力大

工伤职工的平均年龄为 38.6 岁，处于壮年期。他们的收入通常是家庭的唯一经济来源。工伤待业、又要担负家庭责任的他们，往往承受着巨大的经济压力。发生工伤后，职工需要申请工伤认定、伤残鉴定、伤残等级评定，要求赔偿或向劳动仲裁委员会申请劳动仲裁等，而办理这些手续并不是在短期就能完成的，要付出相当的经济成本和时间成本。

2.3.2 康复思想缺乏

工伤职工自身的康复思想在很大程度上影响了他们参与工伤保险、进行工伤康复的态度和行为。2010 年北京市致诚农民工法律援助中心公布的调查报告显示，在受访的 73 位工伤职工中，没有一位接受过康复治疗。

工伤职工打官司一般要经过 4～10 道程序，至少要花费 1 年时间，有些要耗 3～5 年，有些甚至会变成没有结果的"无尾案"，所以大部分工伤职工不愿意通过劳动仲裁、诉讼等方式维护自己的合法权益，而是通过与东家"私了"

尽快拿到补偿金。虽然"私了"所得的补偿金比法定数额少，但是节省时间，也避开了冗长的程序。

原湖南省医疗工伤生育保险管理服务局局长丁春庭指出，因担心康复后补偿待遇降低，在对"进行康复＋低补偿"与"不进行康复＋高补偿"进行选择时，很多工伤职工选择了后者，有的职工甚至拒绝接受工伤康复治疗。表面上，工伤职工逃开了"烦人"的程序得到可靠的补偿，但他们实际失去的是工伤康复开展后一系列的补偿和治疗。对于工伤康复认识的缺乏使工伤职工无法享有全面的职业康复、社会康复服务，影响他们重返社区、再次就业。

2.3.3 社会支持少

社会支持是决定心理应激与健康关系的重要因素之一，具体是指来自社会各方面的，包括家庭、亲属、朋友、同事、伙伴、党团、工会等所给予个体精神上和物质上的帮助和支援，反映了一个人与社会联系的密切程度和质量。

工伤职工可获得的社会支持与其个人的心理健康状态呈正相关，即增加对工伤职工的社会支持，帮助其解决实际问题，能够有效改善伤者的心理健康状况。研究发现，得到亲友帮助和支持的工伤职工更容易在再就业时取得成功。

在现实中，工伤致残的返乡劳动者基本没有得到强有力的社会支持，返回熟人社区时甚至会遭到乡邻的白眼和厌弃。

2.3.4 自我认知度低

自我认知包括自我观察和自我评价。自我观察是指对自我感知、思维和意向等方面的觉察；自我评价是指对自我想法、期望、行为及人格特征的判断与评估。

身体残缺的工伤职工往往难以适应新的生活习惯和方式，因此他们容易否定自我价值，对家人产生内疚感，容易产生轻生念头。

2.3.5 自我效能感低

自我效能感是个人对自己完成某方面工作能力的主观评估。而工作是确定个人价值，提升自尊和自我效能感的重要途径。另外，工作赋予的社会角色满足了人类对控制和自我实现的需要。工伤职工在受伤后可能会无法从事原来的职业，在再就业过程中往往受到雇主的歧视和拒绝，因而自我效能感降低，觉得"人生无意义"。

调查显示，近七成工伤职工在伤后至少经历过一次负面生活事件，如家人生病、离婚、家庭矛盾、欠债、伤后并发症等。在多重的负面生活事件发生时，他们往往觉得自己已经是个"无用的人"，自我效能感低，解决困难的主观能动性降低。

2.3.6 心理健康问题突出

大部分研究表明工伤职工的心理健康状况普遍较差，七成以上的人在工伤事件后不仅会出现由疾病导致的躯体症状，还会产生强迫症状，焦虑、抑郁等负面情绪及饮食睡眠障碍；性格出现偏执，易激动，不愿与他人交往。

部分工伤职工在伤情稳定一个月或几个月之后，还可能会出现一些创伤后应激障碍症状。主要表现为：受伤时情景的重复体验，以想象或梦的形式回闪；拒绝谈论与受伤有关的事情，避免回到受伤场所；缺乏安全感，警觉性提高，容易被突然的声响或动作惊吓。

综上所述，工伤社会康复面临着工伤康复理念普及度低、康复制度不健全、康复资源稀缺、专业人才匮乏、社区康复环境较差的困境，而工伤职工个人由于承受着经济、社会环境压力，导致自我认知度低、自我效能感弱，容易产生焦虑、抑郁等心理健康问题。

2.4 工伤社会康复中社会工作思路和方案

广东省是全国较早建立社会工伤保险体系的省份。继 2001 年成立全国首家工伤康复机构——广东省工伤康复中心后，从 2006 年开始，广东省劳动和社会保障局颁布了一系列的工伤康复政策，2007 年，广东大力推进全省工伤康复工作发展，积极促进康复政策体系、标准体系和组织体系的构建，重点加强珠三角地区的工伤康复工作。

从工伤康复的实践来看，社会工作的介入能使工伤职工获得专业康复治疗，专业社工人才队伍的壮大也为减轻工伤保险基金负担、社会及家庭负担起到积极作用。广东省内部分工伤康复中心已经摸索出较为合理的社会康复模式：针对康复者进行康复全程的个案跟踪，根据个体康复需求，通过当地服务机构转介，构建社会支持网络，帮助工伤职工恢复和重建社会功能、克服身心障碍，帮助他们改善和提高生活质量。

根据文献查阅，整理常见的工伤社会康复思路和方案有如下四种：

第一，以情绪调节为主题开展社会康复。

以东莞市（虎门）工伤康复中心针对工伤职工出现的烦躁、恐惧、抑郁等一系列情绪问题开展的"健身健心，你我同行——抑郁情绪管理小组"为例，该类型社会康复方案的特点是运用理性情绪行为疗法建立个案咨询、情绪管理小组，借助社工的引导、成员间的互动，让工伤职工转变非理性信念，学会控制和调节不良情绪，同时也可以通过建立社群组织，构建工伤职工间的社会支持网络。

以情绪调节为主题开展社会康复，可将个案或小组目标直接设定为情绪的识别和处理，积极地对个人问题进行识别和控制，如：认识情绪的产生、掌握处理负面情绪的方法、运用工具获得情绪管理能力。

但在该类型工作的开展过程中，存在着成员不想坦露心声，对自己遇到的问题和困惑说不出口的难题。据社工反馈，部分工伤职工很难将自己的情绪通过语言表达出来，甚至难以感知伤痛。而对自我经历中创伤的察觉和情绪的感知是工作开展的关键，如把握不准，往往会阻碍社会康复顺利进行。

第二，以互助增能为主题开展社会康复。

以东莞市大岭山友维工友公益服务中心为例，该组织针对工伤发生后，工伤职工面临的角色适应等问题，以互助增能为主题开展的社会康复将重点放在团结及壮大工伤职工互助社群上。他们认为，一方面，同样经历工伤的工伤职工可以更加了解彼此，这种共同感能有助于他们结成稳固的人际支持网络；另一方面，人际网络可以促进工伤职工在日常生活中交流、互助，使他们从工伤后的受助者转变为使能者，社会角色的"康复"帮助工伤职工恢复他们的自我认同感和自信心，在伤后继续实现个人价值和社会价值。

该类型工作常用手段是通过建立工伤志愿者团队、就业互助平台，协助受伤劳动者回归主流社会，促使其社会角色发生正面转变。工伤职工互助平台有助于参与者更好地传递信息，链接资源，增进人际互动，增加社会支持，同时，在帮助其他工友时可以增长能力、培养信心。

第三，以法律赋权为主题开展社会康复。

以东莞市同耕社会工作服务中心为例，他们针对工伤职工面对缺乏理想支持的社会环境时的无权、无力感，以及自身文化水平和法律意识的局限，以法律赋权为主题开展社会康复活动，通过普及法律知识来实现工伤职工自助、赋权。

该组织认为，应提高工伤职工的法律意识并传授法律知识，让其认识到雇主对于工伤的发生有着不可推卸的责任，雇主有义务履行合理赔偿，如果掌握了与雇主沟通、谈判的技巧，可以提升工伤职工解决问题的自信心，在一定程度上改善他们的生活境况。

该类型康复工作关注向工伤职工传授工伤知识、沟通技巧、法律知识等，有助于他们增进法律意识和维权意识。

第四，以社会倡导为主题开展社会康复。

以北京新工人艺术团为例，他们通过艺术形式助力工伤康复议题，如他们用原创歌曲《城市的生活》为受伤矿工发声。通过艺术促进了社会对工人处境、工伤困难的理解。

艺术工作团体更多地从社会影响力、公共传播上为工伤议题的推广做贡献，并为有艺术特长的工伤工友给予了情绪的抒发出口和展现自我的空间，提供了社会参与的途径，但尚未能与更多普通的工伤职工建立联系。

总的来说，以上四种社会康复思路和方法在处理工伤职工的个人困境、社会困境时取得了一定的成效，能够帮助工伤职工实现社会康复的部分目标。

3 剧场

3.1 剧场的定义

剧场（theatre），是一种在特定区域由演员现场演绎真实经验或想象事件的综合艺术表演形式，演员会使用肢体、演讲、歌唱、音乐和舞蹈等多种表演方式。

早期的剧场是举办巫术仪式的祭场，是以祭祀者为中心的表演空间。现代剧场的构成元素包括灯光、音响、道具、服装等，剧场的艺术呈现形式越发专业化、剧场形态也各有特色。

英文中的 theatre 来源于希腊文的剧场 theatron，指观众"观看的场所"，该词可能来源于"theasthai"，即"看"。这说明剧场本身包含观众，剧场本质上和观众分不开，是"观—演"关系的集中体现。即使没有正规的舞台和座席，没有灯光、布景，只要有演员和观众的双向参与交流，"剧场"就存在。

3.2 剧场的应用

戏剧和剧场历史源远流长，现已发展出各式各样的戏剧与剧场形态，如话剧、舞剧、戏曲、木偶剧、影视剧等，这些形式都广为人们喜爱。新兴的表演艺术广泛吸纳人类学、社会学、心理学和语言学养分，为传统剧场注入动能，并从各领域探究剧场作为公众性综合艺术平台的功能与价值。剧场工作者、戏剧学者及其他相关领域的理论研究者和工作者也开始探讨、开发戏剧和剧场应用潜能。有关应用戏剧的剧场创作与研究在 20 世纪 80 年代末期崭露头角，至 20 世纪 90 年代正式出现在大众视野中。

应用剧场或应用戏剧作为剧场或戏剧界的新锐学派，发展历史仅一百多年。相应理论和实践都处于探索阶段，对其定义、形式、内容等划定暂无定论*，故将国内外学者论点整理如下（表 1）。

表 1　应用剧场或应用戏剧的定义

学者/组织	定义
Judith Ackyord（2000）	应用戏剧的特征包括了观众参与和明确的意向性（intentionality），即剧场影响力以及美学形式之外的信念。应用剧场联系传统剧场"功能—娱乐"取向，既可以作为学习媒介，也可作为一种艺术形式

---

* 应用戏剧与应用剧场在戏剧学术上存在争议，不同学者对其内涵与外延有不一样的理解。但在本文中，笔者不着重讨论两者的异同，因为戏剧和剧场发生机制、作用原理是一致的，因而文中把两者置于一个广义"剧场"中。

（续）

学者/组织	定义
James Thompson（2008）	应用剧场是一种少数或边缘人群的参与式剧场，有通过（by）、和（with）和为了（for）三种形式
国际戏剧/剧场教育联盟（IDEA）电子期刊	应用剧场是社区剧场、应用在商业与企业的剧场、应用于政治辩论与行动的剧场、终身教育与学习的剧场
新西兰教育部	应用剧场是戏剧教育领域的一个分支，实践场域包括商业、公司与社区
赖淑雅（2008）	应用剧场泛指应用于社区、教育、治疗等领域的剧场模式。涵盖了以过程为导向和以展演为导向的实践形式。从目标取向而言，它包括满足个人的需求、个人的教育目标、群体的目标、组织的或商业的目标四种范畴
王婉容（2008）	应用戏剧是以互动的方式达成社会参与及改革的主要目标之戏剧和剧场活动
陈韵文（2008）	应用戏剧是一种意向性明确的剧场形式，运用戏剧来传达讯息、建立共识、方案或提升意识以引发改变，具有激进性与工具性的特征，同时强调过程中的主动性与参与度，注重互动的技巧，可能是过程导向或是展演性的剧场形式
欧怡雯（2011）	应用戏剧是用来形容一些通常在非剧院的场景、有别于舞台艺术的表演活动，由一群特定背景的参与者或观众，透过应用戏剧互动过程和/或创作剧场演出，达至其特定目标的实践

注：该表根据陈韵文《应用戏剧理论初探》整理（出处详见参考文献）。

以上都是剧场在社会发展中的应用，这些剧场活动表现出以下的内涵特点：面向特定人群、对象；有明确的功能目标；强调互动和过程参与；将剧场或戏剧作为一种工作策略、技术工具。

由于剧场、戏剧本身的综合性和整合性，使用剧场策略的工作情境也呈现不同的应用形式和特色优势。剧场思维将从过程导向到结果导向、从个人需求到社群需求、从治疗到倡导、从艺术到政治的不同维度的目标整合起来。

剧场不仅仅是展现一幕剧、一场戏的平台，更是一种增进交流、促进参与的工具与手法，是一种分析处境、解决问题、动员行动的整合工作视角。剧场的优势不限于艺术的空间中，还可以作用于社会空间。借助剧场人们可以讨论特定议题，并进行行动演练，这有助于个人或社会在意识、态度甚至行为上的改变。

3.3　剧场的功能

在具体的观演活动中，剧场呈现不同的功能。在功能发挥上，剧场与戏剧相互作用，展现出更注重教化或更注重娱乐或者复合性、交互性的效果，如表2所示。

表 2　剧场的功能

功能维度	简要解析	具体表现
仪式—交流	使人们进入一种集体精神体验，整合人际关系、加强社会联系、促进社会交流	①行使社会控制； ②提供社会归属； ③制造人生模仿模式； ④引导社会时尚潮流
游戏—娱乐	使人们得到精神上的愉悦	①休闲娱乐； ②让人们自由快乐发挥生命创造力； ③寓教于乐
净化—陶冶	形成适度的情感状态，荡涤心灵	①道德培育、人格养成； ②解放身心、提升境界； ③心灵治疗、获得安宁
认知—启迪	反映社会人生，提升人生价值和境界	①获得知识，了解人生； ②开启心智，启迪开悟
引导—规范	作为文化和社会行动承载社会传统和社会意识	①进行社会示范和表率； ②精神启迪、文化启蒙； ③感染教化、匡时济世

注：该表根据施旭升编著的《戏剧艺术原理》第十章整理（出处详见参考文献）。

3.4　剧场功能的产生机制

剧场呈现的社会功能和戏剧带给人们的审美体验主要是通过共情（empathy）与间离的作用而形成的。

德国美学家立普斯认为，共情是在对象中发现自我，实质上是对自我的欣赏。前苏联文艺学家巴赫金认为，共情之后必须回归自我。如果不返回自我，就不能加以评价。观众通过情感的同化与角色、戏剧情境产生共鸣，产生心理"内模仿"，即"情感模仿"，进而再转变为"外模仿"，即"行为模仿"。

德国著名剧作家布莱希特提出了"陌生化"效果，观众与角色始终保持心理距离。戏剧的间离效果，使人们从"共鸣"所造成的感情激动中解脱出来并用批判的态度对待眼前的事件，终止共情，从而保持冷静的姿态面对戏剧，通过反思达到教化的目的。共情与间离相辅相成。没有共情，剧场不能使人们感动于中，没有间离，人们也不能仔细分析剧场中发生的一切。

4 研究过程

4.1 研究历程

4.1.1 准备阶段

笔者在确定研究方向后，开始进入工伤职工的生活场景中，通过参与工伤职工戏剧团体工作，与工友们建立关系，了解其伤后生活和康复历程，探究工伤职工面临的困境和真实的需求。在团体活动过程中，观察他们的表现和前后改变，记录他们的变化。明确研究主题，持续进行文献查阅和探究。设计访谈提纲，准备访谈，同时借助工作情境进行预调查。

2017年3月至7月，笔者于实习期间跟进广州善导社会工作服务中心与东莞同耕社会工作服务中心的"戏剧扎根流动人口社区"项目，作为现场工作人员参与1次演前排练、2场公演、1期演后工作坊，深入了解剧场工作坊的运作过程以及剧场工作坊带领者的工作流程和手法、工伤职工参与其中的反应和变化。

4.1.2 正式研究阶段

邀请剧场工作者、社工进行访谈，将他们的回答及非语言信息、团体工作中的表现形成访谈记录。根据扎根理论的三级编码方式，通过开放编码、主轴编码、选择性编码形成分析文本。

2017年10月至2018年2月，笔者邀请经验丰富的工伤社会康复领域的社工以及曾经带领工伤社会康复剧场工作坊的剧场工作者进行深度访谈。通过半结构式访谈的方式了解他们对于工伤职工的认识、对于剧场的认识以及在使用剧场策略时的体会和经验。2017年11月至2018年3月，笔者根据访谈音频文件逐一进行整理和分析，对存疑的回答与访谈者进行再次确认，最终形成分析文本。研究流程见图2。

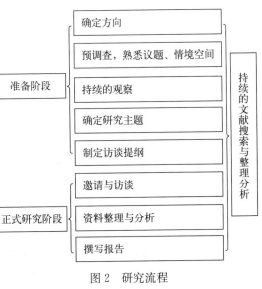

图2 研究流程

4.2 研究对象

本研究面向工伤社会康复领域有经验的剧场工作者。因为工伤社会康复领域从业社工相对较少，熟悉并开展过戏剧团体活动的带领者屈指可数。受限于该情况，无法采用抽样方式，因此研究对象工作经验差异较大。虽然工作背景差异大，但是戏剧、剧场的应用都始终是他们的兴趣或者特长，工伤议题是他们热心关注或者长期工作的情境，如表 3 所示。

表 3　研究对象

代号	职业	相关工作背景	与工伤职工社会康复相关的工作经历
A	剧场工作者	10 年以上剧场活动带领经验	6 年
B	社工	3 年以上工伤议题工作经验	6 年
C	剧场工作者	10 年以上剧场活动带领经验	7 年

4.3 研究工具

4.3.1 访谈员与访谈提纲

访谈员为笔者本人。访谈前，笔者根据文献阅读和实习了解工伤社会康复的社会困境和工伤职工的个人需求，社会工作介入方案以及剧场策略及其应用，以此整理出针对剧场工作者的访谈内容。

访谈提纲如表 4 所示。

表 4　访谈提纲目录

一级目录	二级目录
对工伤社会康复议题的理解	对工伤职工的认识及态度
	对工伤职工面临困境的认识及态度
	对工伤社会康复的认识及态度
对剧场的理解	对剧场的认识及态度
	对剧场策略的认识及理解
作为小组/工作坊带领者的实际应用经验	带领戏剧小组/工作坊的经验
	带领工伤职工的戏剧小组/工作坊的历程
	带领中观察与识别工伤职工的成长与改变及发生的原因
	剧场策略与其他工作策略的异同

4.3.2　访谈记录

访谈记录是笔者在观察、访谈过程中的实际记录、反思笔记，是进行资料整理和分析时的参考。内容包括对访谈中的语言信息，还有对非语言信息的记录，以及笔者对访谈过程的思考。

4.3.3　录音设备

为了完整地保存访谈资料、现场工作情境，笔者会使用录音设备进行全程录音。录音前笔者会告知受访者及在场者录音的目的和意义，以及录音音频使用的方式和途径，取得受访者、在场者的同意。

4.4　资料整理与分析

4.4.1　资料整理方式

笔者将对访谈录音进行逐字转录，转录时为确保转录能够真实还原受访者的观点与表达，在保留每一个字句的同时，笔者还会针对访谈现场的情境、受访者的谈话背景等进行补充，"〔　〕"内文字为增补内容，"（　）"内文字为注释内容，"……"代表省略的内容。

4.4.2　资料分析方式

将访谈逐字稿进行编码，按照开放编码、主轴编码、选择性编码的次序对访谈逐字稿资料进行逐级分析。

第一步：开放编码，即将逐字稿划分为不同的意义段落，从而形成与研究主题相关的意义单位，过程如表5所示。

意义单位编号以四部分编码组成，第一部分以大写字母表示受访者，第二部分以个位数字表示第几次访谈，第三部分以三位数字表示访谈的第几次对话，第四部分以两位数字表示该段对话中的第几个意义单位。例如"A1-002-09"代表的是与受访者A的第一次访谈记录中第二段对话中的第九个意义单位。

表5　开放编码过程示范

访谈记录（A1-002-09）	开放编码过程
当你不断重演，好似心理治疗里面的面对，你要面对你的痛苦，接着尝试去重演，去再次经历的时候，你会发觉啊，其实都不是这么难度过。当你害怕面对的时候，就说明你在无形地抗拒，那种恐惧和伤痛会一直留在心里面。但是当你直面，好似回放，直面你的痛苦的时候，大家陪着你、支持你面对，尝试再次经历的时候，你就会觉得这个东西"哦，就这样过去了""哦，好似我没有这么痛了""好似我可以面对了"。当你可以面对的时候，你的苦楚就可以放下，所以戏剧无形中会有一种疗愈。当然我们不是治疗性的，但也是想帮他们放下，这个过程的手法会不自觉地帮助他们舒缓、释放	①识别意义段落（示范中用斜体标识意义段落）

（续）

访谈记录（A1－002－09）	开放编码过程
当你害怕面对［痛苦］的时候，就说明你在无形地抗拒，那种恐惧和伤痛会一直留在心里面。但是当大家陪着你、支持你面对，尝试再次经历的时候，你就会觉得这个东西"哦，就这样过去了""哦，好似我没有这么痛了""好似我可以面对了"。当你可以面对的时候，你的苦楚就可以放下，所以戏剧无形中会有一种疗愈［的作用］。［戏剧］不是治疗性的［手法］，［但］这个过程会不自觉地帮助他们舒缓、释放	② 适当修饰意义段落
害怕面对痛苦，说明在抗拒恐惧和伤痛。当他人陪着你、支持你面对，你的苦楚就可以放下，戏剧有疗愈、舒缓、释放的作用	③ 最终形成意义段落
害怕面对痛苦会压抑恐惧和伤痛。	④ 命名意义单位
在他人支持下直面、重新经历痛苦可以放下痛苦，有疗愈的作用	

注：研究框架参考龚庭溱的《华人文化视框下台湾乳癌病友表达性艺术治疗团体方案设计原则之探究》（出处详见参考文献）。

第二步：主轴编码，即将意义单位整理组合，把相关的意义单位归纳为同一意义类别。

第三步：选择性编码，即形成完整的概念和概念之间关系的架构。

第四步：反复审视和检验以上三步，返回原始记录核对意义划分和概念及其关系的架构。

第五步：撰写关于工伤康复的剧场策略摘要以及形成初步的策略、应用指南。

5　研究结果与分析

5.1　整合视角：从"人在情境中"到"剧场"

5.1.1　"人在情境中"

在"人在情境中"视角下，除了要了解服务对象个体内心情境之外，还应关注服务对象所处的社会环境。它强调个体与环境的交互影响。

玛丽·埃伦·里士满最早用"社会诊断"的方法审视个体需求与环境之间的关系；20世纪50年代，心理社会学派乔治·汉密尔顿·戈登正式提出"人在情境中"，要求社会工作者不但要看见服务对象现在所面临的问题，更要深入理解服务对象在所处环境当中的困难及其与环境互动的关系；20世纪70年代，融入生态系统理论的社会工作更加强调要以人的环境为整合视角，应把人的问题、需求放之于宏观的社会环境视角中。

5.1.2 从"人在情境中"到"剧场"

"人在情境中"作为一种中观的视角，为个体问题的产生提供一种相对具体的分析框架，而对于社会工作者理解个体行为产生的内在机制，以及在实际工作中解决个体问题缺乏微观的解释和指导。

社会工作者通过"人在情境中"视角整体、全面地解读服务对象，坚守"人在情境中"的信念——被孤立对待的个体产生的问题是系统、环境的问题，而不仅仅是个人问题。

而在"剧场"视角中，剧场并非单一的物理空间，而是角色、演员、观众及其之间关系的集合。剧情的发展不只是由角色、角色之间的互动推动，还通过观众与演员之间的"观看"与"演出"的互动关系发展的。

在工伤社会康复剧场工作坊中，工伤职工摘掉自我日常背负的"工伤者""残疾人""失业者"等身份标签，在与剧场带领者、参加者共同创造的剧场空间中演绎不同的社会角色，如工厂老板、受工伤者妻子，一人分饰多角、演绎对应角色的态度和行为。

在剧场工作坊活动过程中，一方面，工伤职工成为自己生命故事的观众，使个体暂别固有的主观视角，作为旁观者观看自己在工伤事件中的处境，发现工伤事件发生背后宏观的社会结构性问题，也观察到受伤者（本人）展现的生命韧性或者是懦弱逃避态度；另一方面，工伤职工也有权利成为剧场中的演员，重新成为自己人生剧本的主角，通过顽强的意志和不懈的行动去改变受伤后的困难处境，在剧场关系中转化个人的痛苦和困境。

剧场中的角色或观众是有能力影响剧情推进和故事发展的。剧场不仅把个体或是角色放在整合的环境中理解、评价、修复，而且把个体或是角色作为故事主体，赋予其塑造、发展、创造剧场空间的权利。

因此，剧场作为一种艺术手法，是"人在情境中""人—社会"关系的视觉化呈现，而"剧场策略"为"人在情境中"的视角提供了情境与个体互动的进一步解释，为社会工作的整合视角增加了微观的描述。

5.2 剧场策略的重要元素

5.2.1 启动身体，联结身体与自我

工伤使许多职工落下永久的身体残缺，原本健全的人成为肢体障碍人士后，他们对不再完整的肢体产生自怜、自卑，甚至自我逃避。这种不接受的心态或行为，对工伤康复和未来生活会产生严重的负面影响。

有个断了手臂的叔叔，一开始叫他演，他就会说"不演啊，我怎么演呢"，就把自己的手收在背后。（A1-002-03）

残缺的身体会让他们产生强烈的自我否定。他们会不自觉地把对身体的关

注焦点放在缺失的肢体部位，而不是在健全的部位上。长期对自己身体的不接纳、回避加重工伤导致的心理创伤，影响工伤职工自我认知的恢复与自我适应。工伤职工的身体时常处在紧张、警惕的状态中，他们对于他人的眼光、注视非常敏感。

有一个工友，她整个右手臂都没有了，在外面，我们从来都看不出来她没有右手臂，因为她会戴假肢。她不想让别人看到她没有手。要是别人看着她，她心里会很不舒服。(B1-004-16)

身体与自我的联结，是工伤职工适应新的自我的第一步。身体的启动可以使人们重新感受到自我的存在，残缺部分被唤起表示对身体的尊重和自我的接受。

剧场工作坊时常会开展大量的以活动身体为核心的剧场游戏，帮助参加者放松身体，找回自己对身体的认知和控制感。研究指出，对自我的控制是由我们与身体的关系决定的，所以要活在当下，充分呼吸、接近内在感受。

[舞台站位，]眼神、声音、呼吸、肢体放大[与缩小]，这些都是每次活动的基本训练内容。(A1-002-01)

戏剧的训练方法会影响工伤职工，游戏会让他们意外发现："哦，原来我都可以玩!"玩让他们很开心、放松。肢体游戏可以让他们抒发不同情绪，让他们不停地喊一喊，慢慢地将心结打开。通过游戏实现肢体的训练，就算是看起来很简单的游戏却让他们很开心，令他们慢慢释放[身心]压力。(A1-003-01)

剧场工作坊强调身体感知和运用，热身的练习和活动让工伤职工关注自己的呼吸、肢体，远离自我与身体脱离的状态，这有利于他们找回与身体、感受联系的入口，找到自我控制感。

5.2.2 宣泄情绪，表达需要

情绪低落、抑郁是工伤职工受伤后的常态。他们难以准确感知自己的情绪状况并分辨、表达自己的感受。

有一个比较沉默的工友，她会准时来参加工作坊。但是她参加活动的时候不太出声。她也想说，但是又说不出来，就[表现出]很难受、悲伤的表情。(B1-004-02)

在缺乏有效的支持和陪伴时，"不说"是工友们处理情绪的良招，因为忽视，甚至是压抑情绪，可以让他们暂时远离痛苦和压力。

遭遇工伤之后，不论是因为自己的心理压力，还是社会的外界压力，工友是不会主动谈论自己受伤的事情的。人在经历过重大伤害后，就会有创伤后遗症，其实很多工友都提到自己会梦到自己受伤的那个瞬间。(B1-004-20)

长时间负能量的积压，使工伤职工容易感到"被威胁"，产生恐惧、愤怒等极端情绪，身体做出时刻准备"战斗"或"逃跑"的反应。

受伤女工听到老板在病房门口对自己的家人说，"你老婆这个伤是她自己弄的，因为她没有按照我们的章程去操作机器，［手指］才没了的，我们肯定会医好她的，但我们不会赔偿太多。"受伤女工说，"我听到这句话时，我就想拿把刀砍他，我们同归于尽算了。"（B1－004－07）

这种不安全感、不信任感，会使受伤者与家人或者医护工作人员沟通时，陷入恶性关系的循环。

在传统的心理咨询、治疗、团体工作中，语言是处理创伤的基本工具，因为语言能表达感受和记忆，重现自我和经历。语言对自我感受的准确表达，需要意识与身体系统有良好的运作联结，而这种联结往往会被创伤经验毁坏。所以，对于有创伤经验的对象，非语言的表达方式避开了身体与受伤记忆的联结，可减少身体失控的情况。研究证实，出现创伤后应激障碍的人已经在某种程度上失去复原能力。当人们在面对一个突发、无法预期而且可能威胁到生命的事件时，通常会经历一段麻木、失去自主性的状态。所以，要能描述完整的故事，就必须修复好身体感知能力，使得由于创伤产生的情绪能够被重新感知。重新觉察与感知身体的感受，并将它描述出来是治疗创伤的关键。

作为一种表达性艺术工作手法，剧场策略能够协助参加者通过非语言的方式表达自我。有些难以言说的个人经验、情感，通过肢体语言可以简单、直观地呈现。

我们会组织一些猜情绪的游戏，正面负面的都有，让他们演绎不同的情绪，通过扮演去了解不同的感受。（C1－004－01）

并且，肢体隐喻性的表达可以使参加者获得安全感，而后能顺畅表达压抑的情绪、想法。

我们直接把种种情绪定格出来。比如去和工友说："当你听到这个故事的时候是什么感受？用动作把这个感受做出来。"当我们通过剧场把这些东西表达出来，他们的感受就会被人抓到。（C1－003－01）

透过剧场形式，人们将经验、故事具体化，将语言或肢体和感觉联结起来，会实现很好的情绪宣泄效果。参加者在被听见、被看见、被认同的过程中获得安全感。

把故事演出来，很多时候强调自我看到、听到，所以我和你有一些深层的情感联结，我能够理解你的故事。（C1－009－01）

剧场中通过投射也可以帮助人们表达、宣泄情绪。剧场中的角色帮助工友反思自己的情绪和经历，从而提高他们对情绪的识别度，以便对外界环境做出准确、合适的反应，更好地适应生活和生存。

剧场中，角色说出"我就是个废人"，这句话会被演员做成定格，[演教员] 就是抱着头蹲在那里的，一直不停地重复这句对白。当看到这些身体情绪的定格"雕塑"时，也就是工友看到自己情绪的时候。(C1-005-03)

大家不断把这些事情、心理负担讲出来，当这些不再成为他的心结、他的问题时，他就不再害怕面对工伤了。(B1-004-22)

身体的激发活动使人们不再麻木或者藏匿自己的情绪，趣味剧场游戏有助于减少焦虑并营造信任安全的环境。

5.2.3 重演经验，重构叙事

工伤职工会陷入主观视角，容易迷失在个人的痛苦遭遇里，不能及时从情绪中抽离、观察周围其他人的反应和境况，更难以直面工伤事件的发生及进行工伤康复后续事务的处理、回归社会。

工伤职工作为工伤的主体，由其辐射的社会关系都会因他发生改变。他的情绪和态度会影响身边人的情绪。负面情绪的恶性循环不利于身体的康复和情绪的恢复。

当工友遇到工伤后，如果不能正面这个转变，她的情绪会冲击以后的生活，因为她会影响身边的很多人：妻子/丈夫、其他家人、医护人员，甚至是生活中交集不多的人。(C1-002-01)

神经科学研究显示，唯一能改变自己感觉的方式，就是去觉察我们的内在经验，并学习与内在经验和解。当工友本身对工伤的发生、处理等整个伤痛事件有了全面的认知，看到工伤发生之后所有人的境遇，他才能正视自己的遭遇、正视自己的情绪，从而把内在力量转化到自我康复以及社会关系修复上。

弗洛伊德认为，重演是在潜意识试图借重新经历一次事件，尤其是创伤事件来寻求对创伤的掌控，并期望最终获得解决问题的技巧的方法。剧场可以打破时间与空间的界限，建造虚拟空间让参加者回到某一情境，重新感知"当下"。

当工友害怕的时候，这就说明他在无形地抗拒，那种恐惧和伤痛会一直留在心里面。当 [工友的经历通过戏剧] 不断重演，他一次次直面他的痛苦，接着尝试去重演，他会发觉没那么难度过。[因为排戏的时候，] 大家陪着他、支持他面对，当再次经历的时候，他就会觉得这些苦楚可以放下，所以我觉得戏剧无形中会有一种疗愈 [的作用]。(A1-002-09)

剧场能创作一个整合多个服务对象特质的角色，这个角色可能综合了团队中每个人的生命故事，因此他是每一个人，但他也不是任何一个人。

故事不是自己的故事，但其中的内容和工友的经历是相关的，[他们] 借故事的角色去重新梳理自己。(A1-002-10)

戏剧的陌生化效果，通过分离角色与自我，为工伤职工营造安全的讲述和改变距离，在这样类似于叙事疗法中把人们的自我、与他人的关系、问题区分开，使人们在关注人的个体经验时，也用欣赏的态度去审视自己的行为和诠释的手法，有助于提升自我效能，实现心理赋权，促进个人成长。与此同时，有助于突破原有经验的组织逻辑、关系的塑造，为生命建构新的意义。

剧场其实呈现了每个工友的状况、我们可能会有怎样的冲突。所以他是在跟他有同样境遇的人在一起思考、分析自己遇到什么事情，我觉得这个过程使得他们不仅仅沉浸在自己的情绪当中，而且也可以稍加理性地分析发生了什么，还可以做什么。我觉得当人可以开始稳定自己的情绪，开始思考自己的下一步，生活就会很不一样了。（C1-009-02）

有效的叙事帮助人们摆脱传统和消极的思维束缚，抵制社会主流舆论的破坏性影响，让人们关注自我经历和特殊经验，更多赋能于人们的所写所说。剧场可以创造事件重演、引导行为改变，这是帮助身体适应刺激、建立新的化学平衡的有效途径。

5.2.4　同理共情，搭建人际支持

除了有"情绪说不出"的烦恼外，工伤职工也找不到合适的情绪发泄口。由于缺乏对他人的信任，他们更愿意把自己封闭在个人孤独的世界里，远离人群。

现在每个人都会问她，很好奇地让她把手拿出来看。那种"仅用四个手指就轻松换来赔偿"的"羡慕"心态让工友受不了。（B1-004-15）

有人说，我受工伤两个月了，家里人都没有一个来看过我。我们当时在做访谈的时候，真的有工友遇到这种状况：家人知道他受了工伤，老婆跟他离婚，爸妈让他不要回来了。（C1-005-05）

工伤职工周围的人，甚至是他们的家人都无法理解或者愿意聆听工伤经历，他们很少能获得及时的疏导和关怀。工伤职工既远离了熟人社区，又与家人有了隔阂，失去了大部分的获得社会支持的途径。

除了住院时，隔壁病床那些同病相怜的工友外，基本没有真正懂工伤痛苦的朋友。家人们也会成为那些"不懂我"的人。（B1-003-06）

身边的人不太愿意听他们不断重复讲这个事情，觉得血肉模糊很可怕。一个工厂里100个人中每年可能只有1~2个人发生工伤嘛，所以很难有人可以理解他们。（B1-004-21）

工伤职工需要被理解，获得支持。此外，他们也需要关注工伤事件中除了自己之外的其他人，理解他人的压力和困境。

工伤事件之后，有些工友暂时没有能力去了解相关方的态度。我们通过一些剧场手法去演绎这些相关方角色，如妻子、厂方代表、工友，去让他们看到，创造机会让他们去了解这些人是如何想的。（C1-009-03）

具有同理心是建立良好人际关系的心理基础。要学会理解和体会他人的处境，这样我们才有可能突破认知的局限，创造新的关系局面。剧场引导人们全身心地成为"某个人"，感受他的喜怒哀乐、体会他的生命处境。这种沉浸式的体验会帮助工伤职工放下批判和偏见，客观地看到自己或者某个人的处境，与之产生共鸣。

我看到那天演出完，工伤职工被分成几个组，跟不同的观众交谈，在分享自己的故事时，你会看到他们的眼睛是在发光的。他们觉得有机会把自己的事情说出来，可以释怀。(C1-010-04)

剧场中的合作与交流帮助工伤职工分享自己的故事，让他们的经历被听到、让他们的苦痛被打开，从而减少独自承担的孤立感，这种情感的共识有助于参与其中的工伤职工之间建立深入关系。

在第一、二次工作坊的活动中没有特别关注他们自身的经历，只是让他们互相认识、对团体产生安全感，为将来的分享做准备。(B1-004-01)

此外，团体活动可以帮助参与者重新整合个体社会性，让人不再感到被孤立。

热身环节，用菲律宾式握手互相打招呼。这个很重要，因为很多工伤职工都是手出现了状况，其实很多人不能接受自己没有手或者是自己有手部残疾。对于受伤工人最难的就是接纳自己残缺的身体，接纳自己没有手的现实。这个环节就是让他们认识到他们正在跟有着同样境遇的人在一起，进而接纳自己。

当个人情绪能够与有类似经验的人分享，他们就能从受害者转变为使能者，回到社群中。

所以通过剧场的练习，人们更容易与他人、情境产生联结，这样才可能改变态度，构建新的人际支持网络。

5.2.5 游戏模仿，学习行动

工伤职工受伤后面对着很多挑战，如：处理自己的情绪，调整自己的生活与作息，准备关于赔偿事宜的谈判、诉讼。这些问题大多是在受工伤前没有遇到过的。

因为缺乏工伤维权知识、法律知识，他们常常很胆怯、不知所措。

我们在进行探访时，发现在不了解工伤处理流程的时候，不少工友会把这个责任归咎于自己，"是我自己不小心/操作失误弄到自己的"，很难会想到机器老化、工作流程不当等，会怪自己，怪自己"命不好"。(B1-004-06)

在重新适应残缺肢体的过程中，也要面临与同居家人生活方式的再一次磨合。

一位工伤职工的儿子带了女朋友回家，但是女朋友看到她的手，就不想跟她儿子谈［恋爱］了。因为女朋友觉得她手伤得太严重，以后不能帮忙做家务，也没有办法承担带孙子这样的活儿。她丈夫就责怪她，"就是因为你受了工伤，人家才不跟我们儿子结婚。"她觉得这是自己的责任，觉得自己很对不起家里人。但是她又会去跟她丈夫发脾气，反问，"这难道是我的错吗？"（B1-004-12）

参加工作坊的群体有工友、大学生志愿者。我们一起用身体姿势制作行为雕塑，对行为雕塑进行解读，探讨行为雕塑代表的议题，思考能以何种方案去处理这些问题。从工友的角度来看，就是我可以找到一群理解我的人，和我一起去谈论、去面对这个难题。（C1-010-03）

当时参加过工作坊的工友，慢慢地组建了一个自组织社群，日常自发地组织活动、聚会。（B1-004-29）

工伤会影响职工在家庭分工中的角色和位置，需要工伤职工在康复期中学习调整心态。

有个女工，在受工伤前习惯每个月都去做一次美容，但受工伤之后就再也没有去过了。她也很少再给自己买东西，认为自己已经没有办法挣钱，就不能再花家里的钱。她有强烈的愧疚感。（B1-004-35）

他们只能选择降低自己在家庭中的地位，并且对自己的需要保持沉默。但是这样长期的压抑可能潜伏着心理危机。

之前有一个女工因为抑郁而跳楼自杀，她受不了这种精神压力，外人看来这种压力是自己给自己的，或家里人在她受工伤之后没有［给她足够的］照顾和理解。但是后来发现，她是因为没有办法承担家庭经济责任，觉得自己没用了，家庭地位不如以前了，没有话语权了，才去自杀的。（B1-004-23）

工伤职工需要重新地进行社会学习，包括学习新的技能与解决问题的方法、锻炼强大的内心和培养积极的生活态度。

剧场策略支持工伤职工在虚拟剧场空间中，提前熟知自己的环境，练习新的技能与测试解决方法，工伤职工不需要为可能出现的失败负责，从而降低对错误的恐惧、加快康复的进程。

当我在用戏剧和其他艺术手法去开展工作坊活动的时候，就是组织大家玩游戏而已，抢凳子啊、唱歌啊，这是很快乐的时光，但需要参与者走出安全舒适的区域去尝试和其他人合作，尝试去做以前没有做过的事情，所以我觉得这对他们来说也是具有一定挑战的。（C1-010-02）

亚里士多德指出，模仿是人类自儿童时期已经具备的天性，人们透过模仿学习知识。在戏剧中模仿可以帮助人们学习新的能力；可以搜集到生活中有价值的参考讯息；剧场中的角色可以代替人们去冒险，并发现事实、找到真理。

基于成人的学习特点和工友的文化程度，我们不能只通过理论和知识的讲授来帮助他们学习沟通、学习谈判。我当时组织过一次模拟仲裁，因为工友们

会面对劳动仲裁嘛，于是就给他们演绎了一遍在法庭上要怎么做。(C1-009-04)

在教育剧场里，工友可以跟不同角色的演教员对话，甚至穿上主角的衣服进入情境里。他到情境里面尝试不同的行动可能，这样的现实预演可以帮助他更好地学习沟通，了解不同行动的可能后果。回到现实后，他会更有胆量做出改变。(C1-009-05)

剧场空间给予个人或群体行动预演的机会，在虚拟的剧场空间中，人们可以尝试做出改变、反复练习和试错。主角可以决定自己的时间与空间、决定每一个行动、决定跟谁站在一起，这样的过程有助于人们建立自信、勇于尝试和增强效能感。

此外，观看戏剧的过程也会启动共情，人们可以与戏中角色产生情感共鸣，角色的成长可以教育、支持剧场空间中的每一个有相似经历的人，使他们也拥有能力。

"我完了，我就是个废人"，听到类似的话时，你可以说一些什么去安慰他。当那些工友摸着刘兵的头说，不要这样子，我们还可以怎么怎么办，家里边还有谁谁谁，我们以后还可以怎样的时候，这些话说出去是给别人听，但同时也是给自己听的。你自己同时也在想，我还可以怎样正面积极地看待这个事情。这一段说给刘兵的话，本身就是有赋能的成分在。(C1-005-04)

5.2.6 赋权增能，倡导动员

尽管工伤职工很少承认自己是残疾人，但身体的残缺给他们贴上了"无用"的标签。另外，受伤后，工伤职工一般只能待业在家。从"照顾者"变成"被照顾者"，沦为家中"无用"的角色。这种"无用感"不仅来自经济压力，还来自他们背负的家庭责任。

有些人是完全找不到工作的。顺德这边的招工，就算是残疾人招聘，也会有一个要求——五指灵活，但是很多人受伤的主要部位也是手。(B1-004-10)

劳动是证明自己存在意义和价值的重要方式，工伤职工暂时或永远无法从事劳动会加剧自己的"无用"感。现在不能像以前那样承担家庭责任，还为家人增加了新的难题，因此他们自责、焦虑，对家庭怀有深深的愧疚。

有位女工友要去劳动局交材料，但是她不知道怎么办，想让老公陪她去。但她老公也不知道怎么办，于是就说："要不你自己去吧，因为你受伤了，我不可能说我不干活我陪着你，我也要去挣钱养家，所以你自己去交。"她觉得老公说得很有道理，的确是有人要继续承担经济责任，然后她嘴上说："你上班吧，我自己去"，但是她心里还是想有人陪她一起去。(B1-004-11)

"无用"不仅来自个人的经历和感受，还有来自社会对工人群体的压迫。资本主义逻辑的渗透，工人想要"翻身"就要成为"老板"，然而对于他们来说，本身就缺乏"资本"。工伤职工是一个处于社会边缘却基数不小的群体，这个议题本身还缺乏社会的关注，因此议题的传播也是社会康复的目标之一。

工伤职工大部分是城市中的外来务工人员，他们远离家乡来到城市务工，他们的出现受社会经济因素影响，他们的"无用"不仅仅是由自身的情绪导致的。(C1-005-06)

剧场可以鼓励所有人参与其中，这种赋予参加者主体性的"参与"不在乎结果和效益，也没有统一的标准和要求，只在乎参与者个人的体验和成长。这有利于工友重获勇气和信心，增强效能感，增强个体能动性。

艺术性的活动本来就带有［赋权、增能的］作用，因为"人人皆可艺术"，［工伤职工］和大学生志愿者一起说出。看起来是完全不同的群体，但是当他们有机会一起演出的时候，他们会发现，基于合作，自己也可以有很不一样的艺术产出。这个过程会让他们看到不同的能力，发现自己也可以完成一部剧场作品。(C1-006-01)

个人的"我可以"，将为群体的"我可以"奠定基础。剧场可以成为团体赋权、组织赋权的桥梁。这为个人成长提供了机会和动力，让更多人通过戏剧作品本身关注特定社群和议题，令社群发挥自我赋能、自我发声、自我倡导的功能。

在排戏的过程中他们就会慢慢地认识到这个剧是所有工伤职工共同拥有的，因此工伤职工会获取更多的力量去行动，包括第一次演出之后，工友拿着传单很主动地去和现场的观众交流，告诉他们工伤的情况、康复的故事。(A1-002-04)

演完之后，一位工友大哥说一定要拍摄下来，一定要传播出去。他强调了传播，你会看到这部作品给予他的力量，他觉得很值得让更多人知道。(A1-002-05)

在这个过程中，原为受助者角色的人们逐步转变为正面的施助者、行动者，人的能动性和效能感提升。

剧场作为一种艺术手法，可以降低公众关注议题的成本。通过一场真实的演出，公众就可以了解受工伤群体和他们面临的困境。

演出结束后，我们就会提供资料，告诉观众怎样去预防工伤，怎样跟工厂了解权益，受到工伤后可以获得什么帮助。并把相关组织的电话印在分发的册子上，以便让更多人知道受助渠道。(A1-004-01)

5.2.7 传达希望，寄托精神

自古以来，人类都用集体仪式来处理最强烈的感受。剧场就是从舞蹈、歌唱和重演神话故事的宗教仪式中发展出来的。仪式具有表现期待、影响与监管事务的目的。剧场可以帮助工伤职工建立对生活的希望，并通过剧场仪式祭奠过去的伤痛。

一开始大家先聊天，讲到广场舞，就会想到之前 tatatina 的［部落］舞蹈，就会跟大家一起跳。(B1-004-37)

参加工作坊的女工会强烈要求演出结局是一个好结局。她们觉得自己的生活已经［变成］这个样子了，她们就希望一起创造的这个角色会很好。(B1-004-13)

剧场中的故事使我们相信我们拥有强大的内在力量。当剧场中主角的未来充满希望时，常常会对整个工伤职工团体产生很大的影响。

剧场有一种"村民会议"的工作手法，大家会觉得这个过程比较好玩，不像是我们之前讨论的时候只是分发纸、笔，要求很正式地探讨、记录。而是可以像在村里开会那样，比较随性地坐下来讨论。戏剧会让大家更加有投入感、参与感。(B1-004-41)

剧场工作坊中的游戏和活动大多具有固定的流程和顺序，这种严谨的排列和安全的设置有助于参加者建立环境仪式感、情感共鸣感。这些仪式可能让人觉得费解，但是却能唤醒人们内心深处的仪式记忆、激发人们去认知和感受整个事件。

5.3 总结与讨论

5.3.1 "剧场"的观点是对"人在情境中"观点的进一步解读与应用

"人在情境中"的目标是把被孤立对待的个体放回其所在的环境中，重新修补个体与系统、环境的种种不和谐关系，"剧场"的观点使之成为可能。

"剧场"把个体放在整合的环境中去理解、评价，它承认个体之间、个体与情境之间的关系对个体的影响，但是它也承认个体的力量和权利。该观点认为个体不完全受控于情境，而是有能力突破情境的限制，并把握自己作为主角的权利，通过发挥其主观能动性改变所在情境。因此，"剧场"的观点为"人在情境中"的观点提供了情境与个体互动的进一步解释，为社会工作的整合视角补充了微观的呈现。"剧场"是对社会工作"人在情境中"整合视角的进一步解读与应用。

此外，"剧场"作为一种艺术工作手法，为"人在情境中"观点的实际应用提供具体操作方向和指南。参考应用戏剧或应用剧场的使用手法，可以帮助社会工作者在不同领域、不同群体中厘清个人或群体的生命处境、找到问题的症结、增强个人使能感并对社会问题采取积极行动。

5.3.2 剧场应用在工伤社会康复领域中的主要策略

剧场作为一种整合的工作思路，从个体层面出发到达社会层面，其工作策略也呈现出三方面特点：

第一，启动肢体，建立信任和联结。借肢体开发修复身体与自我的通道，建立个人与自我、个人与关系、个人与情境的信任和联结。

第二，重整叙事，修正情绪和认知。借剧场将问题外化，重新建构认知体系、梳理情绪、创造新的意义、找到改变的突破口。

第三，增能赋权，个人使能和社会倡导。借剧场寄托希望、演练行动，增强个体自信、支持社群互助、动员为议题发声。

5.3.3 剧场策略的使用建议

剧场虽不是社会工作常用的工作手法，但仍有属于自己的理论体系和实践路径，社会工作者在社会服务领域使用剧场手法时，可遵循以下三点建议：

第一，重视学习和体验。组织剧场工作坊活动应从带领参与者充分体验剧场开始，重视戏剧中的体验，在体验中内化并学习经验。并且，学习不同的剧场形式，触类旁通。

第二，明确使用剧场手法的目的。剧场有多种应用形式，不同应用形式指向个人、社群、社会不同维度的目标，因此要明确工作目的，才可以选择到合适的剧场形式。

第三，带领学习从剧场游戏开始。社会工作者可以从简单的剧场带领，如游戏、身体体验等含剧场元素的环节开始带领学习。

参 考 文 献

Michael White，David Epston，2013. 故事、知识、权力：叙事治疗的力量 [M]. 上海：华东理工大学出版社：11，69.

Peter Felix Kellermann，M. K. Hudgins，2003. 心理剧与创伤：伤痛的行动演出 [M]. 台北：心理出版社：10，14，71，89.

Robert Adams，2013. 赋权、参与与社会工作 [M]. 上海：华东理工大学出版社：119，154.

贝塞尔·范德寇，2017. 心灵的伤，身体会记住 [M]. 新北：大家出版社：41，77，90，100 - 101，224，265，324，359.

蔡文星，2012. 社会工作介入工伤康复的路径探索 [J]. 中国劳动 (6)：21 - 23.

陈成文，赵玲，2008. 工伤康复中的社区康复：国外模式及启示 [J]. 中国软科学 (1)：81.

陈磊，2008. 工伤先康复后补偿 [J]. 中国社会保障 (7)：22 - 23.

陈少华，2008. 情绪心理学 [M]. 广州：暨南大学出版社.

陈韵文，2012. 应用戏剧理论初探 [J]. 亚洲教育戏剧学刊 (1)：1.

戴维·A·哈德凯瑟，2008. 社区工作理论与实务 [M]. 北京：中国人民大学出版社：504.

顿亚敏，2013. 小组工作介入农民工工伤群体的技巧 [D]. 武汉：中南民族大学.

范明林，吴军，2009. 质性研究 [M]. 上海：汉语大词典出版社：4.

风笑天，2009. 社会研究方法 [M]. 北京：中国人民大学出版社．

龚庭溱，2013. 华人文化视框下台湾乳癌病友表达性艺术治疗团体方案设计原则之探究 [D]. 台北：台北教育大学．

何欣，吴蕾，2015. 返乡工伤致残农民工生存状况研究 [J]. 人口研究（1）：96－103.

黄文柱，宋汝华，廖祥洲，等，2010. 工伤康复患者心理健康调查及干预治疗的研究 [J]. 中国实用医药（9）：3－4.

李红玲，周顺林，李红霞，等，2012. 工伤康复人员抑郁症的发生率及相关因素分析 [J]. 中国康复医学杂志（2）：150－153.

李佳涓，2014. 我国工伤职业康复问题研究 [D]. 北京：北京交通大学：13－21.

李军，敖学恒，2016. 工伤职业康复 [M]. 昆明：云南人民出版社：24.

廖荣利，1986. 社会个案工作 [M]. 台北：幼狮文化事业股份有限公司．

卢讯文，许茹玲，2015. 个案管理技术在工伤职工重返工作中的应用 [J]. 中国康复医学杂志（7）：707－711.

孟繁元，田旭，李晶，2006. 我国农民工工伤保险存在的问题及对策分析 [J]. 农村社会，（4）：47－49.

施旭升，2006. 戏剧艺术原理 [M]. 北京：中国传媒大学出版社：131－132，385，428.

隋忠庆，王旸，侯秀梅，等，2015. 工伤康复患者心理健康状况与领悟社会支持的相关研究 [J]. 精神医学杂志（1）：40－42.

孙树菡，2005. 探索适合中国国情的工伤康复模式 [J]. 社会保障研究（1）：11.

孙树菡，2009. 工伤保险案例 [M]. 北京：中国劳动社会保障出版社．

王莲屏，王守平，孙海燕，等，2003. 230 份职业康复问卷调查分析 [J]. 中国康复理论与实践（8）：53－54.

王显政，2014. 工伤保险与事故预防研究与实践 [M]. 北京：中国劳动社会保障出版社．

王真，2014. 从街头到网络：赋权理论视角下的女性权利倡导 [D]. 上海：华东理工大学．

谢·伊·拉齐克，1989. 古希腊戏剧史 [M]. 天津：南开大学出版社：15.

杨红霞，王先英，宋晋霞，等，2011. 煤矿工人社会支持、生活事件与心理健康的关系调查 [J]. 护理研究（6）：495－497.

杨晓姗，2011. 工伤的社会康复 [J]. 现代职业安全（10）：114－116.

张健，赵锡楠，2012. 工伤患者 50 例心理状况分析及心理康复措施 [J]. 职业与健康（2）：157－160.

张晓华，2004. 教育戏剧理论与发展 [M]. 台北：心理出版社：224，104.

赵永生，2014. 工伤康复战略发展研究 [M]. 北京：法律出版社，2014：2，37，40，42－43，65.

周宁，2008. 西方戏剧理论史下篇 [M]. 厦门：厦门大学出版社：851.

MORENO J L，1953. Who Shall Survive [M]. New York：Beacon House.

ZHANG N H，2000. Self-efficacy and quality of life in people with spinal cord injuries in China [J]. Rehabil Couns Bull，43（2）：66－74.

WEATMORLAND M G，WILLIAMS R，STRONG S，et al.，2012. Perspectives on work （re）entry for persons with disabilities：Implications for clinicians ［J］. Work （18）：29－40.

International Labou Organization. Safety and health at work ［EB/OL］. Switzerland：International Labou Organization，（2013－1－22）［2018－3－20］. http：//www. ilo. org/global/topics/safety-and-health-at-work/lang-en/index. htm.

社区精神康复者病耻感应对方式研究^①

李明磊

1 绪论

1.1 研究背景

20 世纪 60 年代以来，非院舍化与去机构化运动如火如荼地展开，一部分精神病院关闭，相当数量的精神病康复者（以下简称为"康复者"）回归到社区中。回归社区，一方面让康复者接触到真实的社会环境，利于康复者社会功能的恢复，但不可避免也会增加康复者的负面体验，例如遭受来自社会的歧视。此类的负面体验是导致康复者产生羞耻感的直接原因。在精神康复综合服务中心实习时，笔者接触了类似的多例个案。康复者往往因为羞于让他人知道自己罹患精神疾病而抗拒就医或服药，贻误治疗后导致疾病复发。

康复者在疾病羞耻感知部分存在着极大的共性，然而，在疾病羞耻体验的动态过程中，不同康复者表现不同。一部分高病耻感的康复者采取了积极的应对策略，就医意识、服药依从性与社会功能等各方面都保持着良好的状况。而部分低病耻感的康复者则长期处于消极的状态中，采取消极的策略，使自身的生存状况与康复水平降低。

在与康复者的交流中，笔者发现了不同类型康复者对病耻感的叙说与诠释存在着较大的差异，应对方式也截然不同。针对康复者的病耻感进行研究，能更进一步走入他们的生活世界，有助于该领域专业人士理顺康复者的生活脉络，更加深入地理解康复者对不同策略的选择原因，为康复服务提供新的思路。

1.2 研究内容

病耻感一直是精神科医生、心理咨询师、社工等专业群体致力解决的问题。作为一种社会环境与个人互动后的产物，病耻感分为公共病耻感与自我病耻感，前者主要表现为真实的社会刻板印象、偏见与歧视，后者则表现为个体

---

^① 肖小霞老师指导。

感知到社会歧视后产生的主观认知、情绪及对可能遭遇的社会歧视的预期评估和感知。病耻感对个体造成的危害不小于疾病本身，可能降低康复者自尊、减弱其服药依从性、阻碍其及时就医、导致社交退缩等。在现实中，个体会依托环境中的保护因子，发挥主观能动性，对抗风险因子，从而实现抵御病耻感带来的不良后果的目标。本文以社区康复者作为研究对象，分析其生存环境中的保护因子与风险因子，描述康复者应对公共病耻感的方法与过程，探索康复者复元①回归社区的可能路径。

1.3　研究意义

1.3.1　理论意义

国内外针对病耻感与应对方式的研究惯用定量的研究方法进行检验，探讨病耻感与应对方式的相关关系，学界已达成共识，应对方式的选择将影响康复者病耻感的强弱。此类研究中，抗逆力是较早被引入的心理学理论，学者将病耻感加入抗逆力的分析框架中，探索抗逆力对调节康复者病耻感的作用，但对应对方式的认识仍停留在积极与消极的二元分类上。本文参考 Kumpfer 的抗逆力模型进行研究设计，构建出"病耻感—应对方式"模型。有望探索与分析抗逆力的运行机理，是对抗逆力应用领域的理论拓展，同时也为该领域提供了一定质性资料。

1.3.2　现实意义

目前，越来越多的人遭受精神疾病的困扰，病耻感如影随形般地伴随着康复者的漫长病程。对于个体而言，解决病耻感的威胁可以在一定程度上缓解精神疾病所带来的痛苦。本文将病耻感与应对方式放入抗逆力的研究框架中，致力于从抗逆力的角度寻找到帮助个体抵御病耻感的良方，让康复者认识到自身拥有能力处理病耻感。此外，针对病耻感与应对方式关系的研究能够为病耻感的干预提供理论指导，有效地降低病耻感对个人、对社会所带来的危害。

1.4　文献综述

1.4.1　病耻感研究现状

近现代以来，社会学、医学、心理学等学科对病耻感保持着持续关注与研究。李荔等（2017）指出"stigma"一词于 1927 年首次出现在 Langdon-Down R. 的研究中。随后，首篇有关"stigma"的研究于 1947 年由 Cohen 刊发。2002 年至 2020 年间，CNKI 共收录有关病耻感研究的中文文献 1 265 篇，与

---

①　此处及本文出现的"复元"来自精神康复领域的复元理论。

精神疾病相关的文献共 272 篇，研究比重占全部的 21.5%。总体来看，近 20 年病耻感相关研究的发文量呈现增长的趋势（图 1），具体可以分为三个阶段：①起步期（2002—2012 年），关注病耻感研究的学者相对较少，自 2008 年开始稳步上升，2011 年与 2012 年连续两年达到年均约 39 篇的水平；②稳定期（2013—2016 年），该阶段发文量保持在年均约 78 篇的水平，越来越多的学者持续关注病耻感领域；③高速发展期（2017—2020 年），由于全社会对于疾病体验与病后康复的愈加关注，病耻感引起了大量学者的关注，2020 年研究成果数量超过 2017 年的两倍。与此相比，学界对精神疾病的病耻感研究的关注度相对较低。十年间（2011—2020 年）专门有关精神疾病病耻感的研究保持在年均约 24 篇的水平。

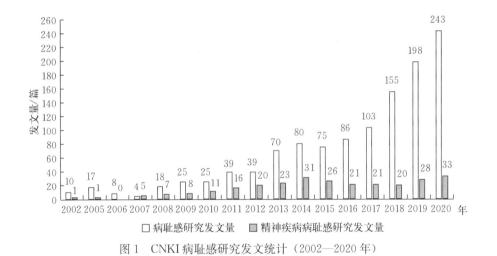

图 1　CNKI 病耻感研究发文统计（2002—2020 年）

文献的关键词体现了研究内容核心，通过关键词及其频次分析可以探测研究领域中的热点内容并分析出研究领域（吕世虎等，2019）。本文使用 CiteSpace 绘制关键词知识图谱（图 2），并统计部分关键词频次和中心性（表 1）。分析发现，在病耻感的研究中精神分裂症、影响因素、生活质量、抑郁症、社会支持、应对方式、自我效能、脑卒中、精神疾病、自尊等是研究者重点关注的关键词。结合关键词知识图谱，笔者进一步研读和分析相关文献发现，近 20 年中病耻感研究呈现四大主题：病耻感相关因素分析、病耻感影响、病耻感应对方式、病耻感干预。同时，知识图谱显示，与病耻感研究相关的疾病集中在精神疾病、癌症、肠造口术后等领域，精神分裂症与抑郁症是精神健康领域的重点研究内容。此外，研究对象不仅限于患者本身，延伸至家属范畴，但针对患者本身的研究以住院患者为主。

图 2　病耻感研究关键词知识图谱

表 1　关键词频次（前 14）和中心性统计

序号	关键词	频次	中心性
1	病耻感	785	0.41
2	精神分裂症	141	0.35
3	影响因素	103	0.29
4	生活质量	86	0.2
5	抑郁症	61	0.15
6	社会支持	56	0.07
7	应对方式	54	0.1
8	自我效能	37	0.04
9	脑卒中	37	0.04
10	精神疾病	33	0.07
11	自尊	33	0.07
12	乳腺癌	31	0.02
13	抑郁	29	0.07
14	精神疾病患者	23	0.05

注：该表中的关键词是针对 CNKI 发表的论文做简单分析，以出现频次突出精神疾病领域与病耻感相关联的关键词热度，并非笔者进行的概念界定。

1.4.2　公共病耻感与自我病耻感

公共病耻感广泛存在。徐晖等（2007）对国外病耻感调查汇总后发现，公众对精神疾病患者持有广泛的排斥和歧视态度。1996 年美国的一项调查显示，精神疾病患者遭受强社会排斥。1 444 名受访者中 63％表示不愿与精神分裂症患者交往，47％拒绝与抑郁症患者交往（Link et al.，1999）。国内的研究也得出类似的结果。阎琳（2013）的研究表明，30.19％的郑州市居民对精神疾病患者持负面态度。

由于他人的歧视与偏见，精神疾病患者都曾经因为罹患精神疾病感到或多或少的羞耻。20 世纪 90 年代末期，西方学者对此进行了一系列实验进行证实（Perlick et al.，2001；Link et al.，2002）。中国学者的研究也表明，个体一旦罹患精神疾病，产生个人病耻感的可能性极大。一项有关精神分裂症患者的报告显示，研究对象的病耻感得分平均为 42.91 ± 14.73，提示有明显的病耻感体验（高萍，2016）。有学者指出，双相情感障碍患者的病耻感与病耻感体验相较于其他精神疾病更高（彭菊意等，2019）。吴志国等（2011）针对心境障碍患者的病耻感情况进行调查，发现 72.9％的患者存在自我病耻感且其中属中、重度的患者占比 24.2％。

1.4.3 病耻感相关因素分析

学界一直致力于研究与分析病耻感生成机制与相关要素。从事社会学、社会心理学、历史学与人类学研究的学者分别从各自的学科视角出发进行过探索。近现代以来，学者建立了多类型的研究框架进行分析，并据此建立了量表对病耻感进行测量。经过发展，量表目前分为患者用量表、家属用量表与大众用量表（李丽华等，2009）。应用比较广泛的有 Link 量表、ISMI 量表、DISC 歧视与病耻感量表与 PDD 量表（Ritsher et al.，2003）。检验证明，此类量表在中国拥有可靠的信、效度（龚栩等，2010；尹慧芳等，2014）。

近十年来，更多的学者通过量化研究探讨病耻感与相关因素之间的关系。在研究之初，社会学家就关注到特征等要素对病耻感的影响，更是通过标签理论解释病耻感的生成路径。Yang 等（2007）就认为污名与歧视分别和个体特征与群体特征两个概念密切相关。后续的实证研究显示，人口学特征与病耻感存在着较强相关性，其中年龄、性别、受教育程度、职业、收入、婚姻状态等与病耻感存在相关关系（王恬等，2020）。年龄、受教育程度、收入、社会支持一般与病耻呈负相关（高萍，2016；努苏来提等，2017；董佳等，2018）。年龄的增长有利于心理结构保持稳定，随着受教育程度的提升，康复者获取心理健康知识的途径则越多。孙科等（2017）发现，初中生与高中生患病后均有被歧视的体验。收入越高则获得资源的手段增加，有利于病耻感的降低。但也有研究证明，年龄的增长有可能导致病耻感的增加。刘玉莲等（2011）指出，年龄超过 35 岁的患者，由于承担压力较大，生活模式固定，因外部引发的歧视与羞辱感会相应增强。已婚患者的病耻感普遍低于未婚患者，已婚患者能从伴侣处获得更多的支持（徐云璐，2014）。性别因子对病耻感的作用在研究中存在分歧。有学者认为男性与女性病耻感存在差异（胡号应等，2012），男性病耻感强于女性（孙科等，2017）。有的研究则指出，性别因素对病耻感不产生影响（吴志国等，2011）。个人的工作状态与职业也会对病耻感产生影响，在岗人员病耻感相对较弱（宋晓红等，2009）。职业为警察的患者会产生较重的病耻感且求助意愿较低（李鹏，2011）。

此外，精神疾病种类、患病时长、复发次数、残留症状与患者病耻感密切相关。病程越长的患者病耻感越弱，复发次数越多、治疗后残留症状越严重的患者病耻感越强（张晓凤，2014；董佳等，2018）。值得一提的是，媒体对病耻感的产生影响较大。段晓颉（2018）指出，精神疾病患者在媒体宣传中的形象主要以"施暴者"和"包袱"存在，这导致大众对该群体产生片面认知，出现污名化现象。与此同时，外国学者关注到了文化背景与病耻感之间的联系，如中国的"面子"观念对患者的影响（Lee，2002；Yang，2007）。吴志国等（2011）证实，在同类研究中，国内具有不同程度病耻感的患者比例高于欧洲地区。

1.4.4 病耻感影响

在实务工作中，病耻感是精神卫生领域工作中的最大阻碍，既阻碍患者走向康复，也为专业人士开展工作、提供服务造成困难。一系列针对不同类型患者的调查研究证实了病耻感的存在对患者产生的负面影响。精神疾病对个体会在生理、心理、精神与社会功能四方面造成损害，最终影响人的生存质量。

良好的社会功能是生活质量的保障（莫祥德等，2018）。社会功能的降低可以从病耻感角度进行部分解释（张卫星等，2012；田丽等，2014）。李强等（2010）的研究也发现，自我污名化的水平可以预测患者的社交回避状况，自我污名化水平较高的康复者往往畏惧社会交往。但也有研究不支持此观点，任莉等（2013）对北京市东城区152例社区精神分裂症患者进行问卷调查，结果显示社区精神分裂症患者的社会功能与病耻感无显著相关。这可能与被调查对象接受了社区服务有关。而在关于中国麻风病村的调查中，卓彩琴（2011）指出，在麻风病村这一人为构造的封闭性社区中，隔离政策营造的社会排斥会进一步加剧污名现象、影响社会关系网络构建，形成恶性循环。病耻感的生成也会对患者的亲密关系造成影响，如亲子、夫妻关系恶化，甚至破裂（Kristoffersen et al.，2010）。

病耻感往往使患者产生心理困扰，这为患者带来负面体验，降低了患者的自尊与自我效能感，逐渐使其缺乏自信，导致心理健康受损（高士元等，2001；吴红婷，2015；Schulze et al.，2003a）。患者往往会由于在他人的排斥、嘲笑、歧视与拒绝等基础上而产生的公共病耻感而生成负面情绪，如焦虑、羞耻、情绪波动，严重者甚至出现幻觉、错觉等病症。消极认知是病耻感作用于患者心理的重要方面，病耻感高的患者受外部刺激后会形成消极认知偏差，这容易造成患者的负性自我概念（岳童等，2012；Corrigan et al.，2006）。张晨（2014）认为，媒介传播并固化了关于精神疾病的刻板印象，导致患者也内化了这一形象，给自身贴上了"懦弱""无用""累赘"等标签。

病耻感导致的负面情绪与消极认知影响患者的康复策略选择。病耻感的存在极大地阻碍了患者的求助行为，影响治疗与服药依从性（周英等，2011；周英，2012）。这种影响贯穿在患者治疗的全过程，起初患者会因为病耻感的存在而倾向于保密，对身边人进行隐瞒，方式之一就是隐瞒病情与拒绝就医（Schulze et al.，2003b）。在治疗中期或末期会选择提前停止治疗或者自主停药，进而造成不良后果。徐晖（2008）指出，患者出院后的不依从行为与患者较高程度的"被误解感"有关，但出院短期内服药依从性不会发生改变。

综上，病耻感会降低患者的生活质量与生存状况（李凤兰，2015）。病耻感最直接的影响是造成社会对患者的排斥，从而降低患者社会地位、减少患者的成长机会、阻碍患者获得生活所需资源等（李丽华等，2009）。Desai 等（2002）的研究证明，患者会因为公共病耻感而被正式组织排斥，并因此减少获得医疗服务的机会。

部分研究证明，病耻感也可能带来正面效果。有研究指出，患者的体验并非都是负面的，一些患者表示没有感到会受到歧视（Sokratis et al.，2004）。中国传统文化中，有知耻而后勇的观念，耻虽被视作负面性较大的事物，但也有其积极作用。总体来说，当前有关病耻感正面效果的研究极少，几乎处于空白状态。

1.4.5 病耻感与应对方式

个人的心理健康与应对方式之间的联系是临床心理学研究的重点内容，对此，Folkman 等与 Feifel H 等分别编制了应对方式问卷（WCQ）和医学应对问卷（MCMQ）进行测量。由于文化差异等原因，国外问卷不完全适应我国研究现状，因此汪向东等（1999）对两种量表进行了修订，制定出简易应对方式问卷和医学应对问卷，并都通过检验，具有较高的适用性与可靠性。目前相关学者多使用这两份量表对病耻感与应对方式间的关系进行研究。研究显示病耻感与应对方式具有较高的相关性，且互为影响因子（张红彩，2010；崔向军等，2012）。李从从等（2016）针对住院病人家属进行了研究，结果表明，消极应对方式与积极应对方式和其他人口学要素一样对病耻感有影响作用。

学者通过研究并归纳总结后发现，保密、退缩、教育与披露是患者常用的手段，其中披露可分为选择性披露与无差别披露。保密是指对自己的疾病进行隐瞒，不向外公布避免遭遇歧视。教育则是主动告知他人自己的患病信息，避免收到他人负面评价（郭全芳等，2009；刘玉莲等，2012）。李季（2011）指出，当面对贬低和歧视的威胁时，精神分裂症患者首要采取的应对方式是进行挑战和教育。吴红婷（2015）在其研究中，将应对方式划分成为互动情景内的及时性策略与情景外的延时性策略，包括：道歉、合理化、顺从与回避、社会退缩、隐瞒、寻求社会支持与重构生活世界。李江婵等（2015）从成熟与否出发对应对方式进行分类，提出合理化是一种既含成熟又含不成熟成分的混合型应对方式。

不同人口学要素对应对方式的选择会产生影响。张倬秋等（2012）对124例康复出院的精神分裂症患者在出院当天进行调查，发现精神分裂症患者有较强的病耻感，且因此采取回避、屈服的方式较多。相较男性，女性患者更容易选择分离、教育、挑战、保密、退缩的应对方式（俞豆彤，2019）。有研究表明，应对方式并非一成不变，这为专业人员干预病耻感提供了思路。朱夏律（2019）的研究描述了患儿家长从发现病情初期的拒绝特殊和逃避病情，到寻求疗愈阶段的接纳特殊、接受现实，以及接受疗愈中期的正面应对、自我接受和分享回馈的变化过程。

采取不同应对方式对患者的康复会产生重大影响。张晴等（2016）指出自我接纳可部分调节患者病耻感对抑郁症状的作用。宇虹等（2015）表示社会支持、积极应对和消极应对在患者的病耻感与生活质量间在一定程度上发挥着中介效应。

1.4.6 病耻感干预

病耻感对个体造成的危害极大，使得治疗者与患者本人需要付出大量努力去解决这一问题。社会层面上，消除隔阂运动、反歧视活动等被广泛使用（孙一颖等，2018）。微观层面上，认知行为理论广泛被应用于降低病耻感，并被证实是切实有效的（李江婵等，2015；吕豪，2019）。陶波（2019）的实验证明，叙事增强与认知疗法团体干预可以显著减弱自我病耻感。正念疗法、日记式心理教育等形式在实际治疗中也起到降低病耻感的作用（杨娜等，2020）。在社区精神康复的系统中社工尝试使用个案管理的模式对康复者病耻感进行干预，并取得良好成效（高晨梦，2019）。于晓菡（2018）在个案介入中使用MOHO（人类作业模式）理论的部分工具，实现了自我病耻感降低的目的。在与互联网技术的结合上，远程医疗干预模式因其隐蔽、可移动等特性，也起到了减弱病耻感的作用（赵禹等，2018）。

1.4.7 研究评述

纵观国内外有关精神疾病病耻感与应对方式的研究，存在重患者，轻康复者与重定量，轻质性研究的倾向。虽然去机构化已经成为大势所趋，更多的患者走出医院回归社区，但是相关病耻感的研究依旧以住院患者作为主要的研究对象，而非社区康复者。本文认为，造成这一现象的原因有两点：第一，由于患者集中在精神病院或疗养院进行治疗，在医院等机构内部进行样本采集时，访问员一般由机构工作人员带领进入，更容易获得患者信任，样本可获得性较强。而社区康复者分散在社区，且由于病耻感的存在，社区内的康复者社交退缩现象相对严重，一部分康复者不愿意出门，一部分康复者倾向于对自身情况进行保密，这为样本收集增加了难度。第二，社区精神康复体系尚不完善的现状导致社会对社区康复的认知仍旧不足，在实践上，社区康复尚处于起步阶段，国内的精神健康综合服务中心、中途宿舍①等的开办现状差强人意，这在客观上为以康复者作为对象而开展研究带来了一定阻碍。纵观英美法等在精神健康服务领域发展较快的国家，社区精神康复模式已被证实是行之有效的，在未来，也会有越来越多的患者在治疗后回归社区进行康复。因此，对病耻感的研究应该扩展到社区康复者，为理论与实践提供参考。

国内对病耻感的研究大多采用定量研究，针对病耻感与应对方式进行量化分析，证实了病耻感与应对方式之间的强联系。少数研究验证了应对方式作为中介变量对病耻感和康复者康复情况的影响。但是，较少有学者使用质性的方法对病耻感与应对方式进行研究。对于个体而言，病耻感是多重系统相互作用下真实而细微的事件或感受，量化研究难以对此准确描述，质性研究却可以相对完整地将其还原。而对病耻感采用质性研究，能够尽可能地进入康复者真实的生活情境中，探索康复者面对病耻感时采取应对方式的过程机制，挖掘出量化研究可能忽视的要素。因此，本文立足于社区康复，以社区康复者作为研究对象，使用质性研究方法，针对社区康复者的病耻感与应对方式进行研究。

2 研究设计

2.1 概念界定

2.1.1 病耻感

"stigma"一词来源于希腊语"στιγμα"，意为"污名"或"耻辱"。1963年，社会学家 Goffman 首次对 stigma 进行了概念赋予。他认为 stigma 起始于差异性特征，是一种"极大地玷污某人名誉的特征"。一旦拥有该类特征，那么个体将成为非完整意义的人，个体将受到广泛排斥（Goffman et al.，1963）。后来，Goffman（1967）以精神疾病为例子再度诠释 stigma，他认为精神疾病之所以被污名化是因为患者对社会规范形成了挑战，即精神疾病患者

---

① 大多数康复者达到出院标准后无法直接回归社区生活，中途宿舍可以为该群体提供过渡，一般由社工机构运营。

被贴上了越轨标签。这无疑是社会建构的结果，代表着社会规则与公共秩序存在缺陷。Goffman 将 stigma 放置于微观和宏观双重视角：微观研究是在社会心理学的互动情境中进行的；宏观视角则从社会学视域出发，以社会规范作为切口进行研究（郭金华，2015）。

不同的学科分别有所侧重地继承了 Goffman 对"stigma"的概念释义，这点在译名上清晰地体现出来。社会学、人类学与历史学者倾向将"stigma"翻译成为污名。最开始，Scheff（1967）延续了 Goffman 越轨理论的研究范式，认为是某种标签固定了个体的角色，负面角色标签限制个体功能恢复，只能继续保持越轨状态。Jones 则对 Goffman 的范式进行修改，他认为污名起始于某种记号，当个体的单一记号代替了他的整体特征后，污名化就开始发生，这个过程被称为"印象吞没"（Hilbert，1985）。之后，社会学者脱离了微观社会互动的视角，认为污名是由于社会结构与权力不平等造成的，污名是由占据优势的阶层赋予弱势群体的（Link et al.，2001）。历史学者同样认为污名产生的原因与权力不平等有关，不同的是，他们将研究放置于殖民者与被殖民者斗争的时间维度中（郭金华，2015）。

"stigma"的概念被引入公共卫生、医学等学科后，其内涵得到了扩展。学者不仅仅关注个体遭受的外在标记所带来的污名效应，并开始注意到个体在遭受污名后产生的自我污名化现象。该概念被广泛应用于精神疾病、艾滋病、肿瘤等方向，较为通用的翻译是病耻感，更加关注于自我反应部分（刘能，2005；李丽华，2008；Chi et al.，2009）。Jacoby（1994）和 Scambler 等（1998）将病耻感分为"感知病耻感"（felt or perceived stigma）和"实际病耻感"（enacted stigma）。"感知病耻感"是指因可能遭遇歧视而阻碍患者讲述个体过往的感受，和在求助时产生的羞耻感。"实际病耻感"则主要指具体的歧视遭遇。Corrigan 等（2006）受认知行为理论的影响，将病耻感放置于刻板印象、偏见与歧视的动态过程中。他们也把"stigma"划分为公众污名与自我污名。前者指一般公众对被污名化群体成员做出的反应，后者是被污名化群体成员将污名化态度指向自己的反应，如表2所示。之后的学者都意识到病耻感并非单纯个体的自视体验或社会标签化的结果，而是个体与环境互动后的结果。病耻感包括了外部的、公共的、集体的部分，也包括了自我的、内化的部分，内化部分是对外部刺激的一种反馈。俞豆彤（2019）指出，病耻感是患者因患病而受到公众贬低、歧视等非平等的待遇而产生的心理感受及相应的应对方式，以及感受到被误解、羞耻等消极的情感体验。Ritsher 等（2003）编制的内在病耻感量表 ISMI（Internalized Stigma of Mental Illness Scale）将病耻感划分为五个维度，"社交退缩"被纳入评估体系。

本文的病耻感参照 Corrigan 构建的病耻感概念，认为人的生物特性与主观能动性致使个体在遭遇刻板印象、偏见、社会歧视时进行反应，进而产生自我病耻感并重复社会歧视、偏见、刻板印象的过程体验。本文的病耻感特指自我病耻感。

表2　病耻感

	公共病耻感	自我病耻感
刻板印象	关于某个群体的负面信念（没有能力、个性软弱、危险）	关于自我的负面信念（没有能力、个性软弱、危险）
偏见	对信念的赞同和消极的情绪反应（愤怒或恐惧）	对信念的赞同和消极的情绪反应（低自尊或低自我效能）
歧视	对偏见的行为反应（不提供工作和租房机会，回避提供帮助）	对自我偏见的行为反应（不去寻求工作和住房机会，不去寻求帮助）

注：李强，高文珺，许丹改编自：Corrigan P W，Kerr A，Knudsen L. The stigma of mental illness：explanatory models and methods for change. Applied and Preventive Psychology，2005，11：182。

2.1.2　社区精神康复

院舍化时代，"道德疗法"及"疯人院"制度是精神治疗的主流思想。该流派认为精神病患者的患病原因是缺乏理性思考，因此需要借助隔离来帮助患者恢复理性（Sands et al.，2015）。20世纪50年代，社区精神康复的概念被提出，其倡导的是一种非院舍化、去机构化的运动，即逐步关闭大规模的封闭管理式的精神病医院，使患者在家人与社区的照顾下，在正常的环境中疗养，最终回归家庭和社区。这些精神疾病患者在出院后回归社区，并在社区内接受服务，克服疾病所导致的各种功能缺陷，达到躯体功能、心理功能、社会功能和职业功能的全面康复，进而回归社会的模式被称为社区精神康复（侯茹，2019）。

精神病患者及其家庭是亟须专业社会工作者帮助的弱势人群。综观欧美发达国家历史经验，现代精神健康服务体系的发展规律和发展方向是，由传统院舍照顾转向现代社区和家庭照顾（刘继同，2019）。在具体实践中，中途宿舍、会所模式、精神康复服务中心与工疗站是典型代表，目前工疗站是我国普及度最高的服务模式。

传统意义的社区精神康复是指精神疾病患者从病发期过渡到康复期后，回归社区，并在社区中生活、接受服务和康复的模式。社区精神康复的重点在于接受专业康复服务的场所由过去的院舍转移到了康复者熟悉的社区。但本文认为是否接受精神康复服务（包括但不限于社区医院精防医生的医疗服务和社区精康社工的康复服务）并不应作为完成精神康复的唯一标准。社区精神康复是一个过程，最终目标是更好地恢复身心状态，从而回归社会。康复情况较好，不需要接受社区康复服务的康复者以及逐步恢复社会化功能的康复者不应被排除在社区精神康复对象范围外，这部分康复者一样值得关注。事实上，该部分康复者社会化程度越高，遭受公共病耻感威胁的可能性也越大。因此，本文所研究的社区精神康复是广义的概念，在社区中生活与康复的精神疾病患者都应被纳入社区精神康复体系。

2.1.3 应对方式

Joffe 等（1978）指出，应对是个体对现实环境变化有意识、有目的的调节行为。Seligman 等（2000）指出，应对的主要功能是针对应激事件的调节，包括改变对应激事件的评估，调节与事件有关的躯体或情感反应。在面对病耻感时，康复者会不自觉地产生情绪反应，发生认知改变或直接做出行动回应，这就是应对方式。本文所研究的应对方式分为即时性应对与延续性应对。前者是指康复者在即时性情境中遭遇病耻感，采取的相应临时回应与行动。延续性应对则指康复者在康复过程中逐步习得并形成的相对稳定的反应模式。

2.2 样本的选取

本文对社区精神康复者的选取采用随机抽样与滚雪球抽样两种方法。笔者因在广州市越秀区精神康复综合服务中心（以下简称"精综"）实习五个月，能够接触到该中心的康复者与相关数据资料。因此，笔者针对精综中的康复者采用随机抽样，排除目前住院、病发等不符合条件的样本后从中随机抽取样本并询问其是否愿意接受访谈，与有意接受访谈的康复者进行访谈，直至访谈结果不再出现新的内容，停止抽取访谈对象。最终共9名康复者接受访谈。

此外，笔者还采用滚雪球的方式进行抽样，通过身边的熟人介绍，寻找到合适的没在精综接受服务的样本进行访谈，同样直至访谈结果不再出现新的内容时停止抽取访谈对象。最终共8名康复者接受访谈。

2.3 资料收集方法

在资料收集方面，本文采用二手资料收集、问卷收集、深度访谈、参与式观察的方法。

首先，笔者对二手资料进行收集，并进行初步分析。本文将CNKI作为文献检索资料库，在CNKI高级检索界面分别输入"病耻感""精神疾病""污名"等进行主题检索，发表时间设定为2000年至今，共检索到相关中文论文1 265篇，剔除报纸等其他类型文献得到论文1 195篇。随后使用refwork格式导出并进行格式转换，得到适合CiteSpace分析的原始数据后导入CiteSpace绘制知识图谱，从中把握研究热点与核心文章，进行资料收集。除此之外，笔者利用在精综实习的机会，在征得机构同意的情况下，翻阅过往个案记录、小组记录和总结、服务活动记录和总结等文字资料，获取相关信息。

其次，笔者根据实务材料，结合文献中有关病耻感的研究成果、问卷调查结果，设计出与病耻感相关的半结构化访谈提纲，并进行了试访谈，根据访谈结果对提纲进行了调整修正。此外，与康复者的相应主管社工也进行同步访谈，一方面可以更多地了解康复者遗漏或不愿意披露的信息，另一方面也收集了社工对康复者病耻感与应对方式的态度与看法。

最后，笔者在真实环境下通过参与式观察，记录、补充和验证访谈所收集的资料。笔者通过观察康复者参与小组、社区活动等方式，一方面补充信息，另一方面验证访谈对象表述内容的可信度。

2.4 资料分析方法

本文采取质性资料分析方法。本文采用编码的方式对所收集到的资料进行处理。先将收集到的录音资料转录成为文字形式，进行开放式编码，将原始资料进行分类。然后在开放式编码的基础上将所得到的类别进行轴心编码，获得更具内涵的概念类别。最后将这些概念类别进行层次划分，探索内在联系，从而形成本文的研究结论。

3 康复者自我病耻感影响因素

3.1 康复者基本信息

本次共调查 17 名康复者。经过统计分析，年龄越大的康复者，病耻感越强。中度病耻感康复者中，30 岁以下仅占 17.5％，50 岁以上占 50％。受教育程度越高，个体病耻感越低，初中学历的样本全部表现为中度病耻感，且占总体的 50％。从诊断病症上看，罹患精神分裂症的康复者整体病耻感高于双相情感障碍康复者（表 3）。

表 3　康复者基本信息

编号	性别	年龄（岁）	病期（年）	婚姻状况	受教育程度	就业情况	社区康复时长（小时）	诊断类型
A1	男	63	45	离异	高中	在职	584.38	精神分裂症
A2	男	47	14	已婚	高中	待业	85.76	精神分裂症
A3	男	30	8	未婚	大专	待业	59.38	双相情感障碍
A4	男	34	16	未婚	初中	待业	45.60	精神分裂症
A5	男	27	7	未婚	大专	待业	69.77	精神分裂症

（续）

编号	性别	年龄（岁）	病期（年）	婚姻状况	受教育程度	就业情况	社区康复时长（小时）	诊断类型
A6	男	34	12	未婚	大专	待业	42.09	精神分裂症
A7	男	36	22	未婚	大专	待业	40.50	双相情感障碍
A8	男	40	22	未婚	本科	待业	44.41	双相情感障碍
A9	男	22	3	未婚	本科	待业	0	双相情感障碍
B1	女	59	19	离异	初中	在职	520.79	抑郁症
B2	女	48	33	未婚	高中	待业	49.66	精神分裂症
B3	女	33	6	未婚	本科	待业	51.39	精神分裂症
B4	女	57	27	未婚	高中	待业	45.09	精神分裂症
B5	女	65	12	已婚	初中	退休	61.38	抑郁症
B6	女	22	1	未婚	本科	待业	0	双相情感障碍
B7	女	21	3	未婚	本科	待业	0	双相情感障碍
B8	女	54	35	未婚	初中	待业	31.21	双相情感障碍

3.2　初次发病经历

在 Bury 的疾病疼痛研究框架下，面对疾病，患者的日常认知和解释系统都会被破坏，生活失衡，患者对自我和世界的理解产生怀疑。何雪松等（2020）的研究也证实了这一点，肿瘤患者在最初得知自己得病后，会经历否定自我、合理化解释、恐惧、寻求意义的过程。对精神类疾病患者而言，初次发病是个体在环境系统中首次被贴上"精神疾病患者"标签的体验。之后，罹患精神疾病这一事实开始对个体生活产生影响。

精神类疾病与其他疾病不同，主要作用于个体的精神与心理层次，其次再作用于生理层次，很难在第一时间被个体自身所觉察，因此患者很难在发病早期接受疾病预防与控制。患者往往是在病发后被家人觉察，在家人陪伴下或被强制送医，直到病情好转后才意识到自己已经罹患精神疾病，并且对自己病发期间的行为没有过多的印象。

我是被抓去医院的，在家里被直接架走了。其实所有人都不想这么做，但没办法，唉，那次我连鞋都没穿就被带走了。街坊街里都看着，感觉很没面子。（A8）

当时我已经做了很久心理咨询，但从来就没有觉得自己有精神病。直到那次从外面比赛回来，又和女朋友分了手，就开始逃课，脾气变得很坏，看什么都不顺眼，还总是感到头晕。因为家里有亲戚得了抑郁症，后来就想到去医院

看看。（A9）

我患病的时候是 24 岁，当时可能跟家人关系不是特别好，那个时候工作方面的压力也比较大。当时状态不对劲，不是我自己发现的，是我家人发现的。病了以后没有什么自知能力，是母亲带我去就医的。（B7）

但也有部分康复者自我觉察出自身的精神、心理状态异于往常，进而主动向外求助，就医确诊，进行治疗。这部分康复者往往受教育程度较高，且拥有良好的自我觉察能力。他们在一开始就对自己罹患疾病的事实有着清晰的认知，在先于遭受歧视的时候就已经做出了能动的积极反应。事实证明，在后期的治疗中，该部分康复者无论从康复状态、应对策略，还是遭遇污名时的体验来看都是正向的。

那天晚上我躺在床上，整个人都感觉动不了……我就想去接着看那些之前收藏的心理学文章，看完后感觉也没有用，帮不了我，我知道出问题了，然后自己去医院挂号看病。（B6）

3.3　自我病耻感的影响因素

社会工作学看待个案的方式由问题视角转向优势视角后，文化、社会、经济、政治、家庭、社区等因素被纳入考虑框架。社会工作者不再将问题视作个体本身的问题，而是开始将问题放入情境中，将问题外化和悬置，服务对象开始被视为拥有能力的个体。当与生存的世界形成良性互动后，服务对象的抗逆力会自然被激发，能够进行自我整合和治愈。

3.3.1　家庭的保护与偏见①

对于精神康复者而言，家庭往往是最重要的支持系统，但不可否认，家庭也可能是康复者病情恶化的直接原因。

对于大部分康复者而言，家庭是最后的庇护所，无论在外面遭遇了什么，家庭都能提供足够的庇护，这是他们康复的动力。

家里人从来都不会对我说些什么，他们反而经常劝我，是那些说闲话的人有问题，而不是我有问题。（A3）

这么多年我都是和我妈一起生活的，我记得一次有个邻居在背后悄悄说我坏话，我那个时候在发病期，一些行为还是很出格的。然后我妈很生气地去砸他们家的门，告诉他们不许胡说八道。（A4）

在我家里没什么是不能说的，我们全家其实是在共同对抗着这个病，对抗

---

① 访谈期间，大部分康复者在提及家庭保护时会着重突出发病期的情况，较少提及康复期的家庭保护，但部分康复者会指出家庭的过度保护会造成他们回归社会的阻碍（访谈中并没有出现家庭后期照料懈怠的案例）。

着疾病带来的种种影响。对外我们当然会隐瞒病情，毕竟不是什么好事，但是在家里我们会客观地讨论这事。当时我发病严重的时候，会乱发脾气，砸东西，但是我爸妈都包容了我，我很感激他们。（A9）

然而，在另一方面，家庭内部同样存在着风险因子，来自家庭成员的隐性病耻感往往会对康复者造成沉重的心理负担，加快康复者内化公共病耻感的进程。

我妈妈不让我接触我弟弟的孙子孙女，每次他们来的时候，都会刻意叫我出去，我就来中心（指精综）坐着。（A1）

我妈就觉得我没用，她很小的时候就出去打工补贴家用了……我觉得这是代沟吧，是一种认知问题。以前我妈还拿刀砍过我，我不理解她为什么这么偏激。（A8）

我爸妈死后，兄弟姐妹都很照顾我，我一周七天分别去他们各家吃晚饭，但时间长了就觉得不太舒服，因为他们总是像哄小孩那样对我。（B4）

因此，在家庭的微观系统中，康复者会受到保护因子与危险因子的交互影响。而家人的偏见与刻板印象往往出于照顾康复者的良好动机，这反而让康复者无法做出很好的回应，只能被动地接受。这一部分康复者对病耻感的感知是最直接的，家庭往往是很多康复者首次感受病耻感的场所。

3.3.2 社交网络的断裂与朋辈群体的支持

公共病耻感对康复者的社交网络影响巨大。因为精神疾病的生理与精神症状会对康复者的社交系统造成破坏，所以康复者对于自身罹患疾病的认知存在滞后性。在发病至初次就诊治疗期间，康复者实际是较难控制自身认知行为的。此阶段，康复者往往会做出一些带有一定破坏性的举动，客观上导致社交网络的破裂。

当时，我不知道自己发病，所以也干了很多傻事。比如说我有一个朋友是信基督教的，我给他发信息，骂他说他信的是邪教，然后她就把我拉黑了。（B3）

破坏性行为的发生一般会诱发公共病耻感的产生。同辈群体或社交网络中的个体不了解康复者的真实情况，会将康复者视为怪人，歧视的行动必然伴随而来。

当时我发病嘛，有幻觉，总是自言自语，所以邻居的小孩走路都绕着我走。（A1）

我发病的那段时间经常跟人吵架。在一次同学聚会中，搞得非常不愉快，我也不记得发生了什么，就是些小事吧，后来他们聚会也不叫我了。（A8）

除此之外，自我病耻感的存在也会造成社交退缩，康复者主动远离社交网络。这对于发病期间的个体而言是尤其明显的。

我每天很焦虑，每天都不想出门，然后也就更没有心情打扮自己了。我就希望大家都不要关注到我，不要有人看我，希望大家当我不存在。（B7）

但对于一些康复者而言，朋辈群体与社交网络对他们的生活提供了很好的支持，朋辈辅导被证实是精神康复的有效手段。越是年轻的康复者，从朋辈群体与社交网络中所获得的支持与帮助就越多。年轻一代康复者，对"家丑不外扬"的认同明显低于年长一辈的康复者。他们信任他人，敢于将自己的病情告知他人，并渴望从他人处获得理解与支持。

这没什么好羞耻的，现在压力这么大，抑郁症很正常。现在抑郁状态的人这么多，我只不过比他们严重一点而已。而且知道我生病的都是我的朋友，我相信他们。事实证明，他们也值得信任。（A9）

3.3.3　专业干预

精神康复领域发展至今，构建社区精神康复网络体系的工作有条不紊地推进。社工、精神科医生、心理咨询师与朋辈辅导员是参与精神康复工作的四大主要群体。社区精神卫生服务的顺利开展得益于精神疾病三级防范网络的构建，精防医生主要活动于社区，而门诊专科医生则主要负责在二、三甲医院治疗发病期的患者。随着社工服务的出现，社工作为专业力量进入社区精神康复体系中。朋辈辅导作为工作方法在戒毒、行为矫正领域得到了很好的应用，社工将其引入精神康复领域中来，朋辈辅导员逐渐发展成另一支扎根社区的半专业化力量。当前，心理咨询也在精神康复领域发挥着作用，但由于其收费高等特点，普及度不如前两者。

社工是一个很好的补充，能和我谈心，医生做不到，只给我们开药。但我们需要懂专业的人陪我们，纾解我们的情绪。（A8）

如果说和她（指心理咨询师）存在那种精神上的沟通的话，不是一种有形的东西，就是一种被理解的感觉。（B6）

由专业人员构成的康复者精神健康保护网络，在康复者的生活系统中扮演保护性因子的角色。

3.3.4　制度与正式组织的介入

杨锃等（2017）认为社区精神康复体系的发展受到管控逻辑、区隔逻辑、康复逻辑之间的交互影响。政府机关、精神病院、社区精神康复服务组织分别是这三种逻辑的代表。三种逻辑分别在康复者的康复过程中发挥了各自的作用。

对于很多康复者而言，他们将各级残联等同于政府，因为有关康复者的政策基本是通过残联传达，残联成为政府和康复者之间的沟通桥梁。通过残联，康复者感受到党和国家对精神康复者的重视与关怀，并对此心怀感激。

为什么不感激呢？现在我出门坐车都不用花钱，有残疾人公交卡。（B2）

中国共产党好啊！逢年过节，街道都会派人来给我送米送油，我都吃不完。单位工会的人偶尔也会来，带水果来看我。你说，这样的共产党政府不好吗？（A1）

但也有部分康复者对于政府在精神康复中扮演的角色表示不认可，他们认为在政府机关的管制逻辑中，康复者依旧被视为异化对象。

福柯指出，传统精神医学在精神病院的矫正治疗体系中逐渐形成了两种规训机制，一是关于隔离、排斥、驱逐和污名化的机制，二是关于区分、分配和监视的规训机制。因此，有过入院、住院经历的康复者对于自己的这段历史往往是避讳莫深的，认为这是一段难以启齿的往事，B8对此就感到十分羞愧。她在30岁左右发病，当时其父母年龄已经偏大，因此，她的送医过程是由街道办事处、辖区民警和急救中心合力完成的。

住院很糟糕，每天吃药，就像个木头一样待着……身边的人还都是那样的，就都很奇怪吧，挺丢人的。（B3）

那次太难说了，邻居都在那里看着，我满院子跑，他们都在追我……我出院后都没脸回去了。（B8）

除了政府机构、医院外，康复者在日常生活中也会接触到其他正式组织，在这个过程中会面临遭受刻板印象与歧视的风险，这一点在求职或就业中尤为明显。对于年轻的康复者来说，参与工作是完成自我实现极其重要的渠道，因此能否找到一份工作并胜任工作职责成为影响他们自我效能感的重要因素。但他们在求职或工作过程中往往因为患病经历受挫。

自己没有找到正式工作，我只是在做兼职。我妈总是说很难有单位雇我去做全职工作，这让我很自卑，觉得自己得了病以后就没用了。（A8）

哪怕康复者顺利地找到了工作，他们也会考虑自身疾病是否会影响工作单位对他们的印象。

在公司的时候，有一部分同事是知道我的情况的，虽然他们表面上不说。在工作中，我害怕自己出错，然后被人发现，这会让人觉得是我得过病的原因。（A7）

3.3.5 个人特质

国内外对有关精神疾病成因进行了众多研究，主要集中在生理遗传、个体心理、社会生理心理综合模式等方面。不能忽视的是，精神疾病和其他疾病一样，个体因素占到了很大比重。

首先，对于康复者而言，精神疾病的残留症状与服药后的生理反应成为了康复者不可回避的问题，这也往往会促使康复者给自己固定一个负面的自我标签，进而引发其他健康问题。

当时我暴饮暴食很严重，我想走出恶性循环，就企图通过一种行为，去帮

自己固定一种认知，比如我当时想用刀划伤自己的左手腕，没有实现，这让我非常沮丧，让我觉得自己是个失败者。(B6)

因为生病吃药的缘故，我长胖了 20 斤……我本身就有一点身材焦虑的……这令我很难受。(B7)

除了生理因素外，康复者对自我性格也有着不同的认知，但总体来说都是消极的，如孤僻、偏激，很少有康复者认为自己是乐观的。即便笔者在观察中发现大多数康复者并没有像他们自己所描述得那么封闭孤独，他们还是坚持认为自己只在小部分人面前是开朗的。他们认为自己的疾病在很大程度上是由性格导致，而并非疾病改变了自身的性格。自己遭遇的一些偏见与歧视待遇，也是性格导致。

自卑呗，就是觉得自己有病，害怕人知道，就好像小偷偷东西，心里面很胆怯。时时刻刻都害怕，还要说谎话。怕被人区别对待，无论对我特别好还是特别差我都会特别害怕。(A4)

他们理解不了我，忽视我……可能和我的性格有关系，我这个人比较孤僻，不完全是因为我的病。这是一种综合的结果，不单单是因为我有病。(A8)

4 康复者的应对方式

面对外部环境的变化，康复者会做出应对，但并非一成不变。在康复初期，他们的应对方式一般会比较消极，随着康复时长、对疾病知识的积累，应对方式也会发生改变。

4.1 及时性应对

4.1.1 回避

在资料收集的过程中，笔者发现，康复者面对他人的歧视、偏见等公共病耻感最常用的应对手段是回避。因为康复者对可能遭受的歧视有相关预期，所以康复者选择对自身病情保持沉默。在本文中的回避是指，康复者在可能预料遭受歧视的场所中对可能暴露病情的事件予以回避，以避免受到伤害。

有时候大家会聊起新闻里的精神病人杀人的事情，我是坚决不会参与的。在正式找到自己喜欢的工作前，我是一定不会说自己的事的。我甚至都想过，在我与单位签长期合同前，我自费买药，不要留下医保记录。(A9)

4.1.2 否认

否认也是康复者在面对外在刺激时常用的策略。在本文中，否认是指在个体被发现或被推测曾患病时，通过否认自身病情以达到消除公共病耻感带来的进一步社会排斥以及降低因此产生的自我病耻感。这种现象，往往集中发生在患者发病早期与康复后期。在前一种情境中，疾病对于患者的人生观带来了震荡式破坏，个体通过怀疑或否定自身患病事实以避免焦虑、恐惧等情绪对自身的影响。在后一种情境中，患者由于自身复原状况良好，社会功能恢复，希望重新融入社会，因此对自身患病事实进行否认，避免不良影响。否认的策略实际贯穿于患者患病前后，但由于所有被调查的康复者在最初遭遇病耻感时都采取过否认的策略，而在康复期则不一定，因此本文将否认划定为及时性应对策略。

我当时完全否认我患病的事情，如果坦白告知的话，单位肯定连面试都不会让我通过的。(B3)

4.1.3　合理化

本文中的合理化是指，在面对难以接受的刺激时，康复者使用环境、生理、自身特征等种种理由与解释为自己辩护，最终使自己可以被接纳，避免心理结构的失衡。合理化的应对方式是一种中性的应对方式，一方面能够减轻公共病耻感发生时对康复者造成的即时伤害，但另一方面容易使康复者内化错误认知，加重自我病耻感。在笔者实习过程中，电视台曾经报道过一起精神疾病患者伤人事件，对此，社会舆论聚焦于精神疾病患者的看护问题，人们对精神疾病患者不受控的刻板印象被再一次固化。一段时间内精综的康复者也因此而表现出焦虑等情绪，但 A1 和 B4 两位年龄偏大的康复者都相对平静。

佛家讲因果循环，上辈子做了错事，这辈子就要受罚。所以得了病就是你的果，你就要赎罪，苦也只能受着。(A1)

我知道会被歧视，时间长就习惯了。得了这个病是会有暴力倾向。所以其他人看不起我们甚至害怕我们是可以理解的。(B4)

4.2　延续性应对

4.2.1　隐瞒

隐瞒，是由回避这一及时性应对方式发展而来的延续性应对方式，是指在日常生活中，康复者对自身病情等信息进行保密，以此保障正常的生活秩序。对于康复者而言，隐瞒是一种成本较低的应对方式。通过隐瞒，康复者在某种程度上可以回到发病前的生活轨迹中，尤其是进入新的社交环境中时，能够被视作身心功能健全的普通人看待。这对忍受病耻感的康复者而言极其重要。

其实我倒是不怎么害怕的，只不过不喜欢麻烦吧。大家都知道，社会上有不少人还是对得过精神疾病的人有些意见的，我能不说自然就不说了。(B2)

我妈让我不要说的，因此我也没有告诉别人。后来我去美国一年，换了新环境，慢慢地有时候我都忘记了自己得过病。(A3)

4.2.2 社会退缩

社会退缩，是指社会情境下的独处行为。在本文中，社会退缩是一种控制行为，通过主动回避社交行为，避免与他人的互动、交流，从而减少自身病情被暴露的风险。在访谈中，笔者发现，社会退缩贯穿在精神疾病患者的康复期。康复前期，由于疾病和病耻感的影响，患者都或多或少出现过一段时间的社会退缩行为。康复后期，病耻感高的患者会更倾向于采取退缩行为。

这个疾病把我和世界隔绝了，我没办法直接和世界交流。虽然不知道为什么，可能是因为歧视吧。我自己很害怕，所以会躲避外界，虽然我自己也不知道为什么害怕。(A4)

除了那些原本很要好的朋友，在我生病之后，我就没有再交过别的朋友，我的社交圈就非常小。自从生病之后，我主动把与外界隔离的边界砌高了。(B7)

4.2.3 寻求社会支持

与社会退缩相反的应对方式是寻求社会支持，但这两种应对方式有时是同时出现的。康复者在遭遇偏见、歧视时，会主动收缩自己的社交网络，不再愿意构建新的社交网络，但是会主动加强和原有支持网络的联系，从自己信任的朋辈群体或亲属身上获得理解与支持。

我觉得主要是我熟知的人，了解我的人，跟我关系比较好的人都在这方面给了我挺多支持。(B7)

我和自己的高中同学关系是很密切的，其实我自己是很自卑的。但是高中同学会主动亲近我，在我得病的时候她们一直在我身边，我难过的时候有时会在半夜给她们打电话，她们也会陪着我聊天。我不能失去她们。(B6)

4.2.4 学习

学习，在本文中是指康复者学习疾病、心理学等有关知识与有关技能，在这一过程中达成对自我的进一步认知，从而完成对生活世界的重构。在这一问题上，与笔者接触的康复者都做出了学习的应对行为。一方面，康复者通过对相关知识的学习，了解疾病的特征，从科学的角度解读自身行为，减少自我攻击的倾向。另一方面，康复者也会积极使用大众传媒工具，学习社会学、传播学、经济学的知识，并用之解读康复者被歧视的社会现象。此外，也有康复者通过学习新的技能来证明自身的能力与价值，从而转变人们对康复者的刻板印象。

患病初的 7 年中，我真的没有意识到自己是有病的。后面通过看书才慢慢意识到、并接纳自己患病之事。后来开始愿意有选择性地向人倾诉。(A7)

但有时候学习的应对方式也会对康复者带来困扰，尤其是对阅读广泛的康复者而言，在没有专业力量介入的情况下独自面对创伤时会十分艰难。

那些书看得越多，你就会更多地了解你自己，但是有些时候我需要缓一缓。比如卡伦·霍尼的那些书，几本关于神经症人格还有内心冲突的书……对人的心理剖析得太深入太彻底了，就让人害怕真实的自己也许恰是自己不想面对的那样。(B6)

4.2.5 教育

教育被认为是一种正面抵抗型的应对方式，在吴红婷（2015）的研究中，教育是指采取先发制人的方式告诉他人自己的身份信息，从而使自己免受他人的负面评价。但在参与调查的部分康复者中，却存在着另一种类似的教育方式。他们会针对公众对于精神疾病的偏见进行反驳甚至批判。当遇到直接针对他们本人的歧视行为时，他们会运用有关精神疾病的知识进行反击，而不再是回避或者否认。

我经常这么告诉他们，精神病患者不一定是疯癫的。每次听到有人骂"痴线"（方言：意为白痴）我就很生气，生病就是生病，别骂人。遇到些脾气好的，我会和他解释一下什么是精神疾病，有时候对方还会向我道歉。(B6)

5 康复者的应对信念

应对信念的形成是综合作用的结果，消极的信念通过自我病耻感表现了出来，积极的信念有助于康复者选择更正面的策略应对外界对群体的刻板印象、偏见与歧视。笔者在对访谈记录进行整理后发现，样本框内的康复者表现出了7种信念：其中与病耻感有关的为4种，正面信念为3种，以下为典型的几种表现形式。

5.1 自我病耻感

5.1.1 刻板印象：不宜婚恋与失能

关于婚恋问题，几乎所有的康复者都表现出了矛盾的心态，一方面对婚恋有所渴望，但另外一方面却又坚定地向笔者传达"精神康复者不能够结婚"的认知。而这种矛盾认知会对康复者的社交行为造成影响，严重的会促使康复者选择社会退缩。

从生物学视角出发，家庭遗传确实是引起精神疾病发作的重要风险之一。康复者一方面通过学习，了解到自身结婚可能导致的不良后果，从认知上建立了可能为后代带来不幸的信念。另一方面，由于康复者采用的社会退缩等消极应对方式，客观上阻碍了康复者认识异性，造成康复者无法走入亲密关系，进一步强化了康复者对于自身不适合婚姻的认知。此外，社会对精神病康复者的排斥也对康复者寻找伴侣造成了极大的压力，久而久之，康复者对自身形象进行了矮化，内化了康复者不能结婚的信念。

我不建议得过这种病的人去谈恋爱，我觉得不太合适。拿我现在的状态来说，我觉得我没有自己的生活，生活还常常是混乱的，我感觉自己还不是一个很完整的个体。(B7)

我觉得首先这个病它有遗传的可能。如果你打算结婚，到底是告诉还是不告诉你的伴侣呢？如实告知后有两种可能情况，一种就是对方不接受你了，另外一种即使接受你了，可能你们的孩子也会有患病风险。(B3)

此外，对失能与无能的认知也是康复者存在意见分歧的领域。由于公众对精神疾病的误解与片面认知，导致很多人对患过精神疾病的人存在失能或无能的刻板印象。在这种社会环境下，康复者会对自我能力产生怀疑。同时，由于歧视现象的存在，康复者的就业、成长等机会相对减少，该现象将加剧个体对自身能力的质疑，最终形成自我无能的稳定认知。这将导致康复者的自卑，康复者可能更倾向于选择隐瞒与社会退缩来解决问题。

其实都没什么好说的，你能从生活的方方面面看得到，得过病的人和正常人是有区别的。别人不用吃药，我要按时吃药；别人不会手抖，我会手抖。能有一份养得活自己的工作就很好了，别的不指望了。(A1)

5.1.2 偏见：内疚与羞愧

病耻感的直接表现之一就是个体因为自身康复者标签而感到低自尊、低自我效能感，进一步衍生出内疚、沮丧、羞愧等消极情绪。在康复者建构的世界中，这种情绪会通过能力退化、与世界隔离等认知进行表达。这种偏见与负面情绪会压垮康复者，使康复者形成放弃康复，消极应对的观念。

当然会感到羞愧，尤其是情绪不太好的时候。就会觉得好像我的人生已经毁了一样，尤其是在浏览朋友圈时。虽然跟他们没什么联系，但是从同学、朋友的朋友圈中看得出，大家都发展得比较好，然而自己却是这副样子，在对比后发现自己的人生很糟糕。(B3)

我其实觉得很对不起自己的爸爸妈妈，爸爸现在一个人工作，妈妈专门照顾我。在我发病的时候，外婆也专门过来照顾我，她年纪也大了后来就回去了，就剩我妈妈一个人照顾我。我们一起去美国治病，吃的药、住的房子都很贵，我现在还没工作，没办法补贴家用。(A3)

5.2 正面信念

5.2.1 正面抵抗

患过精神疾病的人具有暴力倾向是人们对这一群体最典型的刻板印象之一。这种情况的产生与媒体有关。在大众传媒建构的形象中，精神疾病患者与施暴者相联系。部分康复者明确地表达了对影视作品丑化精神病患者的不满，直接指出影视作品固化了精神疾病患者的暴力形象。当然也有康复者不认同此观点，他们会客观地看待这一问题，指出精神疾病发作时确实有人会有暴力倾向，但不是所有人都是如此。总体而言，康复者会对刻板印象进行抵抗，他们知道负面影响是标签效应，并非客观事实。

电影里面的（精神病患者）形象，会让我深受困扰，就像另一个康复者说的，我觉得刻板印象就是暴力倾向。我对精神疾病患者是否有这种倾向以前是没有关注，自己得病以后就更不会管。大家是有病，但又不是疯了。（A7）

正是因为社会上存在着对精神疾病的误解，所以人们产生这种心理也是很正常的，但是不能因为外界怎么看待，我们就把这种看法内化。（B6）

我觉得我没有暴力倾向，但是我在住院的时候看到过类似情况，有的病友确实存在暴力倾向。（B7）

5.2.2 实现自我价值

当被问及康复者能否为世界作出贡献时，所有康复者都坚定地给予了肯定的回答，尽管大多数人认为这份贡献不一定很大。康复者对此的认知是基于自身不会对社会造成危害而产生的，并且可以在实际生活中得以验证。从这个角度看，康复者能够在对公众赋予精神疾病患者无能化标签予以反抗后，进一步正确认知自我，追求自我价值的实现，力所能及地参与社会工作。

能认为不论大事还是小事，工作本身就是一种贡献。（B4）

我觉得生病这个事情只是自己非常难受，除了那些真的会对社会造成破坏的人，我觉得其他的事情就只能说对社会没有贡献，但我们也不是一无是处。（B7）

5.2.3 复元

叶锦成等（2017）认为复元理念包含九个要点：①是一个过程；②伴随着起起伏伏；③个别化旅程；④治愈和缓解症状；⑤建立一种有意义的生活；⑥个人能够自主选择；⑦充分发挥个人潜力；⑧社会融合和社区生活；⑨伴随着排斥、边缘化和耻辱。通过观察和访谈笔者发现，病耻感偏低的康复者在无意识地践行复元的理念。他们集中拥有三种特质：坦诚面对自身病情、接纳改变、对未来充满希望。先是通过坦诚面对自己的现状，接受了病情会反复的现实；然后开始慢慢接纳生活中发生的改变，并发现其中的乐趣；最后认识到这样的人生有其价值所在，只要继续向前，一样能实现人生价值。

你生来不凡，不为别的，只因你此生必然与一颗躁郁之心相伴；你回归平凡，因只有平凡，才能不让自我之舟翻覆在情绪的狂风怒浪中。你的一生会与躁郁作斗争，作伙伴，至死方休。从这个角度来说，无论你事业上是否成功，只要不伤害别人，能够安全、顺顺利利地度过自己的一生，最后在子孙的注视中寿终正寝，即是胜利。因此，无论如何，请记住这一点，你一生都是作为一个勇者而存在的。人生路上多岔路，别怕，可前行。既已背负苍穹，何惧增几尘埃。（摘取自 A9 的日记）

得精神病之后，就很难再选择一条寻常之路，现在因为我没法学习，像考研其实我都没太考虑。我最近也一直在想，我是跟我的同学不一样，然而我就不能获得一个圆满的人生吗？我就会怎么样吗？我以前就觉得我应该做一个成绩好的、持续学习的那种人。现在我觉得，既然已经是一条野路子，那么也有一种和过往的路不一样的风景。就这样，我走过了那段最难受的日子。(B7)

6   结语

6.1   研究结论

第一，通过对17名康复者的调查、资料整理及分析，构建病耻感应对方式理论模型，见图3。个体在罹患精神疾病后，将面临环境系统中公众关于精神疾病的刻板印象、偏见与歧视的威胁。为了避免伤害，个体利用环境与个体特质中的保护因子对抗危险因子，这一过程即为应对方式。在初始面对刺激时，个体会做出较为本能的反应，即及时性应对，其中主要包括回避、否认和合理化。在漫长的康复道路中，环境与个体持续互动，康复者逐渐在及时性应对策略的基础上发展形成一套独特行为系统，如隐瞒、社会退缩、寻求社会支持、学习与教育等方式，并在生活情境中反复使用，即延续性应对方式。最终，环境与个体间的互动塑造了康复者的应对信念，其中包含了正面信念与自我病耻感部分。

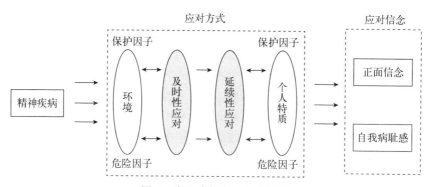

图 3   病耻感与应对方式模型

第二，及时性应对和延续性应对的关系。首先，康复者对于及时性应对策略的选择在一定程度上影响了延续性应对策略的选择。初次面对歧视时，康复者往往采取消极的及时性应对方式。采取回避、否认方式的康复者，在未来类似情境中也会倾向于使用隐瞒、社会退缩；采取合理化方式的康复者，在未来更易形成学习的应对方式。其次，专业力量的介入与家庭支持可以调节及时性应对与延续性应对的相互关系。社区康复的康复者通过参加精综的小组、活动（如医生讲座等），在社工的逐步引导下，更可能采用寻求社会支持、学习的延续性应对方式。家庭的支持为康复者面对外部歧视时勇敢采取教育的应对方式提供了有效支持，即使康复者在总体上采用的是保守的延续性应对方式。

第三，有关应对信念。面对污名、偏见与歧视等威胁，康复者能动地采取不同形式的应对方式，生成不同结果，表现形式为应对信念。康复者的应对信念表现出积极与消极两方面，负面信念通过自我病耻感表达。应对信念的生成受到家庭、朋辈群体、专业群体、制度与社会组织和个人特质的影响。

6.2　研究不足

首先，本文对康复者的病耻感应对方式进行讨论，现有的支撑材料较少，结论的得出主要依赖于对社区康复的 17 名康复者的研究，其合理性有待更多相关研究的考证。

其次，本次调查对象的选择存在局限性。由于刻板印象、偏见与歧视的存在，康复者往往对自身情况进行信息控制，这为寻找调查对象造成了相当的阻碍。受现实环境所限制，广州市越秀区精神康复综合服务中心服务的人群中，精神分裂症与心境情感障碍约占 83%，出于样本可获得性的原则，本文选择了精神分裂症康复者和心境障碍康复者作为研究对象。由于无法找齐所有类型的样本进行访谈，研究结果代表性有所欠缺。

最后，本文有关延续性应对方式对病耻感影响的探究存在不足，两者之间关系尚不明确。从研究方法上看，本文主要采取质性研究方法进行研究，在资料归纳与分析部分，得出及时性与延续性应对相关等结论。受到学术背景的制约，难以严格按照质性研究的方法论进行调查，在短短的五个月实习中，没有做到资料的对比。因此，无法证实或证伪什么类型的应对方式能够有效针对康复者的病耻感状况进行改善，这无疑是个遗憾。现实中即使康复者掌握多种应对方式，也存在与所持有的信念相互矛盾的情况，如存在社会退缩的康复者在社工与医生面前会主动寻求支持，服药依从性等情况良好。而认定自身失能的康复者也认为自己在一定程度上有能力实现自我价值。多种应对方式的组合使用和多种信念的并存导致无法明确两者间的相关关系，需要更多的质性与量化研究对此进行探讨。

──────────── 参 考 文 献 ────────────

崔向军，周亚青，李丽娜，等，2012. 抑郁症患者的病耻感与应对方式的相关研究 [J]. 中国健康心理学杂志，20（6）：814 - 815.

董佳，周郁秋，孙玉静，2018. 青年精神分裂症病人病耻感与自尊、心理弹性相关性及其
　　影响因素［J］. 护理研究，32（20）：3189 - 3192.

段晓颉，2018. 网络媒介精神病患者的媒介形象研究［D］. 济南：山东大学.

福柯，2012. 规训与惩罚：监狱的诞生［M］. 北京：生活・读书・新知三联书店.

高晨梦，2019. 优势个案管理对社区重性精神疾病患者干预效果的研究［D］. 保定：河北
　　大学.

高萍，2016. 精神分裂症患者病耻感与其就医行为的相关性研究［D］. 唐山：华北
　　理工大学.

高士元，费立鹏，2001. 不同人群对精神病的态度［J］. 中国心理卫生杂志，15（2）：107
　　- 109.

龚栩，谢熹瑶，徐蕊，等，2010. 抑郁-焦虑-压力量表简体中文版（DASS - 21）在中国大
　　学生中的测试报告［J］. 中国临床心理学杂志，18（4）：443 - 446.

郭金华，2015. 污名研究：概念、理论和模型的演进［J］. 学海，（2）：99 - 109.

郭全芳，高晓翠，张云红，2009. 抑郁症患者病耻感的质性研究［J］. 护理管理杂志，9
　　（12）：16 - 18.

何雪松，侯慧，2020. "过坎"：终末期肾病患者的疾痛体验［J］. 社会学研究，35（5）：
　　25 - 50.

侯茹，2019. 社会工作介入精神疾病患者社区康复服务的研究［D］. 郑州：郑州大学.

胡号应，颜瑜章，陈力鸣，等，2012. 广州市城乡居民的心理健康知识知晓率及对精神疾
　　病的态度［J］. 中国心理卫生杂志，26（1）：30 - 35.

李从从，孙宏伟，2016. 精神疾病患者家属病耻感现况及影响因素［J］. 中国健康心理学杂
　　志，24（3）：343 - 347.

李凤兰，2015. 中国公众的心理疾病观：内容、结构及测量［D］. 武汉：华中师范大学.

李海滨，2018. 精神分裂症患者就业体验的质性研究［D］. 上海：上海交通大学.

李江婵，姚素华，谢秀东，等，2015. 认知行为治疗对抑郁症患者病耻感和应对方式的影
　　响研究［J］. 中国全科医学，18（4）：463 - 465.

李丽华，王小平，2009. 精神疾病病耻感研究进展［J］. 中国临床心理学杂志，17（1）：
　　74 - 77.

李丽华，2008. 精神科门诊重性精神病患者及其家属病耻感调查［D］. 长沙：中南大学.

李荔，刘丽娟，2017. 基于 GoPubMed 对病耻感相关文献的计量学分析［J］. 中国心理卫生
　　杂志，31（11）：857 - 861.

李鹏，2011. 警察寻求专业心理帮助意向与心理疾病污名关系的研究［D］. 重庆：重庆师
　　范大学.

李强，高文珺，龙鲸，等，2010. 心理疾病患者自我污名及影响初探［J］. 中国临床心理学
　　杂志，18（3）：323 - 325.

刘继同，2019. "中国社区福利体系与社区精神健康社会工作实务体系建设"研究
　　专题［J］. 浙江工商大学学报，（1）：100 - 101.

刘能，2005. 艾滋病、污名和社会歧视：中国乡村社区中两类人群的一个定量分析［J］. 社会学研究（6）：136－164.

刘玉莲，程艮，姚秀钰，等，2011. 康复期情感障碍患者感知病耻感及其影响因素调查［J］. 中华护理杂志，46（1）：12－15.

刘玉莲，王悦婷，2012. 首发精神疾病患者家属病耻感的质性研究［J］. 护理管理杂志，12（4）：234－236.

吕豪，2019. 认知行为疗法对首发精神分裂症患者家属自我污名的干预研究［D］. 南昌：南昌大学.

吕世虎，彭燕伟，2019. 近二十年中国中小学数学教科书研究综述：基于 CiteSpace 知识图谱分析［J］. 数学教育学报，28（4）：48－54.

莫祥德，焦敏，2018. 门诊精神分裂症患者社会功能现状及相关因素研究［J］. 家庭医药（2）：304－305.

努苏来提．热依汗古丽，马晓洁，2017. 心境障碍患者自我病耻感程度及相关因素分析［J］. 新疆医学，47（9）：1027－1029.

彭菊意，呼亚丽，任燕，等，2019. 双相障碍抑郁发作病人病耻感与正念水平的相关性研究［J］. 护理研究，33（10）：1817－1820.

任莉，肖乐，张国富，等，2013. 社区精神分裂症患者病耻感与社会功能的关系［J］. 中国健康心理学杂志，21（7）：991－992.

Sands Robertag，2015. 精神健康社会工作［M］. 上海：华东理工大学出版社.

宋晓红，李建明，2009. 精神病病人病耻感的调查分析及护理对策［J］. 护理研究，23（21）：1947－1948.

孙科，杨光远，谢俊，等，2017. 认知行为治疗对青少年抑郁症病耻感的研究［J］. 广东医学，38（13）：2022－2024.

孙一颖，孙喜蓉，王玲，等，2018. 消除隔阂计划对精神分裂症病耻感、生存质量及家庭负担的影响［J］. 现代预防医学，45（9）：1635－1639.

陶波，2019. 降低抑郁症患者自我污名的团体干预研究［D］. 武汉：华中师范大学.

田丽，杨媛，胡永梅，2014. 首诊精神分裂症患者的病耻感与社会功能的关系研究［J］. 天津医科大学学报，20（6）：480－482.

汪向东，王希林，马弘，等，1999. 心理卫生评定量表手册［M］. 北京：中国心理卫生杂志社：106－111.

王恬，陆海英，佟阳，等，2020. 孤独症谱系障碍儿童家庭照顾者病耻感综述［J］. 中国护理管理，20（1）：125－129.

吴红婷，2015. 精神分裂症康复者的自我标签及其应对策略研究［D］. 上海：华东理工大学.

吴燕，虞正红，徐建鸣，2015. 永久性肠造口病人病耻感状况调查［J］. 护理研究（2）：170－173.

吴志国，苑成梅，王振，等，2011. 心境障碍患者自我病耻感及相关因素研究［J］. 上海交通大学学报（医学版），31（11）：1527－1531.

徐晖，李峥，2007. 精神疾病患者病耻感的研究进展 [J]. 中华护理杂志，42（5）：
　　455-458.

徐晖，2008. 精神分裂症患者病耻感及其与服药依从性关系的研究 [D]. 北京：北京协和
　　医学院.

徐云璐，2014. 住院精神分裂症患者病耻感的相关因素研究 [D]. 济南：山东大学.

阎琳，2013. 郑州市居民精神卫生知识知晓率及对精神疾病态度的调查 [D]. 郑州：郑州
　　大学.

杨娜，喻红，章艳，2020. 日记式心理教育在双相情感障碍缓解期病人中的应用效果 [J].
　　护理研究，34（7）：1287-1289.

杨锃，陈婷婷，2017. 多重制度逻辑下的社区精神康复机构研究：兼论本土精神卫生公共
　　性建设的可能路径 [J]. 社会科学战线（3）：204-212.

叶锦成，冯慧玲，胡少良，等，2017. 中国取向复元模式实践：精神健康社会工作案例研
　　究 [M]. 上海：华东理工大学出版社：20-23.

叶平枝，2005. 儿童社会退缩的概念、分型及干预研究述评 [J]. 学前教育研究
　　（11）：24-26.

尹慧芳，徐广明，杨桂伏，等，2014. 贬低-歧视感知量表中文版测评社区人群病耻感的信
　　效度 [J]. 中国心理卫生杂志，28（1）：63-69.

于晓菡，2018. 基于 MOHO 理论的精神病患自我污名弱化研究 [D]. 南京：南京
　　理工大学.

俞豆彤，2019. 住院精神疾病患者病耻感、孤独感及其社会支持的相关性研究 [D]. 西安：
　　陕西师范大学.

宇虹，王丽娜，周郁秋，等，2015. 精神分裂症恢复期患者病耻感对生活质量的影响：社
　　会支持及应对方式的中介效应 [J]. 中国护理管理，15（4）：424-428.

喻月慧，冉茂盛，2019. 社区精神卫生服务和精神卫生社会工作的发展 [J]. 社会建设，6
　　（5）：22-31.

岳童，王晓刚，黄希庭，2012. 心理疾病自我污名：心理康复的一个高危因子 [J]. 心理科
　　学进展，20（9）：1448-1456.

张晨，2014. 精神疾病话语的媒介呈现及框架变迁 [D]. 武汉：武汉大学.

张红彩，2010. 精神分裂症患者的病耻感与服药依从性关系的研究 [D]. 北京：中国协和
　　医科大学.

张晴，朱春燕，周晓琴，等，2016. 自我接纳在抑郁症患者病耻感与抑郁症状间的中介作
　　用研究 [J]. 安徽医科大学学报，51（7）：1049-1052.

张卫星，杜红莲，张蔚蓝，2012. 心理干预对精神疾病病人病耻感和社会功能的影响研究
　　[J]. 护理实践与研究，9（11）：132-133.

张晓凤，2014. 精神分裂症患者的污名现象 [D]. 上海：华东理工大学.

张倬秋，赖华，周茜，等，2012. 康复期精神分裂症患者病耻感与自我效能和应对方式的
　　相关分析 [J]. 精神医学杂志，25（2）：87-88.

赵罗英，2010. 社会工作理论与实务的"优势视角"模式 [J]. 国际关系学院学报（2）：

92 - 96.

赵禹，李峥，2018. 远程医疗在双相情感障碍患者中的应用研究进展 [J]. 中华护理杂志，53 (7)：872 - 877.

周英，李亚洁，2011. 精神分裂症病耻感的相关研究进展 [J]. 广东医学，32 (15)：2061 - 2063.

周英，2012. 精神病患者遭受的社会歧视、感知的病耻感及影响因素的研究 [D]. 广州：南方医科大学.

朱夏律，2019. 上海市自闭症患儿家长的病耻感及应对研究 [D]. 上海：上海师范大学.

CHI C，MISHRA V，SAMBISA W，2009. Individual - and community - level determinants of social acceptance of people living with HIV in Kenya：Results from a national population based survey [J]. HEALTH PLACE, 15 (3)：742 - 750.

CORRIGAN P W，KERR A，KNUDSEN L，2006. The stigma of mental illness：Explanatory models and methods for change [J]. Applied & Preventive Psychology, 11 (3)：179 - 190.

GOFFMAN B E，1967. Interaction ritual：essays on face - to - face behavior [J]. AM J SOCIOL, 33 (3)：462.

EDWARD E J，FARINA A，HASTORF A H，et al.，1985. Social Stigma：The Psychology of Marked Relationships. by [J]. Contemporary Sociology, 14 (3)：401 - 402.

JOFFE P E，BAST B A，1978. Coping and defense in relation to accommodation among a sample of blind men [J]. Journal of Nervous & Mental Disease, 166 (8)：537.

LEE S，2002. The stigma of schizophrenia：a transcultural problem [J]. CURR OPIN PSYCHIATR, 15 (1)：37 - 41.

LINK B G，PHELAN J C，2001. Conceptualizing Stigma [J]. ANNU REV SOCIOL, 27 (1)：363 - 385.

LINK B G，STRUENING E L，NEESE - TODD S，et al.，2003. The Consequences of Stigma for the Self - Esteem of People With Mental Illnesses [J]. PSYCHIAT SERV, 52 (12)：1621 - 1626.

LINK B G，PHELAN J C，BRESNAHAN M，et al.，1999. Public conceptions of mental illness：labels, causes, dangerousness, and social distance [J]. American Journal of Public Health, 89 (9)：1328 - 1333.

PERLICK D A，ROSENHECK R A，CLARKIN J F，et al.，2001. Stigma as a barrier to recovery：Adverse effects of perceived stigma on social adaptation of persons diagnosed with bipolar affective disorder [J]. Psychiatr Serv, 52 (12)：1627.

RITSHER J，GOTILINGAM P，GRAJALES M，2003. Internalized stigma of mental illness：psychometric properties of a new measure [J]. PSYCHIAT RES, 121 (1)：31 - 49.

SCHEFF T J，1967. Being Mentally Ill：A Sociological Theory [J]. SOC FORCES, 159 (3)：132 - 133.

SCHULZE B，ANGERMEYER M C，2003. Subjective experiences of stigma. A focus group study of schizophrenic patients，their relatives and mental health professionals ［J］. SOC SCI MED，56（2）：299－312.

YANG L H，2007. Application of mental illness stigma theory to Chinese Societies：Synthesis and new direction ［J］. SINGAP MED J，48（11）：977－985.

农村老年人健康状况及社会工作介入研究[①]

1 绪论

1.1 研究背景

随着我国人口老龄化进程加快，养老问题日渐突出。第七次全国人口普查（后文简称为"七普"）数据显示，全国 60 岁以上的老年人口超 2.6 亿，占比约 18.6％。由于工业化发展、城镇化进程加快，农村地区青壮年人口流失严重，农村老龄化程度更高、情况更严峻：农村 60 岁以上的老年人口占比高达 23.8％，农村人口分布已经呈现中度老龄化[②]。老年人健康是养老领域最值得关注的问题，据《老年健康蓝皮书：中国老年健康研究报告（2020—2021）》指出，疾病是影响老年人群健康状态的主要因素，尤其是农村老年人，因常年从事高强度体力劳作，生活质量较差，患病率更高。另外，农村留守老人数量较城市多，由于缺少照顾和陪伴，这一群体更容易出现心理问题和患精神疾病[③]。

社会工作致力于为全人类特别是弱势群体提供服务，以助人为宗旨、运用系统的专业知识、技能和方法去解决社会问题。老年人作为重要的社会群体，对于家庭和谐与社会稳定发挥着不可替代的作用，而目前老年人健康特别是农村老年人健康状况不容乐观。当前，学界亟须探讨如何将社会工作深入农村老年人实际健康需求中，利用学科专业优势介入农村老年人健康服务领域，提升农村老年人健康水平。

鉴于此，笔者分别于 2022 年 8 月在广东省广州市从化区 F 村和 S 村、2023 年 2 月在广东省河源市龙川县 C 镇开展了调研，深入了解农村老年人的

---

② 国家统计局．第七次全国人口普查公报（第五号）[EB/OL]．（2021 - 05 - 11）[2023 - 04 - 17]. http：//www.stats.gov.cn/zt_18555/zdtjgz/zgrkpc/dqcrkpc/ggl/202302/t20230215_1904001.html.

③ 景丽伟，刘志，黄石松，等．2011—2020 年中国老年健康公平变动趋势及对策[A]//刘远立．老年健康蓝皮书：中国老年健康研究报告（2020—2021）[C]．北京．社会科学文献出版社，2021：50 - 74.

• 61 •

健康需求情况。经过实地调研，笔者认为社会工作对农村留守老人健康介入的可行路径确实是值得研究的议题，有助于缓解人口老龄化背景下农村老年人健康问题并有助于推进社会工作的发展。

1.2　国内外研究综述

1.2.1　国内研究现状

杜鹏（2013）利用第六次全国人口普查（后文简称为"六普"）中的自评健康数据对中国老年人口进行了分析研究，研究显示，老年人健康状况存在差异：男性优于女性，高龄老年人口健康状况更差，城镇老年人口健康状况优于农村老年人口健康状况，各省区情况存在较大差异。李彩福等（2013）侧重研究了农村留守老年人健康状况的性别差异，发现农村留守老年人的健康状况并不理想，留守女性老年人的健康问题尤其不乐观。杜本峰等（2013）的研究显示，不同省份老年人健康状况存在显著差异，群体属性为农村、女性、高龄、无配偶的老年人群体的健康状况显著较差。汪斌（2022）使用七普数据分析我国老年人口的健康现状，发现了全国城镇自评为"健康"和"基本健康"的老年人口比例之和远高于乡村，而乡村中生活不能自理以及"不健康"但生活可以自理的老年人口比例均远高于城镇。汪连杰等（2022）发现城乡居民医保整合有利于提升农村老年人群体的生理及心理健康水平，并提出继续深化医疗卫生体制改革，在城乡居民医保制度中引入预防性机制，建立农村弱势群体医疗救助精准识别机制等政策建议。

农村老年人的健康需求及相关医疗卫生服务的供给也是研究的重点。周绍斌等（2007）研究认为疾病是农村老年人最大的生活风险，农村老年人的健康服务需求尚没有得到合理满足，政府和社会应采取多方面措施，建立健全农村老年人群体健康服务体系。胡月等（2013）对江苏省高邮市农村地区老年居民的健康现状及保健需求进行了调查分析，指出基层医疗服务机构应切实了解老年人生活与健康需求的基本情况及特点，为他们提供全面多样、有针对性的服务。脆怡等（2012）的研究表明新医改背景下因卫生资源稀缺，老年人口健康服务问题需要从立法保障、资金有效管理、创新社区服务方式、建立疾病综合认知观等方面进行宏观政策考量。冯文熙等（2018）通过对辽宁省某市老人进行抽样调查后发现，老年人对健康支持、物质支持和生活照顾支持均有较高的需求，且老年人社会支持的需求程度和需求类型与老年人的年龄、受教育程度、居住条件、收入水平等因素相关。焦开山（2018）在研究中国老年人健康预期寿命的不平等问题中，指出医疗卫生体制改革关注的重点是生活在贫困地区并且拥有较低社会经济地位的老年人群。

国内学界对于社会工作对老年人群体健康介入的研究较少，比较有代表性的有：周娓等（2007）针对老年人群体掌握健康知识水平低、对健康教育需求高的现状，提出以社区教育的形式进行干预。以社区工作形式开展健康教育，传播宣传材料，提供健康行为指导。徐艳等（2012）对个案、小组和社区工作方法进行了评估，证实以满足老年人健康需求为目标的社会工作措施是可行和有效的。同时，提出团队合作的主要切入点应该是老年人的健康和兴趣需求。栾文敬等（2014）认为，在老年人健康管理领域主要涉及健康评估、疾病分类和治疗三个不同的步骤，社会工作者分别发挥着管理者和资源链接者、指导者和支持者、服务提供者和政策倡导者的角色作用。熊瑶（2016）认为要充分发挥综合医院医学社会工作的衔接、过渡功能，提高对慢性病患者的慢病管理能力，逐步推动慢性病患者的诊疗从综合医院下沉至社区医院，推进实现以家庭为基础、以社区为依托、社会广泛参与的慢病防治模式目标。

1.2.2 国外研究现状

（1）健康差异方面

人类健康状况会随着年龄的增长不断变差，这种生理机能的改变是必然的，但健康状况随年龄变差的速度是具有个体差异的，即出现了老年人群体健康差异的现象（Majer et al.，2011）。

在关于健康状况的研究中，存在性别差异现象，可以解释为由于生理机能、行为方式、心理特征等因素的不同而造成的（Verbrugge，1989）。Rueda等（2009）在分析西欧老年人因性别而产生的健康差异时指出，在老年人群体中，健康差异是现实存在的，健康状况的性别不平等现象受到个体的经济地位、家庭特征和社会支持情况等因素影响，另外，受教育程度对经济地位影响较大，整体来说，女性的受教育程度较低，女性的健康状况较男性差。而社会经济地位较低的人群健康状况较差，慢性病的患病风险增加（Hoebel et al.，2017）。社会经济地位高的个体，平均寿命更长，健康状况更好。从对健康差异的分解可以看出，贫困群体的健康水平较差，而社会学属性对健康差异的影响显著大于人口学特征（Drożdżak et al.，2016）。

（2）健康服务及社会工作介入方面

Mirowsky等（2005）探讨了对老年人群体开展健康教育的意义，指出健康教育对高龄老年人群体的作用更明显，接受健康教育可以帮助老年人缓解其因年龄增长带来的压力。Hill等（2009）则认为针对老年人群体进行预防跌倒和应对突发疾病方面的健康教育，可以有效降低上述情况及日常健康危险事件的发生频率。

Kitchen（2005）在研究中提出，应用社会工作的方法可以有效应对老年慢性病患者的社会需求、健康需求等。

1.2.3 文献评述

通过文献回顾，笔者了解到关于老年人健康的研究主要集中在三个方面：一是对城乡老年人健康差异的相关研究，从中能够探查出被平均健康水平所掩盖的农村老年人健康情况；二是个体因素对农村老年人健康情况的影响，这有利于有针对性地改善农村老年人群体健康状况；三是对老年人医疗健康服务的供给研究，从中观、宏观层面指出当前老年人群体的健康问题和面临的挑战，以及提高农村老年人群体健康水平的可行路径。已有研究为推进社会基本健康服务、社会工作服务的开展具有切实的理论和实践意义。

而对于社会工作对老年人群体健康的介入问题，国内学界的研究尚不够丰富，目前多集中在宏观的社会政策层面，在社会工作实践开展方面的研究不够多、不够全面，对老年人群体健康特别是农村老年人群体健康的关注不够具体，缺少针对农村老年人群体的健康评估和健康服务。日后，需要社会工作者根据国家政策、社会环境及当地实际情况，针对老年人群体的实际需求展开介入，这也是本文的重点研究方向。

1.3 概念界定与理论基础

1.3.1 概念界定

（1）农村老年人

本文的研究对象为农村老年人。当个体进入老年阶段时，在生理方面，表现为生理机能下降、外貌特征变化和出现慢性疾病等现象；在心理方面，一般心理年龄在 60 岁以上的人被认为是老年人，但目前关于老年人心理年龄的测量方式没有形成标准（武盼盼等，2017）。我国《老年人权益保障法》第二条规定，老年人年龄起点是 60 周岁。另外，本文所指的农村老年人，是指生活在农村地区并且持有农村户籍的老年人，生活环境对农村老年人的生活质量影响较大，会直接影响他们的身体状况，因而，针对农村老年人群体健康水平提升的社会工作也需结合老年人生活的当地条件和实际情况开展。综上，本文选取的研究对象为农村地区 60 周岁以上的老年人群体。

（2）健康

世界卫生组织成立之初在《宪章》中提出："健康是整个身体、精神和社会生活的完好状态，而不仅仅是没有疾病或不虚弱。"1989 年又对该定义加以补充，认为健康应包括躯体健康、心理健康、社会适应良好和道德健康四个方面。

传统的健康概念主要从医学角度界定，较早期的自感健康的概念来自1972 年世界卫生访问调查（李坚等，1995）。一般来说，感知健康是一种主观评估，基于个人在感知健康几个因素相互作用下的感受（田怀谷，2016）。而自感健康也称自评健康，刘向红等（2002）指出自评健康与身体健康状况等客观指标具有良好的一致性。

20 世纪 70 年代末，医学领域的一些研究从社会学引入生活质量的概念，用于研究疾病和对应治疗方案对生活质量的影响，并由此拓展出与健康相关的生活质量研究领域。医学指标和传统健康评估方法仅限于对人的生理功能评估，而与健康相关的生活质量是在特定的文化和价值体系中衡量的，同时考虑到疾病、意外伤害和医疗干预的影响，以确定与个人生活事件相关的主观健康状态和个人满意度。生活质量又称生命质量、生存质量，弥补了传统医疗保健评价方法无法全面评价个体健康状况的不足，被广泛地应用于人群健康状况的评定（方积乾等，2000）。

为使研究更为聚焦，本文主要从自评健康和生活质量维度调查农村老年人群体的身体健康状况。研究充分发挥社会工作以人为本的关怀理念，以"人在情境中"的系统视角，探索社会工作介入农村老年人健康服务的方法路径。

1.3.2 理论基础

（1）社会支持理论

依据社会支持理论的观点，一个人享有的社会支持网络越强大，他就越有能力应对所处环境中的各种问题。在运用社会支持理论帮助服务对象解决生活问题的过程中，重点在于帮助服务对象学习如何建立社会支持网络和利用社会支持网络（马洪波，2019）。

社会支持网络反映的是个人与其生活环境中其他系统之间的关系。社会工作的服务对象通常是社会中的弱势人群。农村老年人往往在经济、生活等方面缺乏社会支持，针对此现象，本研究重点使用社会支持理论，探索社会工作对老年人群体健康保障介入的方法路径。

（2）社会生态系统理论

20 世纪 90 年代以来 Charlesh Zastrow 等人提出了社会生态系统理论。社会生态系统理论把人类的家庭、组织、团队与社区等社会环境作为研究对象，并把其划分为微观系统、中观系统与宏观系统，该理论认为这些因素构成社会生态系统，并强调每个人生活的环境都应是一个完整的生态系统，是由大量相互联系的因素组成的功能整体。社会生态系统理论的定义表明，该理论为解决人与社会环境之间的关系提供了一个更加系统的框架（侯荣庭，2011）。

社会生态系统理论是社会工作领域的重要理论，应用最广泛的观点就是"人在情境中"，这要求社会工作者在分析解决社会问题时，应首先考虑人与环境系统的相互作用。将此理论应用于改善农村老年人健康状况的探究时就必须要从老年人与环境系统之间的相互作用入手，以选取合理的介入模式与方法。

1.4　研究内容

1.4.1　研究思路

以农村老年人为主要研究对象，通过实地调研，了解农村当地老年人的基本生活状况、健康状况和健康需求以及当地医疗健康服务情况，对社区健康工作者、医疗卫生从业者开展访谈，了解当地的医疗健康服务体系，在此基础上，对收集到的资料进行分析，研究当地老年人群体健康需求类型，分析农村老年人群体健康需求产生的原因，并提出改善农村老年人群体健康问题的社会工作干预措施。

1.4.2　研究目的

（1）本文通过问卷调查和实地访谈，分析并总结农村老年人群体的健康现状，为社会工作对农村老年人群体健康的干预提供切入点。

（2）本文重点运用社会支持理论和社会生态系统理论并结合农村老年人群体的实际健康需求，分别从个体（微观层面）、人际关系（中观层面）、社区社会（宏观层面）进行分析，为社会工作对农村老年人群体健康保障介入提供理论支持。

（3）在梳理和回顾当前国内外关于农村老年人群体健康问题和社会工作介入情况的基础上，针对实际调查了解到的农村老年人群体不同层面的健康需求设计介入措施。

1.4.3　研究意义

（1）理论意义

本研究的理论意义在于深入老年人群体的实际生活中，多层次地解释和分析了农村老年人群体的健康需求。并根据社会支持理论与社会生态系统理论探究社会工作对回应其需求的介入途径，丰富了上述理论在农村社会工作、医疗社会工作等分领域方面的相关应用。以往对农村老年人健康的研究大多集中在不同因素与老年人健康之间的相关性方面，或是在宏观政策建议方面，而本研究结合定性与定量研究方法，深入农村老年人群体的日常生活，对于深入理解我国农村老年人的健康问题，对于人口老龄化背景下农村老年人群体健康的社会工作干预研究具有一定的理论价值。

（2）实际意义

在当前人口老龄化背景下，农村老人受生活水平和医疗条件等限制，健康水平较差。本研究从宏观背景、社区环境及个人微观层面充分分析农村老年人群体的健康现状并整理该群体的健康需求，在此基础上有针对性地探索社会工作的介入路径，推动社会工作在农村老年人群体健康保障领域的进一步发展。

本研究的定位充分体现了《"十四五"国家老龄事业发展和养老服务体系规划》精神，即以加快完善社会保障、养老服务、健康支撑体系为重点，把积极老龄观、健康老龄化理念融入经济社会发展全过程。[①] 同时，构建符合农村老年人健康特征的医疗健康服务体系，提高农村老年人健康水平，也顺应了我国乡村振兴战略要求，是推动乡村振兴的重要体现形式。

1.4.4 研究方法

（1）文本分析法及二次分析法

检索《老年健康蓝皮书：中国老年健康研究报告（2020—2022）》《"十四五"健康老龄化规划》等文献、政策报告，了解与研究主题相关的内容，对与老年人群体健康相关的文献进行整理与归纳。

（2）实地观察法

结合研究主题，对需要观察的各个方面和环节进行实地观察，确定观察目标以及观察对象，获得真实可靠的第一手资料。通过实地走访，掌握村庄内部老年人群体的分布情况，形成对当地老年人健康状况的整体认识。

（3）定量分析法

本研究通过实地调研在线下共回收 156 份有效问卷，利用 Spss26.0 进行相关数据分析，问卷采用了 SF‑36v2 量表工具，通过综合分析，检验回收数据的信度与效度，在此基础上通过基本的描述性统计了解农村老年人基本情况、健康情况、健康观念与当地医疗健康服务情况。并通过对数据的回归与相关分析，对老年人的健康状况和健康状况影响因素进行分析。根据研究主题选择具有一定内在联系的若干变量来建立回归方程，并通过特定的处理，对诸变量间的关系作出解释与说明，最后作出分析与总结。

（4）定性分析法

在问卷调查结果基础上，进行半结构化访谈。在分析访谈资料时，以与当地老年人群体的访谈记录为主，与医疗健康业工作者的访谈信息为辅，主要分析老年人的日常健康情况、就医用药习惯、老年人了解、接受当地的医疗健康服务或者参与相关活动情况以及老年人在重病情况下的困难及需求。

2 农村老年人群体健康状况和问题

2.1 C 镇、F 村及 S 村当地情况

2.1.1 C 镇概况

C 镇位于广东省河源市龙川县北部，地处东江上游，地势北高南低，距龙川

---

① 国务院. 国务院关于印发"十四五"国家老龄事业发展和养老服务体系规划的通知［EB/OL］. （2022‑02‑21）［2023‑04‑17］. http://www.gov.cn/zhengce/content/2022‑02/21/content_5674844.htm.

县城 62 千米。全镇总面积 312.02 平方千米，耕地面积 4 044 公顷，山林面积 2.13 万余公顷，其中生态保护林 1.13 万余公顷。全镇辖 23 个行政村和 2 个居委会，2020 年，全镇常住人口 29 840 人，60 岁以上老年人占比 25.09%。镇内有卫生院 1 所，有医务人员 83 名，病床 80 张，卫生站 31 个，村级医务人员 33 名。

2.1.2　F村概况

F 村是广东省广州市从化区辖内的行政村，村域面积约 10.98 平方千米，以山地林地为主。该村共有村民 3 815 人，其中 65 岁以上老年人[①]超 300 人，均为客家民系。自 2020 年该村启动驻站社工融入客家系村落活动以来，村里开展幸福食堂、幸福衣坊、义诊、公共卫生知识宣传等活动保障当地老年人健康和生活质量，鼓励留守老人参与本土文化服务项目，秉持"积极老龄化、健康老龄化、幸福老年人"发展理念，致力改善农村人居环境，积极营造尊老敬老爱老助老的氛围。

2.1.3　S村概况

S 村位于广东省广州市从化区吕田镇北部 353 省道附近，村内只有一条公路，公路东起地派镇、西至吕田镇，村辖区面积约为 17.3 平方千米。村下辖 11 个经济社及一个大坝自然村，户籍总人口 1 972 人，因谋生需要，大量精壮劳动力外流至吕田镇周边较发达地区及从化经济中心一带，长期在村内居住人口约 700 人，60 周岁以上长者 140 余人。

2.2　受访对象情况

受访者均选自 C 镇，多数受访者居住地所在村靠近镇中心，少数受访者居住地距镇中心较远。在访谈过程中，受访者的自评健康状况为：A5 认为自己很健康，A4、A6 认为自己基本健康，A1、A2、A3、A7 认为自己健康状况较差（表 1）。

表 1　受访对象情况

访谈对象	性别	年龄/岁	婚姻状况	子女情况	主要赡养（照顾）者	基本情况
A1	女	80	已婚丧偶	一儿一女	儿子	有多种基础病、慢性病，配偶去世不到一年，与儿子同吃不同住
A2	女	75	已婚	一儿	配偶	患高血压、肝病
A3	女	74	已婚	一儿三女	配偶	患糖尿病、高血压，腿脚不便，与儿子同住

---

① 村委会提供的数据只针对该年龄群体。

（续）

访谈对象	性别	年龄/岁	婚姻状况	子女情况	主要赡养（照顾）者	基本情况
A4	男	77	已婚	三女	配偶	患风湿病
A5	女	77	已婚	三女	配偶	身体较健康
A6	男	78	已婚	一儿三女	配偶	患高血压，听力差
A7	男	80	已婚	二儿一女	配偶	患高血压、肺气肿

2.3 数据资料处理情况与分析

2.3.1 信度效度检验

应用 SF-36v2 量表对问卷结果从 8 个维度评价与老年人健康相关的生活质量情况，包括生理功能、生理职能、躯体疼痛、总体健康、活力、社会功能、情感职能和精神健康，以及一项健康变化（HT）共 36 个条目，在 8 个维度得分基础上，可分别计算生理健康总分（PCS）和心理健康总分（MCS）（王晚青等，2021）。

（1）信度

采用 Cronbach's α 系数评估量表各维度内部一致性，其变化范围为 0.643～0.983，其中除了社会功能维度，其余 7 个维度的 Cronbach's α 系数均大于0.7。另外除精神健康维度外各维度的分半信度皆在 0.6 以上，故问卷具有较好的信度，可以进行进一步的分析（表 2）。

表 2 SF-36v2 量表各维度信度分析

维度	条目数	Cronbach's α 系数	分半信度
生理功能	10	0.928	0.822
生理职能	4	0.983	0.976
躯体疼痛	2	0.883	0.909
总体健康	5	0.797	0.785
活力	4	0.856	0.716
社会功能	2	0.643	0.648
情感职能	3	0.971	0.958
精神健康	5	0.802	0.589

（2）效度

效度研究用于分析研究项是否合理，分别通过 KMO、共同度、方差解释率、因子载荷系数等指标进行综合分析，以验证数据的效度水平。KMO 用于判断信息提取的适合程度，共同度用于排除不合理研究项，方差解释率用于说明信息提取水平，因子载荷系数用于衡量因子（维度）和题项对应关系。通过表 3 效度分析结果可知：所有研究项对应的共同度均高于 0.4；KMO 为 0.864，大于 0.6。另外，2 个因子的方差解释率分别是 34.340%，33.466%，旋转后累积方差解释率为 67.806%（>50%）。综上表明研究项的信息可以被有效提取，问卷题项的信息丢失较少，因子分析的效果比较理想，具有进一步分析意义。

表 3　效度分析结果

名称	因子载荷系数		共同度（公因子方差）
	因子 1	因子 2	
活力	0.680	0.413	0.633
社会功能	0.747	0.348	0.679
情感职能	0.837	0.252	0.764
精神健康	0.866	0.225	0.801
生理功能	0.289	0.819	0.755
生理职能	0.226	0.739	0.597
总体健康	0.239	0.647	0.476
躯体疼痛	0.289	0.797	0.719
特征根值（旋转前）	4.449	0.976	——
方差解释率（旋转前）/%	55.607%	12.200%	——
累积方差解释率（旋转前）/%	55.607%	67.806%	——
特征根值（旋转后）	2.747	2.677	——
方差解释率（旋转后）/%	34.340%	33.466%	——
累积方差解释率（旋转后）/%	34.340%	67.806%	——
KMO	0.864		——
巴特球形值	621.310		——
df	28		——
p	0.000		——

2.3.2　基本描述统计

调查结果显示，S 村老人在 60～69 岁的 45 人，70～79 岁 36 人，80～89

岁 19 人，90 岁以上 4 人，平均年龄 71.79 岁。其中女性 66 人，男性 38 人，男女数量比约为 1∶1.74。F 村老人 60～69 岁的 18 人，70～79 岁 18 人，80～89 岁 14 人，90 岁以上 1 人，平均年龄 73.12 岁。其中女性 36 人，男性 16 人，男女数量比为 1∶2.25。该数据符合从化区 2021 年人口统计情况，可见调研抽样具有一定的合理性。在 156 位调查对象中，政治面貌为中共党员的有 11 人（其中 S 村 8 人，F 村 3 人），约占全部样本的 7.1%，其余皆为普通群众。社会身份为村干部有 6 人（其中 S 村 2 人，F 村 4 人），约占全部样本的 3.8%。另外，在年收入方面，调查对象年收入以低于 5 000 元的居多，年收入在 20 000 元以上的最少。

表 4　基本情况描述统计

项目	选项	频数	百分比/%
性别	女	102	65.38
	男	54	34.62
婚育状况	已婚未育	4	2.56
	已婚已育	152	97.44
村属	三村村	104	66.67
	凤二村	52	33.33
年收入（$n=144$）	低于 5 000 元	49	34.03
	5 000～9 999 元	39	27.08
	10 000～19 999 元	31	21.53
	20 000 元及以上	25	17.36
年龄（$n=155$）	60～69 岁	63	40.65
	70～79 岁	54	34.84
	80～89 岁	33	21.29
	90 岁及以上	5	3.23
患病种类数量	无	35	22.44
	3 种及以下	76	48.72
	3 种以上	45	28.85
政治面貌	中共党员	11	7.05
	普通群众	145	92.95
社会身份	村干部	6	3.85
	非村干部	150	96.15

（续）

项目	选项	频数	百分比/%
	3 人以下	5	3.21
	3 人	4	2.56
家中人口数量	4 人	12	7.69
	5 人	23	14.74
	6 人	28	17.95
	6 人以上	84	53.85
合计		156	100

注：由于部分独居老人不清楚或不愿透露相关情况，年收入和年龄调查样本量 $n<156$。

2.3.3 老年人群体健康状况分析

从表 5 可知，调查对象在生病时主要由配偶、儿女以及儿媳照料，还有相当一部分老年人在生病时无人照料，一共 26 人，约占总样本的 16.7%。虽然调查对象家中人口数量为 6 人及以上的占大多数，但在实地走访调查中，相当一部分的农村老年人是单独居住在家或是与配偶、孙辈居住在家。

表5　生病照料多重响应汇总

照料者/来源	响应		占样本（$n=156$）比重/%
	选择次数 m_1	选择率/%	
配偶	46	21.00	29.49
儿子	54	24.66	34.62
儿媳	19	8.68	12.18
女儿	35	15.98	22.44
女婿	2	0.91	1.28
儿子及女儿	25	11.42	16.03
子女及孙辈	4	1.83	2.56
其他亲属	7	3.20	4.49
朋友邻里	0	0.00	0.00
社会服务	0	0.00	0.00
保姆	1	0.46	0.64
无人照料	26	11.87	16.67
汇总	219	100	

拟合优度检验：$\chi2=218.753$，$p=0.000$。

在就医选择上，大多老年人会选择社区、基层医院，而从当地村医获取医疗服务的人数较少，其中一年内没有接受过当地村医医疗服务的人数为 51 人，占总样本数的 32.9%，在这点上两个村子的情况大致相同。而在一年内接受 1～3 次村医医疗服务的，S 村有 43 人，F 村有 7 人，分别占当地调查样本的 41.3% 和 13.5%。而在一年内接受 3～12 次、12 次以上村医医疗服务的人数，F 村远远多于 S 村。根据实地观察以及了解，这可能是由于 F 村村卫生站的地理位置有明显优势，并且较 S 村开展了较多的上门服务。表 6 显示，有 143 位调查对象患有慢性疾病，约占总样本的 91.7%。在调查对象的具体患病情况中，患有高血压、风湿、眼病、骨病的比例较高，患病率分别约为 14.74%、14.74%、18.59%、33.33%。骨病的患病比例明显高于其他疾病，与农村老年人高强度的劳作习惯有关。

表 6　调研样本患病情况

题项	响应		占样本（$n=156$）比重/%
	选择次数 m_2	选择率/%	
高血压	23	11.22	14.74
糖尿病	10	4.88	6.41
心脏病	14	6.83	8.97
中风、脑血管	7	3.41	4.49
呼吸道疾病（支气管炎、肺气肿、哮喘、肺结核等）	9	4.39	5.77
风湿	23	11.22	14.74
皮肤病	1	0.49	0.64
眼病	29	14.15	18.59
骨病	52	25.37	33.33
其他	37	18.05	23.72
汇总	205	100	

拟合优度检验：$\chi^2=107.146$，$p=0.000$。

2.3.4　健康状况影响因素分析

（1）偏相关结果

由表 7 可知，量表各维度除与躯体疼痛维度在 1‰ 水平上呈显著的负向相关关系之外，其余维度均两两在 1‰ 水平上呈显著的正向相关关系。

（2）预测分析

本次回归分析共涉及 4 个模型。结合问卷结果整理相关变量：宣传途径多

表 7　偏相关分析结果

项目	平均值	标准差	生理功能	生理职能	总体健康	活力	社会功能	情感职能	精神健康	躯体疼痛	生活质量
生理功能	20.774	5.487	1								
生理职能	11.284	5.115	0.584**	1							
总体健康	16.161	3.124	0.475**	0.302**	1						
活力	12.000	3.540	0.512**	0.369**	0.367**	1					
社会功能	7.432	1.604	0.421**	0.469**	0.340**	0.460**	1				
情感职能	10.135	3.764	0.407**	0.429**	0.337**	0.512**	0.665**	1			
精神健康	18.271	3.412	0.429**	0.287**	0.392**	0.671**	0.584**	0.633**	1		
躯体疼痛	5.942	2.169	-0.642*	-0.521**	-0.469**	-0.536**	-0.436**	-0.359**	-0.449**	1	
生活质量	103.116	21.108	0.805**	0.729**	0.617**	0.751**	0.700**	0.730**	0.733**	-0.739**	1

注：**代表 $p < 0.01$，即在 1% 的水平上显著相关。

样性指受访老人获取医疗保健知识的途径数量，问卷共列 5 项（朋友及家人的告知；医护人员的宣教；社区、村委会的健康宣教；电视、广播的宣传；网络、报刊；其他途径），数量越多即多样性程度越高，在一定程度上反映了老年人所处环境对其健康的重视程度。患病种类多样性即受访老人所患的疾病种类数量，一定程度体现受访老人的健康程度。家庭收入结构多样性为受访老人家庭收入来源的计数，问卷共列 5 项（农业；在外打工；经商；政府补贴；其他），收入来源多样性程度大致反映老年人家庭抗风险能力。家庭照料计数即受访老人生病时能够获取到的所有照顾方的计数，体现其受照顾情况。模型 1 中的控制变量为年龄、性别、婚育状况、年收入、政治面貌、所属村庄、社会身份、家中人口数量；模型 2 在模型 1 的基础上加入生理健康、心理健康；模型 3 在模型 2 的基础上加入了对当地医疗健康知识宣教感知、对医疗知识获取自主性感知、对村医医疗服务满意度；模型 4 在模型 3 的基础上加入宣传途径多样性、家庭收入结构多样性、患病种类多样性、获得照料来源多样性、村医优势。模型的因变量为总体生活质量，回归分析中从模型 1 到模型 4 的拟合度总体不断优化，有力地证明了模型建构的合理性。

由表 8 可见，模型 2 在模型 1 控制变量的基础上加入生理健康，心理健康后，F 值变化呈现出显著性（$p < 0.05$），意味着生理健康、心理健康加入后对模型具有解释意义。另外，R^2 由 0.188 上升到 0.916，意味着生理健康、心理健康可对总体生活质量产生 72.8% 的解释力度。具体来看，生理健康的回归系数为 1.159，并且呈现出显著性（$t = 23.981$，$p < 0.01$），心理健康的回归系数为 0.820，并且呈现出显著性（$t = 29.921$，$p < 0.01$），表明两者对总体生活质量产生了正向的显著影响。

模型 3 在模型 2 的基础上加入对当地医疗健康知识宣教感知、对医疗知识获取自主性感知、对村医医疗服务满意度后，F 值变化并没有呈现出显著性（$detF = 0.618$，$detP = 0.604$），表明上述三者加入后对模型并没有解释意义。另外，R^2 变化仅为 0.002，接近于 0，可见对当地医疗健康知识宣教感知、对医疗知识获取自主性感知、对村医医疗服务满意度不会对生活质量存在正向的显著影响。

模型 4 在模型 3 的基础上加入宣传途径多样性，患病种类多样性，家庭收入结构多样性等后，F 值变化呈现出显著性（$p < 0.05$），意味着宣传途径多样性、患病种类多样性、家庭收入结构多样性、获得照料来源多样性加入后对模型具有解释意义。另外，R^2 由 0.918 上升到 0.931。具体来看，宣传途径多样性的回归系数为 12.517，并且呈现出显著性（$t = 2.235$，$p < 0.05$），意味着其对总体生活质量产生正向的显著影响。患病种类多样性的回归系数为 -10.127，并呈现出显著性（$t = -4.136$，$p < 0.01$），表明其对总体生活质量产生了负向的显著影响。

表8 回归分析结果

项目	模型1	模型2	模型3	模型4
常数	646.791**	−153.984	−190.872*	−163.795
	(2.651)	(−1.839)	(−2.103)	(−1.787)
年龄	−5.147**	0.510	0.551	0.278
	(−3.976)	(1.092)	(1.170)	(0.606)
性别	77.189**	7.846	7.018	5.560
	(3.237)	(0.984)	(0.868)	(0.722)
婚育状况	19.882	−14.595	−13.738	0.766
	(0.292)	(−0.661)	(−0.619)	(0.035)
年收入	4.943	−0.539	−0.459	−1.510
	(0.483)	(−0.163)	(−0.138)	(−0.475)
政治面貌	21.347	0.900	−1.099	−4.724
	(0.941)	(0.122)	(−0.145)	(−0.659)
所属村庄	25.199	−13.172	−10.762	−13.907
	(1.030)	(−1.608)	(−1.248)	(−1.691)
社会身份	1.480	−24.220	−22.590	−20.605
	(0.025)	(−1.239)	(−1.147)	(−1.096)
家中人口数量	19.052*	1.205	1.242	1.517
	(2.237)	(0.429)	(0.433)	(0.557)
生理健康		1.159**	1.164**	1.098**
		(23.981)	(23.828)	(22.350)
心理健康		0.820**	0.828**	0.779**
		(29.921)	(28.661)	(26.817)
对当地医疗健康知识宣教感知			5.260	6.247
			(0.927)	(1.144)
对医疗知识获取自主性感知			2.757	1.980
			(0.877)	(0.655)
对村医医疗服务满意度			0.384	1.763
			(0.044)*	(0.338)
宣传途径多样性				12.517*
				(2.235)
家庭收入结构多样性				−1.222
				(−0.230)

（续）

项目	模型 1	模型 2	模型 3	模型 4
村医优势				-6.490
				(-1.355)
患病种类多样性				-10.127^{**}
				(-4.136)
获得照料来源 多样性				2.249
				(0.498)
样本量	143	143	143	143
R^2	0.188	0.916	0.918	0.931
调整 R^2	0.139	0.910	0.909	0.922
F 值	$F(8,134)=3.875$, $p=0.000$	$F(10,132)=144.608$, $p=0.000$	$F(13,129)=110.415$, $p=0.000$	$F(18,124)=93.778$, $p=0.000$
ΔR^2	0.188	0.728	0.001	0.014
ΔF	$F(8,134)=3.875$, $p=0.000$	$F(2,132)=574.807$, $p=0.000$	$F(3,129)=0.618$, $p=0.604$	$F(5,124)=5.084$, $p=0.000$

注：* 代表 $p<0.05$，** 代表 $p<0.01$。

2.3.5 性别与村属

利用 t 检验去研究性别对于躯体疼痛、生理健康、心理健康、生活质量4项的差异性（表9），在躯体疼痛、生理健康、生活质量维度的性别差异分别在 0.01、0.05、0.01 的水平下显著，即不同性别样本的躯体疼痛、生理健康、生活质量维度有明显差异，且女性的平均值均明显低于男性的平均值，另外性别对于躯体疼痛、生理健康、生活质量共3项呈现出显著性差异。

表9　4项指标性别差异

项目	性别（平均值±标准差）		t	p
	女（$n=102$）	男（$n=54$）		
躯体疼痛	6.64±2.10	7.87±2.07	-3.508	0.001**
生理健康	330.15±128.75	379.89±125.55	-2.315	0.022 *
心理健康	185.44±84.42	205.63±105.64	-1.214	0.228
生活质量	99.37±21.74	110.37±17.75	-3.195	0.002**

注：* 代表 $p<0.05$，** 代表 $p<0.01$。

利用 t 检验研究村属对于躯体疼痛、生理健康、心理健康、生活质量4项的差异性，得出表10：不同村属样本对于躯体疼痛、生理健康、生活质量3项不会表现出显著性（$p > 0.05$），表明不同村样本对于躯体疼痛、生理健康、生活质量均没有差异性。另外不同村属样本对于心理健康在5%的水平下显著，表明不同村属即F村、S村样本的心理健康有明显差异，F村心理健康的平均值明显低于S村的平均值。综上可知：不同村属样本对于心理健康呈现出显著性差异。根据实地调研情况，发现F村是当地比较有名的旅游村，人居环境优良，各种公共设施相对比较完善，有较多可供老年人休闲娱乐的场所，对于老年人情绪放松、心理健康会产生一定的正面影响。

表10　4项指标村属差异

项目	村属（平均值±标准差）		t	p
	F村（$n=104$）	S村（$n=52$）		
躯体疼痛	7.11±2.23	6.98±2.04	0.339	0.735
生理健康	354.27±130.00	333.56±128.44	0.942	0.348
心理健康	178.86±93.04	219.56±85.91	−2.641	0.009*
生活质量	101.86±21.94	105.83±19.10	−1.111	0.268

注：* 代表 $p < 0.05$。

2.4　访谈分析情况

2.4.1　微观层面

（1）农村老年人日常生活

前述定量调查分析数据表明，三成以上的农村老年人由配偶照顾或无人照顾，与此次受访者情况较为匹配，空巢老人的生活照料仍然是农村地区比较突出的问题。农村独居老人可能会面临各种挑战：心理方面，孤独感是独居老人面临的最大挑战。由于长期远离至亲，他们会产生抑郁或其他负面情绪。生理方面，由于患病老人需要接受定期医疗监测或治疗，但因为年龄原因，他们可能在服用药物、就医问诊和照顾自己方面存在困难。另外，独居老人出现跌倒和其他事故的风险较高，而跌倒正是我国65岁以上老年人因伤致死的首位原因。如果是丧偶独居，那么对老人的各方面特别是心理方面负面影响会更大：

A1："之前跟老伴一起住，吃的饭菜想煮烂一点就煮烂一点，现在老伴走了，跟儿子一起吃饭，不习惯。老伴走后自己心情不好，就这样病了，身体差了。"

老年人之间的照顾往往是身体稍健康的一方照顾另外一方，相互之间除了提供心理慰藉之外，往往难以实现理想的照顾效果。

（2）农村老年人就医观念

农村老人普遍存在不能及时就医的情况，农村老年人在身体出现较轻微症状时，如皮肤轻微红肿或患处产生轻、中度疼痛时，首选是根据经验自己处理，如使用止痛药、消炎药、皮肤药膏等，并且向亲人隐瞒，等到病痛比较明显时，才会选择就近就医，并告知亲人。等病情比较严重时，例如受访者 A7，在拇指出现不明原因脓肿 20 多天后，才将情况告知女儿，就医时发现需要做手术并住院治疗。

另外，该情况一定程度上也反映了老年人对于当地村镇医疗水平或家人的不信任：

A4："我风湿痛二十多年了，之前去卫生站浪费了几万块钱也没有医好，现在痛的时候晚上都睡不着觉。"

A1："不舒服的时候睡不好，这些只有自己知道，儿子他知道些什么，看你还能吃饭就觉得你没事。"

受访者 A1 的情况反映出的问题是，赡养者可以满足老人的日常生活需求，但往往并不会给予老人更多的关心，老人与赡养者之间缺乏沟通，赡养者不了解老人真实感受和健康情况，老人缺乏对亲人的情感依赖和信任，这在一定程度导致了部分老人未能得到及时、妥善地治疗。

2.4.2 中观层面

患病后老年人不仅要承受病痛，活动空间被限制，老年人自我价值感也降低，并且会对家庭和谐产生一定负面影响，而不和谐的家庭氛围反过来也不利于老年人的心理健康。

A3 在大概 7 年前下地干活时不慎摔倒，之后腿脚伤痛长期没有根治，行动时特别是蹲下后再起立比较困难。病情较为稳定时，老人依旧下地干活，为此老人及其家人间发生过争执。老人认为，一大家子人，孙子女要读书，儿子儿媳也没有稳定、收入高的工作，家庭经济压力大，自己想种些粮食、蔬菜从食物方面节约家庭开销，还可以通过卖菜增加收入；而从其家人的角度，老人行动不方便，万一再次摔倒受伤则得不偿失。目前该老人已不再下地劳作，而是让其女儿、身体状况较好的配偶或是孙子孙女放假时帮忙种菜施药，但老人女儿对此会有些怨言。

2.4.3 宏观层面

(1) 卫生资源及医疗服务

据了解，C 镇当地为 60 岁以上老人开展了年度免费体检及季度上门看诊服务。但据笔者调查，农村老年人对于当地免费体检服务的回应不够积极，一来老年人在平时更倾向于通过自身感受到的身体舒适程度以及患处疼痛程度来判断自己的身体是否健康；二来对当地的医疗服务不太信任，村民往往不会主动参与免费体检，需要上门看诊的医师提醒催促，并且部分村民认为体检也检查不出来问题，没有必要。

A4:"没病去体检干嘛,我就是手指关节偶尔会痛,之前也在市里大医院检查过了,没病不用去体检。"

而免费测量血压血糖这种医疗健康服务较受欢迎。一是因为老年人的血压血糖指标需要经常监测,二是测量操作比较方便。

A3:"我女儿就在镇上药店工作,我偶尔会去她店里量血压。卫生站好像也可以定期测量血压血糖,去锡平(卫生站医师)那里量过,还可以。"

据笔者了解,上门看诊服务是由镇卫生院牵头,组织镇中心四个卫生站的医生在全镇各村开展的。受访医生表示,他一人每次的任务是赴四五个村看诊,因为每次行程比较紧张,所以一般的流程是测量血压血糖,询问老年人的身体情况,以及对老人的药物使用及饮食禁忌等进行叮嘱。

另外从2021年当地所属县域统计年鉴以及受访卫生站工作人员处了解,C镇每个村应配备有一个卫生站,但从受访者A7处了解到,他们村的卫生站被撤销了,目前不方便去就医,有明确上门需求的话需要打电话联系隔壁村卫生站的医生。

(2) 健康知识宣传

除在上门看诊服务中涉及健康宣传,笔者从C镇卫生站的医生处了解到当地镇卫生院印制了相关宣传手册,会分配一定数量到每个卫生站,安排卫生站进行发放,但实际发放情况并不乐观。医生表示可能由于农村老年人大多数不识字,看不懂宣传册,对此不感兴趣。笔者在实际翻看时发现,宣传手册存在开本小、字体小、纸张薄、印制质量差的问题,不方便视力减退、手部精细活动能力较差的老年人群体翻阅。

当地有返乡大学生自发开展寒暑假义诊活动的传统,大学生志愿者在服务期间会与接受服务的老年人交流,根据老年人的实际情况进行健康常识的宣传。据了解,活动开展在"街日",也就是当地根据农历确定的赶集的日子,因为人流量多,确实能达到一定的宣传效果。但也存在问题:活动由一至两名医学专业的学生牵头,其余学生在上岗前只参与了半天培训,专业性不足,有误导宣传的可能性。

除上述途径及镇卫生院、村卫生所的宣传栏之外,当地并无其他特别是针对老年人的健康知识宣传途径。

(3) 农村医疗保险使用

大部分农村老年人对于农村合作医疗保险不了解或不重视,在产生医疗费用后需要报销时,往往由老人家属处理。甚至有的老年人不清楚自己是否享受农村合作医疗保险。

A2:"报销了3 000多元,不知道报销前的医疗费是多少,我孙子知道,应该很多吧,不然怎么能报销这么多。"

A3："我吃药都用不上合作医疗,药是我女儿帮我买的,不住院用不上的。"

A1："合作医疗保费太贵了,一年比一年高!"

(4) 适老活动开展

实际情况表明,舒适的人居环境和丰富的娱乐活动使得 F 村老年人心理健康状况优于 S 村,说明开展适合老年人参与的文娱活动在一定程度上有助于促进老年人的身心健康。据了解,C 镇当地政府并无针对老年人群体开展过相关文娱活动,平时老年人经常参与的活动是在"街日"去逛街,与邻居或住得近的朋友喝茶聊天,天气好的情况下去散步,身体健康的老人还会下地劳作,除此之外就是在家看电视,日常活动内容较单一,不利于老年人的身心健康。

3 社会工作介入探究

本研究通过数据资料分析、实地访谈等发现农村老年人与其生态系统的互动存在一定问题。微观层面,在农村老年人个人系统中,因其就医观念及生活习惯等问题导致其与家庭系统的互动不平衡,并且在个人系统中存在缺乏照顾、缺乏支持的情况。中观层面,在家庭系统中,存在老年人因健康问题导致家庭地位下降进而影响家庭和睦的情况。对此,应增强个人与家庭系统之间的交互,另外也要考虑如何盘活农村社区中朋辈系统的丰富资源,加强农村老年人群体内部的沟通与交流。宏观层面,老年人所处的社区系统环境和所享受的社会政策也影响着他们的生活质量。目前看来,当地的活动开展不足,适老氛围不浓厚,对老年人社会福利政策及健康知识的宣传力度不够,社工应考虑如何利用农村社区资源,营造一个有益于农村老年人健康的环境。综上,本研究从各个层面的生态系统出发,对社会工作介入作出以下探究,以期全面、多层次地巩固提升对老年人的健康支持。

3.1 微观层面

3.1.1 建立良好的专业关系

建立农村老年人对服务提供方的信任是能够顺利开展服务的前提。所以在个人层面,社会工作者首先要注意建立良好的专业关系,在农村开展老年群体服务前期,可以通过增加探访、电访次数,与老年人建立信任关系,并在后期定期维护,在为后续工作开展奠定基础的同时也降低独居老人突发急重病的风险。

3.1.2 建立长者健康档案

建立居民健康档案是卫生保健服务中不可缺少的一项工作。据笔者了解,C 镇当地并没有为老年人建立健康档案,或者并没有在卫生保健服务中使用健康档案。对此，社会工作者可建立并维护长者健康档案，有助于全面动态地了解老年人的健康问题及其患病的相关背景信息，区分不同类型老年人的健康需求，以便开展有针对性的服务。另外，可以和当地医疗机构建立档案共享机制，提高农村社区健康服务的供给效率。

3.1.3 协助应对重大疾病就医问题

从前文中可以了解到，农村老年人在需要转诊至上级县城医院时并无获得相关帮助，对此，社会工作者可充当资源链接者，在农村老年人有转诊需求时为其提供咨询，协助其办理相关手续，提升就医速率。而对于在此过程中有经济困难的农村老年人患者，社会工作者可以协助其申请救助基金、发起社会筹款等。另外，在重病愈后的休养阶段，社会工作者可以协助医生指导老人家属进行照料并提供一些常见问题的应对方法，提高家属后续照顾能力、巩固治疗效果。

3.2 中观层面

本研究对中观层面社会工作介入的探讨主要是围绕人际关系方面展开，农村老年人主要的人际关系有配偶、子女和社区邻里。

对于农村老年人来说，配偶是彼此间的主要生活照料者。而在家庭关系方面，农村有着特有的"空心化"现象，农村老人与家中青壮年的关系薄弱，大多数农村留守老人孤独空虚、生活单调。根据笔者的调查，与子女同住的老年人家庭，往往也会因为经济压力等原因导致家庭关系不和谐，不利于老年人身心健康。除了配偶与子女，社区内的邻居也是农村老年人的重要人际交往对象，通过巩固社区邻里关系可以扩展老年人社会支持网络，并由此获得一定程度健康方面的保障，这是针对农村老年人开展社会工作的重要切入点。

3.2.1 运用结构式家庭治疗模式

农村地区老年人以家庭养老为主要养老方式，在农村，老年人往往因为各项生理功能退化，丧失了先前的体力劳作优势，对家庭的贡献减少，从而在家庭中的地位下降。且随着新一代核心家庭的出现，子女的注意力更多地转移到了孩子身上，对老人的关心不足。在此情况下，社会工作者可以尝试运用结构式家庭治疗模式，以改善家庭成员之间的互动关系，打破老年人及其照顾者之间的交流障碍，加强代际情感交流，促进老年人与家庭成员进行良性和谐的互动，巩固提升对农村老年人来自家庭方面的社会支持。

3.2.2 开展小组活动

除了配偶跟亲属，社区内的邻居也是农村老年人社会支持的重要来源，而开展小组活动，是强化农村老年人社区支持的重要手段，针对此次调查情况分析，建议以长者居家安全教育、慢性病日常管理、农村合作医疗保险为主题开展小组活动。同时，拓展健康知识宣传路径，提升医疗信息的普及效果。

3.3 宏观层面

3.3.1 倡导建立健全农村医疗卫生体系

农村老年人对当地医疗服务的不信任，客观上是因为乡镇的医疗条件简陋以及医疗卫生队伍专业性不足。社会工作者可充当资源协调者，与当地企业、社会组织合作，协同政府引导社会力量关注农村医疗卫生体系建设。多方筹集资金，如引导当地企业设立老年人健康基金，以完善基层医疗设备和基础设施建设。另外，可呼吁政府制定和完善激励措施，不断提高乡村医生的待遇水平。对于医疗卫生队伍专业性不足的问题，要鼓励当地政府制定人才引进、交流合作等政策制度，比如探索医科高校和乡镇医院建立帮扶制度、建立专家下乡指导基层医疗工作者的交流制度等，以提高农村医疗工作者的专业能力和综合素质。

3.3.2 开展丰富活动营造农村敬老爱老氛围

一是社会工作者可通过组织丰富多样的社区文化活动、老年人社会交往活动，调动老年人参与社会活动积极性，促进邻里之间的沟通与互动，形成活跃的社区氛围；二是社会工作者要充分借助农村基层政府、基层党组织的力量，通过开展困难帮扶等相关活动，帮助有特殊困难的老人，定期走访慰问，解决困难老人各方面的生活问题，提升基层政府、基层党组织在农村老年人群体中的威信，增强老人的社区归属感；三是社会工作者可发起组建农村志愿者队伍，通过相关志愿活动拓宽健康知识宣传渠道，同时促进老年人之间的交往互动。社工在提供服务的同时，应使更多农村群众了解社工活动意义，积极参与到相关活动中来，进而逐步形成邻里互助、和谐适老的社区环境，营造关爱关心老年人的社区氛围。

4 结论与建议

4.1 结论

本文以 C 镇、F 村、S 村的老人为对象，研究当地老年人的健康状况，以社会支持理论、社会生态系统理论为指导，探讨社会工作方法对老年人群体健康问题的介入，以期提升农村老年人群体的健康意识、生活水平，并促进社会工作在农村地区的发展。笔者在了解 C 镇、F 村、S 村老人健康需求的基础上，通过量表测量、实地观察、采访等方法进行评估，探究社会工作对保障老年人群体健康的介入路径，得出以下结论：

第一，农村老年人健康需求突出、问题明显。目前，从农村老年人健康现状来看，这一群体的健康风险主要来自三个层面。微观层面，一是农村空巢现象较突出，不利于独居老人、与配偶同住老人的日常健康监测管理，老人摔倒风险大；二是农村老年人就医存在不及时的情况，不利于对疾病早期的干预。中观层面，农村老年人的家庭氛围与个人健康状况会互相影响，如农村老年人身体状况不佳将不利于家庭和谐，从而进一步影响老年人的心理健康状态。宏观层面，一是基层卫生资源及医疗服务使用率低，不完善；二是当地农村地区的健康知识宣传途径单一，宣传效果不佳；三是大部分老年人对于农村合作医疗保险不了解不重视，农村合作医疗保险使用率不高；四是当地对适老环境建设及文娱活动开展不重视，导致老年人日常活动较单调，社区支持网络不健全。

第二，社会工作的介入对保障农村老年人健康具有现实意义。通过对 C镇、F 村、S 村前期的调查，笔者分析出当地老年人面临的健康问题和常见的老年疾病。针对村中老年人面临的健康问题，本研究主要以社会支持理论和社会生态系统理论为指导，并根据当地农村老年人的实际健康状况和健康需求来探索社会工作的介入方法。微观层面，一是要注重良好的信任关系的建立；二是建立长者健康档案，便于社会工作者全面动态了解当地老年人健康状态，有针对性地开展活动；三是链接村镇诊所与县城医院，协助农村老年人应对急重病就医问题。中观层面，一是运用结构式家庭治疗模式，恢复老年人的自我价值感和在家庭中的地位，巩固并增强家庭支持；二是开展小组工作，增加老年人健康知识储备，加强农村老年人与社区的互动，增强老年人的社会支持，同时拓宽健康知识宣传渠道。宏观层面，一是倡导建立健全农村医疗卫生体系，社会工作者可以向政府提议筹集资金升级当地医疗设施，提高农村医务工作者待遇水平，构建更专业的农村医疗卫生队伍，同时探索建立医科高校与村镇医院的定向帮扶制度和专家下乡交流活动等，提升农村医疗工作者整体素质；二是通过开展社区活动、党建活动以及建立农村志愿者队伍，丰富老年人的日常生活，增加老年人的社区互动，营造农村敬老爱老氛围。综上，社会工作的介入对保障农村老年人健康具有现实意义。

4.2 建议

针对农村老年人健康问题及社会工作的介入进行研究后，笔者提出以下建议：

第一，随着老年人口的增多，国家应更加重视对老年人服务的关注，更应该注意对农村老人实际需求的满足。通过实地调研可以了解到，每个农村地区的实际情况是不一样的，比如本次调研的 F 村、S 村以及 C 镇，老年人群体的心理健康状况不同，一定程度上取决于当地的实际环境及社会工作开展情况。

社会工作的介入优势之一就是其"人在情境中"的系统性观点，在开展社会工作介入前只有充分了解农村老年人的实际健康需求，才能很好地发挥社会工作在农村健康服务领域的优势，体现社会工作的专业性。同时，也只有从农村老年人的实际健康需求入手，才能有效调动老年人对于自身健康问题的关注。

第二，政府要重视农村老年社会工作发展。结合相关报告、研究与笔者实际调研情况，目前农村地区的健康服务水平偏低，体现在基层医疗设施设备落后、服务人员专业性不强、医疗健康保障体系不完善。目前，社会工作在农村地区还没有发展起来，例如本研究中的S村，社会工作在当地刚刚起步，而在C镇，尚未设置社会工作机构也没有社会工作专业人员驻扎。由于社会工作的介入对保障农村老年人健康具有现实意义，社会工作者应充分整合并协调农村的支持资源，进一步盘活农村地区的健康服务供给。笔者建议社会和政府在加强对老年人养老医疗投入的同时，为农村地区社会工作的开展提供资金和政策的支持，针对农村老人健康的保障问题，结合其他服务供给主体，更高效地提升农村地区的健康服务水平。

第三，在农村社区，要提升对于老年人群体的健康服务水平。通过研究发现，农村社区对于老年人健康需求的回应不充分。一是缺乏多样的健康教育宣传活动；二是缺乏社区建设、文娱活动；三是社区对于农村老年人健康需求的关注度整体上是不足的。社区支持是农村老年人重要的社会支持力量之一，农村社区应担负起保障当地老年人健康的重要责任，满足老年人各层次健康需求，社会工作者可针对农村老年人的实际健康情况制定合适的服务计划，除了协助当地医疗机构开展义诊、免费体检、送医下乡、季度健康宣讲等定期活动外，也应针对日常工作中发现的老年人健康问题提供生活支持以及其他服务支持等。

第四，在社会工作者实际开展服务过程中，应整合家庭、社区和社会的支持力量。在经济条件、基础设施和人才缺乏的农村地区开展健康服务时，需要整合多方面的支持力量，形成资源间的良性循环互动。我国的农村养老模式以家庭养老为主，家庭保障着农村老年人的日常基本生活，同时是构建农村老年人支持网络的基础。农村社区是农村老年人长期生活，易于从中获得安全感和归属感的生活环境，所以社会工作者需要充分链接家庭和社区的资源，为满足老年人的健康需求提供支持。在家庭和社区资源不足时，社会资源应作为开展社会工作的重要依托。通过研究可见，老年人的健康需求是多方面、多层次的，这就需要社会工作者以系统的视角通过整合资源和各方面支持力量，建设一个有助于提升老年人健康水平的支持性环境，形成敬老爱老的社区氛围，促使农村老年人老有所乐、家庭和谐，促进社会稳定。

4.3 不足与反思

本文结合调研数据及访谈资料对农村老年人群体健康问题进行了较深层次的分析，但在资料收集方面，尚存在不足：一是在数据方面，问卷回收结果不够理想，收集到的 F 村问卷数量是 S 村的两倍多。二是在访谈资料方面，访谈对象的数量过少，仅限于 C 镇的 7 位受访者，且访谈内容涉及的维度不全面，对访谈资料的分析还不够深入。三是总体来说，样本数量有限，定量定性分析结合得不够紧密，加之受地域局限性影响，依据调研数据和访谈资料分析得出的关于农村老年人健康的普适性结论尚缺乏严谨性。

本文侧重于对农村老年人的生理健康、患病情况和医疗健康服务体验的研究，而对农村老年人的心理健康状态的分析与研究不够深入，对其健康情况的认识和分析不够全面完整。

──────── 参 考 文 献 ────────

杜本峰，王旋，2013. 老年人健康不平等的演化、区域差异与影响因素分析 [J]. 人口研究 37 (5)：81 - 90.

杜鹏，2013. 中国老年人口健康状况分析 [J]. 人口与经济 (6)：3 - 9.

方积乾，万崇华，郝元涛，2000. 与健康有关的生存质量的研究概况 [J]. 中国康复医学杂志 (1)：40 - 43.

冯文熙，王志刚，2018. 基于社会工作视角谈农村留守老人生活质量的改善：以辽宁省黑山县 Y 村为例 [J]. 沈阳工程学院学报（社会科学版），14 (3)：331 - 335，348.

侯荣庭，2011. 生态系统理论视野下的社区戒毒 [J]. 山西师大学报（社会科学版），38（增刊 4）：37 - 39.

胡月，龚磊，陈福宽，等，2013. 农村老年人自评健康状况的影响因素分析 [J]. 中国卫生统计，30 (2)：232 - 234.

焦开山，2018. 中国老年人健康预期寿命的不平等问题研究 [J]. 社会学研究，33 (1)：116 - 141，244 - 245.

李彩福，李现文，全金玉，等，2013. 农村留守老年人健康状况的性别差异 [J]. 中国老年学杂志，33 (11)：2619 - 2621.

李坚，Fielding R，Hedley A J，等 . 自感健康的概念及其重要性 [J]. 中国社会医学，1995 (03)：11 - 12.

刘向红，方向华，汤哲，等，2002. 北京市城乡老年人的健康状况及对生存的影响 [J]. 中国老年学杂志 (6)：425 - 427.

栾文敬，王文思，白晓曦，2014. 社会工作介入社区老年人健康管理的路径探讨 [J]. 广东工业大学学报（社会科学版），14 (1)：5 - 10，90.

马洪波，2019. "医务社工＋家庭医生"：社区健康管理的新路径 [J]. 中国社会工作

（12）：19-25.

田怀谷，2016. 老年人自感健康、过度自信与生命质量的关系研究 [J]. 中国全科医学，19（25）：3103-3107.

汪斌，2022. 中国老年人口健康现状、变动趋势及其社会经济影响：基于"七普"数据的分析 [J]. 云南民族大学学报（哲学社会科学版），39（5）：68-75.

汪连杰，刘昌平，2022. 城乡居民医保整合、农村老年人健康及其健康不平等研究 [J]. 社会保障研究，82（3）：46-62.

王晚青，杨莉琴，刘言，等，2021. 代谢手术患者术前生活质量调查研究 [J]. 现代医药卫生，37（22）：3895-3898.

峗怡，贺加，2012. 新医改背景下卫生资源配置制度伦理研究：以效率与公平的平衡为视角 [J]. 中国医学伦理学，25（2）：211-213.

温勇，宗占红，舒星宇，等，2014. 中老年人的健康状况、健康服务的需求与提供 [J]. 人口研究，38（5）：15.

武盼盼，邵景进，贺念，等，2017. 老年人年龄认同特征及其与心理健康的关系 [J]. 心理与行为研究，15（4）：520-527.

熊瑶，2016. 综合医院医务社会工作在慢病管理中的干预与对策 [J]. 解放军医院管理杂志，23（1）：95-97.

徐艳，唐旭，朱露露，等，2012. 社会工作在满足老年人发展性需求方面的介入：基于对平江区 L 社区的调查 [J]. 社会工作（10）：78-81.

张宇航，2022. 小组工作介入农村老年健康教育实践研究 [D]. 呼和浩特：内蒙古大学，2022.

周绍斌，2007. 论农村老年人的健康需求与健康服务 [J]. 社会主义研究（2）：70-72.

周娓，岑焕新，2007. 城市社区老年人健康知识、行为及需求调查分析 [J]. 中国健康教育（11）：868-869.

DROZDZAK K T，2016. Retirement and perceived social inferiority strongly link with health inequalities in older age: decomposition of a concentration index of poor health based on Polish cross-sectional data [J]. International Journal for Equity in Health，15（1）：1-10.

HILL A M，HILL K，BRAUER S，et al.，2009. Evaluation of the effect of patient education on rates offalls in older hospital patients: Description of a randomised controlled trial [J]. BMC Geriatrics，9（1）：14.

HOEBEL J，ROMMEL A，SCHRÖDER S L，et al.，2017. Socioeconomic Inequalities in Health and Perceived Unmet Needs for Healthcare among the Elderly in Germany [J]. International Journal of Environmental Research & Public Health，14（10）：1127.

KITCHEN A，2005. Social work at the heart of the medical team [J]. Social Work in Health Care（4）：1-18.

MAJER I M，NUSSELDER W J，MACKENBACH J P，et al.，2011. Socioeconomic inequalities in life and health expectancies around official retirement age in 10 Western European countries [J]. Journal of Epidemiology & Community Health，65 (11)：972 – 979.

MIROWSKY J，ROSS C E，2005. Education，cumulative advantage，and health [J]. Ageing International，30 (1)：27 – 62.

RUEDA S，ARTAZCOZ L，2009. Gender inequality in health among elderly people in a combined framework of socioeconomic position，family characteristics and social support [J]. Ageing & Society，29 (4)：625 – 647.

SILVERSTEIN M，2008. Meeting the challenges of an aging workforce [J]. American journal of industrial medicine，51 (4)：269.

VERBRUGGE L M，1989. The twain meet：empirical explanations of sex differences in health and mortality [J]. Journal of health and social behavior，30 (3)：282 – 304.

易地扶贫搬迁背景下
老年人社会融入研究
——以广西田阳区 L 社区为例[①]

刘杏娟

1 绪论

1.1 研究背景

易地扶贫搬迁是中国政府对贫困地区贫困人口实施的一项政策，旨在将其从原有土地上迁移出去，改善其经济和生活水平，进而实现"拔穷根"，减轻移民群众的生产和生活压力。随着"十三五"易地扶贫搬迁工作的顺利开展，全国各地的扶贫搬迁工作重点也在不断地向后续环节转变，搬迁群众能否适应和融入新的社会环境，也日益受到社会各方的广泛关注。易地扶贫安置区，虽然为搬迁群众带来了许多便利，如便捷的交通、居住环境的改善、工作机会增多等，但老年移民受到年龄、收入状况、健康条件和语言等因素的影响，同其他类型的搬迁人群相比，他们面临着更加巨大的挑战。故本文把经历了易地扶贫搬迁的老年人群体作为调研对象，围绕该群体的社会融入问题进行相关调研，分析老年人群体在新环境的融入状况，为提升老年人的幸福感和安全感建言献策。

1.2 研究意义

1.2.1 理论意义

自从易地扶贫搬迁政策实施以来，关于易地扶贫搬迁的研究在学术界引起了广泛关注。但是，这些研究的主题主要集中在搬迁政策、移民的就业和收入、社区居民的融入等方面，而针对易地扶贫搬迁老年人群体的研究还不够深入。此外，在关于移民的社会融入研究方面，大部分研究主要以留守儿童、留守老年人、流动的新产业工人等群体为主要对象，对于易地扶贫搬迁地区的老年人群体社会融入方面研究较少，而这一群体又与其他随迁老年人群体在流动

---

① 李颖奕老师指导。

动机、社会支持网络方面有所不同，因此在社会融入时所面临的问题也会有所区别。鉴于易地扶贫搬迁老年人群体的特殊性，笔者选择从社会融入视角出发，以县域为调研范围，从服务和政策方面对易地扶贫搬迁老年人融入问题进行研究，探讨解决易地扶贫搬迁老年人群体社会融入问题的实践路径和理论模式，进一步丰富易地扶贫搬迁安置老年群体融入新型城镇化的研究成果。

1.2.2　实践意义

易地扶贫搬迁在改善贫困地区、贫困家庭的生产与生活状况方面发挥着重要的作用，也是当前我国城镇化与乡村振兴中的重要课题。若在后续的安置过程中，易地扶贫移民特别是老年移民群体的融入问题得不到改善，不仅会影响该地区的养老服务发展和基层治理工作，阻碍地区城乡一体化进程，也会影响我国脱贫攻坚同乡村振兴的成效。因此，本文通过探讨目前易地扶贫搬迁老年人群体社会融入问题，分析易地扶贫搬迁社区在制度和服务方面的问题所在，以期加强相关政府部门与社区工作者对该群体的重视；并从城乡融入视角出发，对易地扶贫搬迁后续政策的实施以及社区养老服务等工作提出建议，以求寻找到提升老年人移民群体的融入对策与路径。

2　概念界定

2.1　易地扶贫搬迁

易地扶贫搬迁是我国"五个一批"工程中为解决恶劣环境下贫困人口发展问题的脱贫方式，属于中国的本土词汇，在国外的相关研究中，比较接近于生态移民的概念。国际移民组织（International Organization for Migration）对"生态移民"进行界定，认为生态移民是指由于居住地生态环境不断恶化，使得当地居民无法维持基本的生存条件而进行的移民活动。在国内研究中，易地扶贫搬迁这一词最早出现在 2002 年，根据国家发展改革委的解释，易地扶贫搬迁是指"将居住在自然条件和生存环境恶劣、不具备基本生产和发展条件的贫困人口搬迁到基础设施较为完善、生态环境较好的地方，改变其现有的居住环境、生活和生产条件，为其彻底脱贫致富创造有利条件"。在此基础上，一些学者进一步界定了易地扶贫搬迁。施国庆等（2010）认为易地扶贫搬迁是"在政府和其他机构的组织协调下，基于扶贫的目的，通过人口迁移改变地区、社区、家庭或个人资源的缺失状态而进行的人口迁移活动"；程丹（2015）认为易地扶贫搬迁是"由地方政府组织实施，以政府引导、群众自愿为原则，将生活在缺乏生存条件地区的贫困人口搬迁安置到基础设施较为完善、生态环境较好的地方，并在后期给予移民产业扶持及技能培训帮助，调整其经济结构和拓展其增收渠道，帮助搬迁人口逐步脱贫致富"。根据研究对象（广西田阳区

L 社区）的搬迁移民特点，本研究将易地扶贫搬迁定义为：在精准扶贫政策下，政府将缺乏发展能力的农村建档立卡贫困人口搬迁到城市社区，通过改善其生活环境和生产方式来提高搬迁群众的生存质量，从而实现搬迁群众逐步脱贫致富的目标。

2.2 易地扶贫搬迁老年人

关于老年人年龄的界定，目前主要有两种。按照国际规定，65 岁以上的人确定为老年人，而我国在新《老年人权益保障法》中将老年人界定为 60 周岁以上的公民。我国易地扶贫搬迁政策中对老年人的年龄限定参考该法，故在本研究中，易地扶贫搬迁老年人是指在扶贫搬迁政策影响下，由政府组织搬迁到安置区生活，并居住在该社区半年以上的 60 周岁以上的老年人。

2.3 社会融入

关于社会融入的概念，国内外已有很多学者做了研究和阐述，但在不同历史背景下，对社会融入的研究视角存在一定差异，所以目前对于此概念还没有统一的界定。也有学者将其称为社会融合或社会适应，本研究将统一采用社会融入这一说法。

社会融入，部分学者认为最早是由美国的 Park（1922）提出的，他认为社会融入就是外部的移民与当地居民之间相互影响、相互渗透，并且在生活方式、习惯等方面逐渐相互适应，共同融入城市文化生活之中的过程。在此基础上，国内外学者从多个角度对这一概念进行了补充。Giddens（1998）认为"融入"代表政治权利和义务的公平以及社会所有成员的公共参与。Parsons（1999）认为"融入"就是要保证现有的制度安排可以满足每个人的合法参与需要，而不是让个体去适应现有的制度缺陷。Collins（2003）把社会融入视为社会的整合与和谐，避免社会成员被边缘化，使其能够在遵守法律法规的前提下充分地参与社会。西方社会主要从社会成员在政治、文化以及制度方面的融入对社会融入作出界定，中国学者在借鉴西方社会融入的理念时主要从融入的维度、过程和内容进行界定。杨菊华（2009）认为融入是单向的，是指流动人口在经济、行为、文化和观念上都融入流入地的主流社会体系中。陈成文等（2012）通过对西方社会融入范式的研究，将社会融入定义为"处于弱势地位的主体能动地与特定社区中的个体与群体进行反思性、持续性互动的社会行动过程"。从文化视角看，一些学者将社会融入理解为移民的原文化与流入地文化相结合并相互渗透，从而形成一种在一定程度上具有新意的社会文化体系（杨聪敏，2010）。刘建娥（2010）综合融入的主体、条件、过程与目标，认为社会融入是指"特定社会中的个人与群体，通过结构调整与主体自我适应，能够享有就业、民主选举、政策决策、社会服务、城市文化生活等基本的经济、政治权利与广泛的社会权利，在平等参与的过程中逐步融入主流社会的过程"。

从以上定义可以看出，国内外学者对于社会融入是从不同的角度进行界定的，但中国学者着重强调社会融入的内容和维度划分。因此，为了更好地分析易地扶贫搬迁老年人的社会融入问题，本文在借鉴国内学者陈成文等对社会融入界定的基础上，采用杨菊华的社会融入维度，将社会融入界定为：社会成员突破在经济、行为、文化和身份层面的外在因素障碍，主动地、持续地互动参与社会行动，从而获得本地社会的接纳和认可的过程。这个定义体现出社会融入带有社会政策和社会福利的概念，把融入看成流入地的社会行动对易地搬迁老年人经济、行为等方面所产生的影响。

3　文献综述

3.1　关于易地扶贫搬迁的研究

陆汉文等（2015）通过研究扶贫移民政策的演变，发现我国易地扶贫政策演变过程表现为从我国个别地区到局部地区，最后在国家层面对搬迁政策进行整体设计与推进。从政策发展历程来看，从最初侧重于脱贫人口的生存，到重视环境恶劣地区的生态恢复，我国的易地扶贫搬迁政策体系正在逐渐发展完善，但是在生态环境建设维度上，仍然存在着一些问题，如：实施主体不明确、考核不严格等（王宏新等，2017）。许源源等（2018）对易地扶贫搬迁的政策执行情况进行分析，发现易地扶贫搬迁的政策执行主体、执行机构以及执行环境等多方面均存在问题，阻碍了我国易地扶贫搬迁政策的实施。郑瑞强等（2015）发现由于现行政策出自多个政府部门，在政策目的、实施对象和手段等方面存在差异，使得不同层级的政策有对接落差，政策间衔接不良，导致政策系统不能形成规模效应。李博等（2016）通过对陕南地区某村的研究，指出国家、地方政府、贫困户之间在行动逻辑、制度选择和利益考虑上存在差异，使得扶贫移民陷于一定的制度性困境之中，对此，提出了整合扶贫政策与资源、形成多方扶贫的联动机制、发挥地方自主权等完善制度建设的建议。

搬迁后，搬迁人口原有的经济、社会支持网络等系统随着空间的改变逐渐解体，居民需要建构新的社会系统，因此易地搬迁居民可能在较长一段时间内面临心理、文化方面的适应问题和生活支出增多等返贫风险。陶格斯（2006）指出，在融入过程中出现的移民对环境适应力不强，收入不足，劳动方式与生活习惯难融入等问题，造成了他们的返迁。有些移民虽然会逐步调整其原有生产、生活方式，调整原有习惯，接纳迁入地社会文化，从而融入当地社会之中，但是也依旧面临社会支持不足等现实难题（杨甫旺，2008）。

3.2　关于易地扶贫搬迁老年人社会融入问题的研究

3.2.1　易地扶贫搬迁老年人社会融入现状

在融入新环境过程中，老人比年轻人要面对更多困难。Strachan 等（1989）研究指出，老年移民以家庭为单位随子女迁移，因为受年龄和劳动能力等多种因素限制，他们承受着来自生理、经济、情感等多方面的压力，他们在心理健康上面临着更多的消极影响。Markides 等（2005）认为老年移民在社会融入时面临语言、社交、医疗资源等方面的问题。刘少杰（2020）提出易地扶贫搬迁主要体现为地理空间的变化，但同时也要对社会空间和心理空间予以关注。从心理层面来看，Oberg（1960）认为迁移后，移民容易出现抑郁、无力感等问题。赵通福（2020）指出易地扶贫搬迁老年人社会融入的困境主要表现在语言沟通、社区参与、社区归属等方面。从行为层面看，李雨潼（2021）将老年流动人口作为研究对象，认为社区归属感低、人际交往范围小、新旧生活方式的矛盾是其社会融入困难的表现。杨海妹（2022）指出，易地搬迁移民存在生计困难、身份同一性模糊、人际关系断裂等方面的融入困境。王海（2020）认为搬迁居民的社会融入、可持续生计、社区治理和子女教育是易地扶贫搬迁工作后续应关注的重点，为此，应加强对搬迁群体的社会融入和社区管理等问题的重视。

3.2.2　易地扶贫搬迁老年人社会融入的影响因素研究

在影响移民社会融入的因素上，国内外学者普遍认为，移民社会融入受国家体制、经济、社会关系和社会文化差异等因素的影响。Dustman（1996）提出经济层面的融入是实现社会融入的基础条件。雅各布（2004）认为，社会融入与个体间的社会关系密切相关，社会关系网络越强，则个体间的社会融入越快。此外，迁入地的社会文化环境与原居住地的差异越大越难融入，应当以包容的态度处理，而不是直接否定和消除文化差异（Mkallen，1956）。Alba 等（2003）认为周围的环境因素对搬迁者的社会融入产生了影响，这是一个长时间累积、逐渐变化的过程。史梦薇等（2022）对民族地区移民面临的心理适应问题进行了研究，认为移民的来往频率，政府对移民的态度，以及生活水平的改变，都是影响移民心理适应力的因素。林晶晶等（2020）将社会融入划分为经济融入、社区融入及政治融入三个阶段，并阐述了不同阶段移民的特征，指出处于不同阶段移民的基本诉求不同。王春蕊（2018）以老人本身为出发点，认为安置区的老人具有保守性、弱势性特征，他们的自我效能感和身份认同感较低，这使得他们在社会融入方面遇到了很多困难。

3.2.3　易地扶贫搬迁老年人社会融入的对策研究

学者们认为移民个体、家庭、社区、政府共同发力，能够促进该群体社会融入。李志颖（2020）指出要想让搬迁移民在安置后能融入新的社区中，使生活得到真正改善，移民、社区和政府等多方主体都要以积极的态度应对融入问题。张怡宁（2020）认为应从政府政策层面、社会层面、居民自身层面等多个层面来推动搬迁居民的社会融入。叶青等（2016）指明要通过提高搬迁群体的内生动力，进一步促进其社会融入。周子珍（2019）指出家庭成员的支持、社区的适度介入、社会保障制度的健全能够促进老年人实现社会融入。张寅霞等（2020）通过描述易地搬迁移民社会融入的状态，进一步分析了该群体面临的现实困境，提出合理有效利用当地资源、建立互助组织、支持安置区发展三条合理建议。刘晓龙（2019）从社会工作的视角出发，提出了开展心理咨询和营造社区文化氛围来帮助老年人融入社区的观点。冯柏成等（2020）认为，在"五社联动"共建共治共享治理新格局背景下，我们应将社会工作作为一种有效的手段，来推动易地扶贫搬迁区的发展，通过对居民进行心理调节，来提高其对社会权利的认同感，从而推动其社会融合。

3.3　文献评述

以上对国内外文献进行的梳理、归纳和总结表明，学界对于移民搬迁的相关研究成果较为丰富。国外的研究主要是对生态移民给国家的政治、经济、文化和生态环境带来的影响进行了深入探讨，而我国的研究则主要是对扶贫搬迁政策、搬迁后搬迁人口的社会融入问题及解决路径进行了深入探讨。在搬迁移民社会融入的研究方面，国内外学者的研究视角不同，但是总体来看，主要是围绕着经济、生活、社交以及心理融入等方面展开，并对融入的过程进行了探讨，认为移民难以迅速地应对这一过程所带来的改变，因此会出现难以融入社区等问题。而针对社会融入的对策，学者们从移民个体、家庭、社区、政府出发，建议通过移民自身、社区和政府的合作，来提高他们的融入水平，但对具体的扶持措施研究较少。我国学界针对新产业工人群体社会融入的研究较多，后来逐步延伸至移民搬迁后的社区融入研究。针对易地扶贫搬迁地区居民社会融入的研究，大多能够从心理、文化、社会、经济等层面来分析融入状况，但研究对象也多定位于移民整体，较少细化到老年人、女性、儿童等不同群体。社会工作介入易地搬迁居民的实务研究数量日益增多，但将社区社会工作介入易地搬迁居民社会融入的研究仍较少。

4　理论基础与分析框架

4.1　社会融入理论

社会融入与社会排斥两个概念之间存在不可分割的联系，西方学者将社会排斥视为社会融入的对立面，认为社会排斥是导致不同人群产生社会融入问题的原因。社会排斥理论认为，社会排斥是一种多维度的、动态的过程，是指个人或群体被全部或部分地排除在经济、社会或文化体系之外，它包括制度层面、经济层面、政治层面、文化层面、关系层面、空间层面上的排斥，要通过弱化和消除排斥、社会参与来帮助被排斥的社会成员恢复社会融入（孙成文等，2012）。此外，该理论将排斥视为来自外界的影响，因此，要促进社会融入就要注重解决社会公共治理、公共参与等方面的问题（刘建娥，2010）。以易地扶贫搬迁老年人为例，搬迁群众作为城市的弱势群体，政府以及其他人员对他们开展促融入工作时，除了要保障群众的经济生产外，还要维护群众的公共参与权利，并进行配套的体制与机制建设，着力提高搬迁群众的融入能力。

基于社会公平视角的社会融合论也是社会融入概念重要的研究路径，社会融入论起源于迪尔凯姆的社会团结理论以及帕森斯和吉登斯等人的社会整合理论，它指的是把个体结合在一起的社会纽带，是一种建立在共同情感、道德、信仰或价值观基础上的个体与个体、个体与群体、群体与群体之间的，以结合或吸引为特征的联系状态（贾春增，2005）。Sen（2000）认为社会融合是指社会成员积极而充满意义地参与、享受平等、共享社会经验并获得基本的社会福利。Crawford（2003）认为，社会融合至少包含两层意思：一是在社区中能在社会、政治、经济、文化生活层面上平等地受到重视和关怀；二是在家庭、朋友和社区中拥有互相信任、欣赏和尊敬的人际关系。从以上的定义可以看出，社会融入这一概念所强调的是一种状态和目标，重视解决社会公平的问题，以为社会成员谋取福利和人人享有平等的权利为目的，最终达到一种相互融合和平等相结合的状态，这个过程中社会成员的权利与责任是十分重要的，从这个角度来说社会融入论强调外部环境和融入主体的权利和责任。达到社会的公平，对于易地扶贫搬迁群众的后续扶持特别是社会融入的促进工作具有积极意义。

在西方移民问题研究中，移民的社会融入是一个很重要的议题，是社会融入理论在实际应用领域的发展分化。Park（1925）把欧洲到美国移民的社会融入分为竞争、冲突、适应、同化四个阶段，从而将移民群体融入问题纳入了社会学范围。之后，西方学者开始从不同层面和角度来概括移民的融入过程和状态，并构建出具体模型对移民融入状态进行描述和分析。Gordon（1964）将社会融入分为结构性融入和文化性融入。Tas（2001）将社会融入划分为结构性融入、社会—文化性融入和政治—合法性融入三个维度，突出了搬迁移民在迁入地中权利享受的公平性。Entzinger（2003）将社会融入划分为经济融入、政治融入、文化融入和迁入地的主体社会对移民的接纳或拒斥四个维度。

在移民融入论的应用角度，国内学者围绕新产业工人群体、城乡流动人口、三峡移民等不同研究对象，从经济、文化、心理和社会层面等几个不同维度进行描述。风笑天（2004）将社会融入分为家庭经济状况、日常生活习惯、移民与当地居民的关系、生产劳动方式、社区认同等五个维度。杨黎源（2007）以邻里关系、工友关系、困难互助、社区管理、风俗习惯、联姻结亲、安全感、定居选择等八个视角作为流动人口社会融入研究的切入点。杨菊华（2009）以城乡流动人口为研究对象，将其社会融入界定为经济整合、行为适应、文化接纳和身份认同四个维度，并设置出 16 个指标以及具体的变量来对社会融入进行测量。此外，还有更多学者构建了衡量流动人口的社会融入指标来对社会融入概念作出解释。易地搬迁过程中，搬迁居民的经济、政治、文化和社会环境各个方面都发生了变化，搬迁居民面临着从熟悉到陌生的恐惧、从冲突到融入的适应过程，考察易地搬迁老年人的社会融入情况，就需要从不同层面探索搬迁群众的融入状态，这与移民融入论高度契合。

4.2 社会融入理论分析框架

社会排斥论、社会融合论、移民融入论都证实了不同群体在社会融入方面会产生融入障碍。本文选取国内学者杨菊华衡量社会融入的四个维度，从经济整合、行为适应、文化接纳和身份认同四个方面来考察易地扶贫搬迁老年人的社会融入情况，并依据杨菊华构建的融入测量指标体系，将四个维度根据实际情况转化为可具体衡量的指标，来探索影响易地扶贫搬迁老年人社会融入背后的影响因素。本文设计的研究框架如图 1 所示。

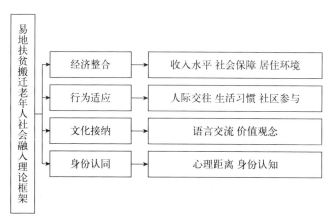

图 1　易地扶贫搬迁老年人社会融入理论框架

经济整合是老年人在扶贫安置区生存和发展的前提，也是全面融入社会的基础保障，若搬迁老年人不能在安置区生存立足，则会制约该群体在其他方面的发展。因此，本文在经济整合维度中，通过收入水平、社会保障和居住环境三方面情况探索搬迁老年人在经济融入方面是否受到阻力。

老年人的行为能体现出其在心理层面对于迁入地的认可程度，是搬迁老年人融入的显性指标。在行为适应维度主要通过人际交往、生活习惯和社区参与三个指标来进行测量，其中人际交往通过搬迁老年人的交往对象、频率、模式和范围等确定；生活习惯主要通过搬迁老年人闲暇生活、言行举止来确定老年人在生活方式的转变和融入情况；社区参与主要通过搬迁老年人参与社区娱乐活动、社区管理等情况来检验搬迁老年人的社会参与度。

在文化接纳维度，主要研究搬迁老年人原有的独特生活方式、价值观等是否因生活空间的变化而造成融入阻碍的问题。本文着重考察搬迁老年人交流时的语言使用情况以及通过丧葬、节庆和健康理念因素体现出来的价值观念，探索搬迁老年人家乡文化对他们的影响以及他们对于融入地文化的接纳、认可程度。

身份认同体现出搬迁居民主动和被动构建新身份的情况，是其心理状态的主观表达（杨菊华，2008）。本文在身份认同维度，以心理距离和身份认知为指标，从搬迁老年人的流动频率、居住倾向来了解老年人对于流入地和原居住地在心理上的认同差异，通过对于自身身份认知的了解提炼老年人对于自我身份的定义，从而了解老年人在社会融入过程中的心理归属。

5 研究方法

本研究采用的是定性研究方法。本研究以文献资料为依据，以实地观察、实地访问等方式，对安置区居民的融入状况进行了调查研究。在访谈数据和观察记录的基础上，分析了老年人社会融入的现状，并针对老年人社会融入影响因素进行探索，为促进易地扶贫安置区老年人社会融入提出相对应的优化途径。

5.1 文献法

通过广泛收集、查阅、整理与 L 社区移民社会融入有关的二手资料，掌握 L 社区移民及老年移民的相关数据；通过查阅以"易地扶贫""移民""社会融入"为关键词的文献后，对我国易地扶贫安置政策等内容进行整理，为研究打下坚实的基础。

5.2 观察法

在社区观察中，观察社区老人生活环境和服务设施情况，了解社区已有的公共资源；在社区内老人可能出现的社交场所如广场、老年活动中心等，对老年人日常生活进行观察，了解该群体的生活、社交等情况，并与其进行沟通，了解影响老人们行为的原因。

5.3 访谈法

由于居住在 L 社区的老年人文化程度不高，故采取访谈法进行资料收集。根据设计好的访谈提纲，选取 10 位社区老年人和 2 位社区工作人员进行访谈，了解 L 社区老年人的基本情况、老年人的社会融入状况。通过与社区工作人员的面谈，了解 L 社区的政策执行、社区管理、社区活动组织及老人的参与情况。然后分析和总结易地扶贫搬迁老年人社会融入现状。

6 田阳区 L 社区易地扶贫搬迁老年人融入现状

6.1 田阳区 L 社区的基本情况

6.1.1 L 社区概况

田阳区隶属广西百色市，L 社区是田阳最大的易地扶贫搬迁安置点，也是广西 4 个万人易地扶贫搬迁安置点社区之一，2020 年被国家发展改革委评为"最美安置区"。L 社区占地 2 350 亩，于 2016 年 9 月开工建设，建设有 50 米²、75 米² 和 90 米² 三种房屋户型，共建有 31 栋生活楼。2018 年 5 月，精准扶贫贫困户开始入住社区，搬迁群众均来自田阳县[①]下辖的 7 个乡镇，入住时，房屋已完成基础装修，并配备电视机、床和桌椅等基础家具，所有搬迁户于 2020 年全部入住。

L 社区在管理上有明确的组织架构和职能划分。社区参照区级政务服务中心的配置，构建以农事城办管理服务办公室、综合服务中心、就业服务中心、物业服务中心为核心的"一办三中心"服务模式。其中，农事城办管理服务办公室由田阳区组织部派专员进驻，负责统筹"三个中心"的管理。综合服务中心由公安、教育、税务、司法、残联等 10 个部门派专人进驻服务窗口，为搬迁群众提供身份证办理、生育登记、"两险"缴费、纠纷调解、营业执照办理等服务。就业服务中心由区人社局和工会派驻专人为搬迁群众提供技能培训、就业和公益性岗位咨询及养老待遇申请等服务。物业服务中心通过引入物业公司进社区，为群众提供费用（水电费、电梯维修费等）结算、上门保洁等服务。该服务管理模式以服务窗口形式派专人进驻，为搬迁群众在就业及生活上提供一站式服务，解决搬迁群众办事"两头跑"问题。

L 社区为深圳光明区的帮扶社区，通过常驻田阳区工作人员的牵头搭线，引进深圳企业在该社区内或周围设厂，来解决社区内人员的就业问题。目前该

---

① 注：2019 年，撤县设区。

社区内共建有 3 个扶贫车间，为搬迁群众提供了 300 多个就业岗位。此外，该社区设有一个社工站点，但该站点只是活动场地，平时无工作人员驻守，在开展社区活动时，场地才开放。

6.1.2　L 社区人员构成

L 社区目前共安置了来自全区 7 个乡镇的搬迁群众 3 746 户共 14 645 人，男性 7 376 人、女性 7 269 人。其中，60 岁及以上 2 753 人，占全社区人口 18.8%；青壮年（18～45 岁）2 913 人，占全社区人口 19.9%。社区党委下辖 6 个党支部，党员 242 人，60 岁及以上党员 114 名，占 47.11%。

通过访谈及相关资料，社区内实际居住的老年人数量远远超过统计的老年人数量，老年人实际居住人口大约为 1.3 万，说明该社区内现存的老年人一部分因扶贫政策而搬迁到社区，另一部分则可能因家庭安排或其他原因而居住在该社区。该社区居住的老年人大致可分为三类，第一类为子女外出务工，为帮忙照顾孙辈而居住在该社区的"保姆型"老人；第二类以独居老人、留守老人为主，其子女都不在身边，身体状况良好且具备自理能力；第三类为身体状态不佳、患有疾病的老年人，他们常年在家，因身体原因较少外出。观察显示，该社区内主要以"保姆型"老人为主。

6.1.3　L 社区基础设施

L 社区内建有幼儿园、小学、初中、高中，以及街道卫生所，以满足社区居民对教育、医疗服务的需要。此外，社区内也建有警务服务室、自助银行服务点、便民市场、爱心超市、公交站、运动场等便民服务设施。可以看出，社区内基础设施齐全，基本满足了人们日常生活所需。

在易地搬迁安置点管理上，设立了农事城办服务中心。该中心占地面积 2 000 米^2，设有农事城办管理服务办公室、政务服务中心、物业服务中心、就业服务中心，形成"一办三中心"功能布局，为搬迁群众提供各类服务。此外，中心还设有"老乡书吧"阅览室、综合会议室、综治调解室、共青团"青少年之家"、妇联儿童乐园、老年人棋牌室等服务区域。

总的来说，L 社区基础生活服务设施基本齐全，但是根据调查，农事城办服务中心内的设施利用率较低。由于社区管理缺乏人手，青少年之家、妇联儿童乐园、老年人棋牌室等只有在开展活动时才对外开放。通过访谈得知，大部分老年人甚至不知道这些场所的存在，社区内小广场是老年人活动最频繁的区域。

6.2　L 社区老年人社会融入现状分析

6.2.1　L 社区老年人经济整合情况

杨菊华（2009）认为经济整合是指流动人口在流入地经济结构方面面临的挑战及在劳动就业、职业声望、工作条件、经济收入、社会福利、居住环境、教育培训等方面的融入情况，是个体经济地位的综合反映。在本次访谈中，结合 L 社区及老年人特点，选定老人家庭经济收入、社会福利、居住环境作为经济整合情况的调查维度。

6.2.1.1 老年人收入低，难以满足生活支出需求

L 社区老年人家庭经济收入水平都较低。作为易地搬迁政策的受益者，搬迁到此地的家庭在搬迁之前都属于贫困户，大部分老年人主要通过种植以及养殖来增加经济收入。根据访谈，目前 L 社区搬迁老年人大多数年龄在 70 岁以上，搬迁后，他们远离原来自给自足的传统农村生活，大部分老年人受年龄或身体条件限制而不能参与社区内的生产活动或参与就业，只能通过政府兜底和子女供给的方式获得经济收入，这对于他们来说压力增大。

A5 张奶奶："之前能在村办厂做点纽扣，现在工厂不要老人家。"

A8 罗爷爷："在这里能有什么事做，老板不要，家里也不种东西，从农村出来了，没有用了。"

A9 刘奶奶："在这里很难受的，经常生病，医院也去得多，在这里虽然看病方便，但是要靠子女管，如果子女找不到工作，生活也难过下去。"

此外，经济基础的改变还体现在生活支出增大带来的负担上。与搬迁前相比，社区内的垃圾处理费，水电费等各项生活成本增加，一定程度上增加了他们的生活负担，加之不能帮助子女分担家庭压力使得老年人产生无力感，这也成为他们融入社区的阻碍。

A5 张奶奶："在家菜不用买，米不用买，买肉就行。在这里电费只欠 3 毛钱，就断电了，在老家，如果没电了，烧柴还能继续做饭，在这里断电就没法做饭了。"

6.2.1.2 社会福利种类较多，但福利保障水平低

社会福利方面，L 社区的老年人除了享受国家基本的养老金外，部分低保家庭还享受最低生活保障金。在扶贫政策下，该社区大部分老年人目前还能享受国家精准扶贫政策中的医疗报销补助，相关医疗报销补助比例保持稳定，相较搬迁前，发生了一些变化。搬迁前老年人因贫困户身份，享有最低生活保障、林业、农业等补贴，搬迁后大部分老年人摆脱了"贫困户"和"低保户"的身份，不再享受原有的林业补贴、养殖补贴等福利政策，加之生产方式和生活空间的改变，使得家庭收入来源减少，但其生活支出反而增加，因此与大部分长期生活在城市的老年人相比，他们在城市长期生存和发展会面临着更大的经济压力。

A3 覃爷爷："我们都不是低保户了，拿不到补贴了。（之前）在老家，帮扶干部每年上门都带米、油来慰问，我们养鸡养牛都有补贴，来这里就得个房，其他什么都没有了。"

A12 社区书记："搬迁群众因为可以通过务工、创业获得收入，国家的补贴款就减少了。另外，我们每户都有一亩杜果示范基地的产权，经营前十年每年我们（社区）每家可以分得一千块钱。因为杜果现在还没有销售，他们就暂时没有这笔收入。"

6.2.1.3　居住环境良好，但居住空间影响交往

在居住环境方面，L 社区老年人认为该社区周围环境良好，虽然社区地处城区边缘，但是因为交通便利，到区内就医、购物等相较于之前所居住的地区方便了许多，社区内的便民超市、市场也可以满足居民日常购物需求。但是相较于自建房，居住的房屋面积对于部分老年人来说较小。不少老年人因居住的房屋面积太小而感到生活不便。居住环境的改变也压缩了老人的社交空间，降低了老年人与邻里走动的主动性。

总的来说，易地扶贫搬迁老年人在经济方面，摆脱了原有的生产方式，经济收入减少；在社会福利方面，虽然享有基本的养老保险和医疗保障，但是相对于城区生活消费水平，物质上保障不足，经济压力大。此外，易地扶贫搬迁的房屋空间有限等问题限制了老年人的社交生活。

6.2.2　L 社区老年人行为适应情况

行为适应是流动者在流入地融入与否及融入程度的显性指标，是指流动者在行为上按照流入地认可的规则和习俗办事，实践着流入地认可的行为规范，言行举止向当地人靠拢（杨菊华，2008）。本文主要从人际交往、生活习惯、社区参与三个方面考察 L 社区老年人融入情况。

6.2.2.1　人际交往范围小，交往程度不深

人际交往方面，L 社区老年人人际交往范围小。通过访谈得知，目前 L 社区老年人的交往对象主要局限于家庭成员、原同村邻居，生活背景具有高度的同质性。老年人基本与楼栋长、社区居委会以及物业工作人员无直接来往，平时遇到生活问题时也主要是自己解决或寻求其他家庭成员帮助。

A6 何爷爷："居委会人员不认识，其他人也不熟。我们五村来的，都和农事办的人不熟。"

A2 刘爷爷："好久都见不到，熟什么？管帮扶的是另外一些人，我没事也不去那里（农事办）。"

此外，L 社区的住房分配采取抽签模式，因此原村落的乡邻基本分散居住，老年人很少去新邻居家串门。部分老年人表明宁愿与原来村里的熟识老人打电话聊天，也不喜欢在新社区内社交。

6.2.2.2　生活方式简单，交往内外失衡

生活习惯方面，L 社区老年人认为搬迁到该社区后生活节奏变慢。社区老年人日常活动主要是在广场散步，与人打牌或下棋，带孙辈玩耍等，并无其他

活动。在出行方面，L社区距城区中心有半小时的公交车程，社区老年人日常出行频率与自身体能和消费习惯有关，大部分老年人平时出行主要选择乘坐公交车，出行目的主要为就医和探望亲戚等，其他时候很少进城。

A1罗爷爷：*"每天我们都会出来逛逛，走走，看看别人打牌。"*

A3覃爷爷：*"我就随便去逛一下，不想逛了就在这里坐坐。一周也去（城区中心）三五天，去广场走走，去哪儿差别都不大。"*

6.2.2.3 社区参与度低，活动参与意愿弱

社区参与主要指老年人是否参与社区的活动，了解社区并接触社区管理，邻里间能否互相帮助等。总的来看，L社区老年人社区活动参与度低，社区内文娱活动匮乏。L社区内的老年人基本不知道相关活动消息或者没有机会参与活动，了解的社区内举办的活动只有就业招聘会，认为社区内的活动都是为年轻人准备的。

A6何爷爷：*"搞活动我们也没接到通知，（帮扶干部）不打电话通知我们。我们搬出来好几年了，有什么他都很少通知的。"*

A8罗爷爷：*"其他活动我都不清楚，就知道报名招工这些。"*

而在社区内设立的"老乡心愿信箱"中，也基本没有见到老年人对于社区服务、管理的反馈或寻求帮助的信息。部分老年人对于该社区内的设施不熟悉，对于社区内居委会、党支部所在地也不熟。

总的来说，社区老年人目前逐渐适应了城市的生活方式，建立起老年人自身的生活节奏和固定的人际关系网络和交往模式，但是从社会互动和交往程度来看，社区老年人人际关系网络尚未得到扩展，交往的内容和社会互动的形式较为单一，社交范围较狭窄。而在社区参与方面，老年人社区参与少，对于参与社区的意识较为薄弱，不清楚不了解社区相关的活动和组织。

6.2.3 L社区老年人文化接纳情况

文化接纳即流动者对流入地文化、风土人情、社会理念的了解和认可程度，包括价值观念、人文理念等指标（杨菊华，2008）。本文通过了解老年人对该地区的语言、节庆、礼节、丧葬、健康理念等态度来了解老年人对于该地区文化接纳方面的融入现状。

在语言方面，该社区老年人因为都是来自同一区管辖下的乡镇，且大部分为壮族群众，虽然各地方言有差异，老年人表示基本能够听懂其他人说的方言，沟通较为顺畅，与工作人员进行沟通时，也基本不存在交流障碍。

在节庆和礼节方面，老年人表示现在回原居住地次数减少，在春节、中秋等传统节日时他们也不一定回乡过节。而在礼节方面，老年人因为相关的宗庙祭拜、诞辰礼等而返乡的意愿较弱，认为可以请他人代为送礼即可，而不是必须要亲自返回原居住地，这些表明原有家乡习俗对于他们的影响和束缚已经减弱。

A6 何爷爷："不回了，过节有时候也不回。现在连孙子都居住在田阳了，所以回老家也很少。"

在丧葬和健康理念方面，老年人的认知与城区风俗习惯还存在一定差异。老年人希望能够回到家乡安葬或在当地进行土葬，对于火化表现出明显的排斥态度。在健康理念方面，社区内虽然在社区卫生院等地张贴了关于疾病预防和治疗的科普知识，但搬迁到该社区的老年人仍然将自己或家人健康与祖灵信仰等紧密相连，如保持烧香、做法事等习惯，希望通过获得祖先保佑来治疗疾病。

老年人易地搬迁后需要面临一个再社会化，即文化适应的过程，从传统的礼俗社会到现代法理社会，文化接纳是老年人社会融入的一个重要条件。目前L社区老年人在文化接纳方面，接受了部分流入地的文化，但同时也保留着原有居住地的文化传统。

6.2.4　L社区老年人身份认同情况

身份认同是指搬迁者与本地人及家乡人之间的心理距离，归属感及对自己是谁、从何处来、将去往何处的思考及认知，主要包括心理距离、身份认同等主观指标（杨菊华，2008）。在一个社区中，只有老人对这个社区有着强烈的归属感和认同感，把自己当成本地人，他们才能真正融入这个社区，笔者主要通过对L社区老年人流动频率、居住倾向和自我身份的定位以及未来发展计划等来描述L社区老年人自我身份认同情况。

从访谈资料和观察得知，L社区老年人目前总体上归属意识不强，存在自我身份模糊困境。该社区老年人大致上可以分为自愿搬迁和被动搬迁两种类型，自愿搬迁主要指在搬迁政策的指引下自愿搬迁到新居住地，该类老年人大多数对于新居住地的生活条件和住房水平满意，而搬迁后自身经济或家庭养老支持情况相较于搬迁前较好，因此对于在社区中生活较为满意，心理上对于家乡依恋感逐渐减弱，联系也越来越少，基本不再因各种原因返回原居住地。但是当笔者询问其归属地时，该类老年人对于自己的身份认知还处在模糊状态，认为自己是两个地区的人，因为土地和户籍都在农村，是农村人，而自己居住在城市，也是城里人。而对于搬迁老年人群体中的"保姆型"老人，他们的搬迁出于客观因素，虽然他们认为新社区生活便利，医疗条件较好，但是因家庭经济原因、生活不适应等，其心理归属上趋向于原居住地，日常也会经常性返乡，在完成照顾孙辈任务后，他们更愿意回原居住地居住。

A3 覃爷爷："过节就会带两个孙子回去，暑假也会回去。他们两个长大了我就不在这里住了，回家找一些活儿好些。"

A7 张奶奶："想回老家了，在这里没有田，没法种菜。"

个人融入难、家庭支持不足、对社区服务不满等原因使得该社区老年人的归属感不强，对于未来发展缺乏信心，加之户籍观念的原因，对于自身身份认同存在模糊的情况。

7 制约 L 社区老年人社会融入的因素

在对文献进行梳理的过程中，我们发现，存在着多种对老年人移民社会融入产生影响的因素，其中包括了经济、传统文化、政策、受教育程度、性别、心理等。易地搬迁贫困户是在特殊的政策推动或引导下，自愿、半被动或被动地迁入扶贫安置区的，政府对易地扶贫搬迁中的老人有着很强的主导作用。此外，异地搬迁老年人由于自身群体的特殊性，在融入安置区的过程中相对于其他移民搬迁群体更需要外界的扶持。因此本文主要从宏观层面出发，探讨在社区养老服务、社会政策等维度下影响 L 社区老年人社会融入的因素。笔者通过对访谈资料、易地搬迁政策等文本的整理，发现影响 L 社区老年人社会融入的主要因素有：国家制度不健全导致的权益保障失衡、政府政策执行存在偏差、社区资源缺乏和社区管理体系不健全以及社会组织力量支持不足。

7.1 国家制度缺不健全致权益保障失衡

7.1.1 户籍制度的限制

虽然我国的户籍制度在不断改革，但是就目前而言，我国的城乡二元户籍制度仍然对易地搬迁老年人的社会融入造成一定阻碍。因田阳在易地扶贫搬迁初期并没有对搬迁户籍做出明确要求，绝大部分老年人为保障土地以及房屋等权益，选择了保留户籍，而户籍情况与公共财政、社会保障等政策息息相关，安置区老年人处在"人户分离"状态，从而影响老年人享受各类服务。如 L 社区虽然已经建立了较为完善的社区服务中心，实行"一站式服务"，如个人身份信息办理、就业信息咨询、低保申请等均可以在社区服务中心得以解决，但目前该服务在推行过程中还存在服务人员缺失、老年人获取信息渠道受限、部分事务不支持在居住地外办理等问题，使得 L 社区老年人"两头跑"的现象并没有得到彻底解决。此外，户籍制度导致的融入障碍也体现在搬迁老年人心理文化层面。受传统习俗思想等影响，L 社区老年人对于自身身份的认同建立在户籍归属地上，从而在心理层面上难以融入新社区。

7.1.2 公共服务制度的不平衡

公共服务制度的不平衡主要体现在进行财政预算时，部分区级政府的财政预算中并没有涵盖非户籍人口的改革产品供给和改革支出成本。在养老公共服务上有着明显的"城市"偏向，从而使得易地搬迁社区老年人的资本要素不足，安置区养老公共服务呈现出严重不均等现象，搬迁群众的公共服务需求得不到满足，造成城乡公共设施、服务等方面差距越来越大。这种基本权利的行使和既得利益的分配不均，造成移民的安置社区与所在的城镇在政治、经济、文化、生活方式上存在差异，导致搬迁老年人无法正常行使权利或获得利益。这不仅会影响安置区老年人的身份认同，长此以往，搬迁老年人的归属感会被削弱，从而影响其社会融入。

7.1.3 社会保障政策存在缺陷

L社区易地扶贫搬迁老年人社会保障体系的不健全主要体现在老年人的医疗保障水平低、社会福利待遇差。在医疗保障方面，一些被重新安置的老人仍未享受到充分的医疗保障，虽能够享受到新型农村合作医疗，但老年人搬迁后的医疗保险报销范围有所减小，比例有所降低，使得部分老年人无力承担过多的医疗费用，存在看病就医难问题。此外，许多老人因为长时间在田间劳作或其他原因，患有慢性病，必须长期服用药物，而L社区内卫生院能开出的药品种类有限，老年人需要到城区中心购买，十分不便。社会福利方面，老人们虽然搬到了城市，但是缺乏经济支持与保障。因户籍原因，搬迁老人目前所领取的仍然为低水平的农村养老金，他们所享受到的低保和高龄补贴也属于较低水平的社会保障，与当地城镇户籍老人享有的保障水平相比存在较大差距。

7.2 政府政策执行存在偏差

作为我国基层政府，区（县）政府面临着政策任务的对接和落实。虽然对于易地扶贫搬迁后期的工作我国已出台了许多指导文件，但是当地区政府在后期扶持政策实施过程中，仍出现了机构管理缺陷、后续扶持政策落实效果不佳问题，从而导致搬迁老年人在具体的融入过程中遇到了一些困难。

7.2.1 政策执行机构的管理缺陷

政策执行机构的管理缺陷主要表现为政府在政策执行层面的机构设置不合理导致沟通和协调困难，影响了政策的执行机构在政策执行过程中的服务供给。通过访谈和观察，L社区老年人希望了解自身在搬迁前后的福利变化。但在L社区中，在扶贫搬迁服务反馈方面，缺乏专业性的部门和人员对此进行有效解答。老年人能接触到的、能咨询的工作人员多半是原本的帮扶干部以及同村搬迁人员，但在搬迁后，帮扶干部与迁入地社区居委会、党支部等没有对老年人后续帮扶建立沟通协调机制，导致在政策执行中各个执行机构职能不清，功能有限，从而导致老年人对搬迁安置及后续扶持政策了解不足，进而使搬迁后的老年人对社区内政府相关部门、帮扶干部以及政策内容等积累了许多不必要的误会，降低了搬迁老年人对于社区的归属感和认同感，阻碍了老年人的社会融入。

7.2.2 后续扶持政策落实效果不佳

政府后续扶持政策落实效果不佳主要体现在易地扶贫搬迁补偿机制落实不

到位以及社区后续产业发展不畅两方面。在后续的易地搬迁补偿机制实施过程中，政府应该切实保障搬迁群众在迁出地原有合法耕地、林地等承包经营权以及各类农牧业补贴和生态补偿等权益，探索整合利用农村内闲置的宅基地和零星分散的集体建设用地，加快土地流转，从而盘活耕地、林地和宅基地。目前，L社区内对搬迁户房屋补助等财产权补偿基本完成，但土地置换政策尚未落实，搬迁老年人家庭的耕地、林地等资源未能被有效利用。此外，L社区原计划实施土地增减挂钩政策，通过腾出用地指标、按入股分红共享成果来提升搬迁贫困户的收入水平，而目前该计划尚未真正进入实施阶段，规模经济效益尚未形成，后期补偿尚未完成。

在社区后续产业发展方面，田阳虽然在国家、区政策指导下出台了一些就业扶持政策，但实际效果欠佳。在产业方面，政府没有因地制宜地制定产业发展规划，缺少龙头企业、新兴产业带动，区内特色产业规模较小，产业经营也面临很大的问题。如L社区内部分老年人原本可通过在扶贫车间做零工等方式赚取一定的家庭补贴，但因近几年经济不景气、企业经营资金不足等原因，加之受限于年龄因素，社区内低龄老年人难以再通过该渠道获得稳定的收入，所以无奈赋闲在家或重回原住地从事种植工作。

7.3 社区资源缺乏，社区管理体系不健全

7.3.1 社区基础服务设施不完善

社区养老服务设施主要包括医疗、娱乐等基础设施和公共服务配套项目。L社区易地扶贫安置区的经济基础较为薄弱、公共基础配套设施建设不健全，搬迁老年人可获得的公共资源和可享受到的基本公共服务不管是在水平上还是在质量上都明显滞后于原本就在城镇居住的居民。目前社区内设有开放性广场供老人使用，但没有任何健身和娱乐设施。虽然社区内建有老年活动室，但缺乏工作人员管理，尚未得到充分利用。通过访谈得知，大部分老年人不知道社区建有老年活动室，而社区老年活动室设施单一，仅放置了桌椅，由此可见，社区资源的缺乏使得老年人的生活较为简单，一定程度上限制了社区老年人的人际交往范围。医疗资源方面，社区内设有卫生室，可以为居民解决一些日常就医问题，但是卫生室存在医疗检查设备种类有限，药品配备不够齐全，医生水平有限等问题，造成居民就医不便。社区人文氛围缺乏，只在公交站的广告栏发布招工信息，无其他途径宣传健康知识等，搬迁老年人精神文化建设的资源不足。

7.3.2 社区各类组织缺乏沟通协作

L社区推行"双线服务"模式，由12个区（县）的政府干部和乡镇帮扶干部组成"固定服务岗"和"流动服务岗"，深入社区内的党支部、居委会、妇联、团委等组织中，来协调社区组织之间的治理工作。就目前看来，在党建

引领下的各组织联系紧密，但这些组织与物业以及社区内其他社会机构之间存在隔阂，相互之间缺少互动，治理组织力量整合较差，无法为社区老年人提供高质量的公共服务，社区党建的引领作用和居委会的自治管理效能没有充分发挥，从而影响居民社区参与及社会融入。

此外，该社区老年人的搬迁工作主要是由县级扶贫部门主导，搬迁贫困户主要在村扶贫干部的结对帮扶下搬迁到安置区，而搬迁后的社区事务主要由新成立的居委会和党支部进行管理，在此过程中，各部门之间缺乏对于搬迁户信息的交接，社区对于老年人的情况不了解，缺乏后续跟踪和联系机制，因此当老年人遇到问题时宁可去找帮扶干部或同乡也不向居委会求助。

7.3.3 社区自治管理工作不到位

社区自治管理体系建设不到位。L社区主要实行"网格化"管理模式，有完整的社区基本组织架构，在楼栋设置楼栋长、网格管理员以及党员先锋岗等，通过在社区内设置宣传教育岗、治安巡逻岗等公益性岗位，从而组织群众参与社区治理工作。但据调查笔者发现，目前该社区的大部分岗位形同虚设，部分公益性岗位存在无人上岗的情况，未能发挥应有的社区居民自治功能。而社区内"荣誉超市""老乡心愿信箱"等平台，由于缺乏管理，也没有发挥自治的效果。此外，笔者了解到，该社区还尚未出台一套完整的自治管理工作体系，基层干部只是完成上级交办任务，无主动服务意识，部分工作人员也不愿推动社区自治的进行，而社区居民由于土地产权利益等因素，时常往返于安置区与原居住地之间，无暇顾及和参与社区自治。上述问题造成了搬迁社区在自治探索上发展迟缓，社区服务不完善。

7.4 社会组织力量支持不足，社区服务效果差

易地扶贫搬迁安置区主要采用政府主导型的社区管理模式，目标是通过党建引领，各部门通力合作，促进多方参与社区共建共治，为社区搬迁户提供各类服务，促进社区居民人际交往，从而促进居民的社会融入。但目前来说，社区服务队伍建设不合理、社区服务专业性差等影响着L社区老年人的社会融入。

7.4.1 社区活动单一

社区各类活动的举行能够很好地促进人际关系网络的建设，通过推进文化建设，丰富老年人社区生活，来加强老年人的社区归属感和认同感。从活动开展情况来看，自安置区成立以来，四年中，L社区各类组织在社区内开展的活动较少，特别是与老年人相关的活动，如防诈骗讲座、节日活动以及娱乐活动等寥寥无几。L社区虽然建有正式的社会工作机构站点，但因成立时间短，机构人手不足等原因，活动开展时仅有少量老年人参与。通过与L社区老人访谈，笔者发现，大部分老人都表示，他们很少参加社区活动，基本没有工作人

员对活动进行宣传，对有的活动消息甚至是在活动结束后才获得。此外，社区工作人员在链接志愿者和社会资源方面开展的服务较少，资源整合能力不强，社区活动类型局限于行政性服务或党建活动，活动内容单一，因而无法提高老年人活动参与的积极性。

7.4.2 社区服务队伍建设不合理

社区队伍建设问题主要体现在社区队伍人员数量、服务素质方面。

社区队伍人员数量严重不足。L社区管辖人口上万人，人员情况复杂，管理难度大，而居委会和政务服务中心的人员配置明显不够，服务范围小，导致服务水平较低，而组织内部还存在职能交叉情况，从而影响服务效率。如社区内的"一站式办理"和"代办式"办理服务，因各类服务窗口缺少工作人员，只在特定时间段内帮助老年人办理相关业务，大部分时间无人在岗。在组织数量方面，目前社区内的组织主要有党建、物业、政务等行政性管理部门，社区虽为"时间银行"养老志愿服务试点社区，设有志愿服务站，但社区内志愿服务队、警务巡逻队等公益岗位尚未启用，也不能为老年人提供服务或调动其参与。社工机构工作人员少，不能长期驻点。社会组织的服务都流于形式、浮于表面，社会组织的功能没有得到真正发挥。

在服务质量方面，社区管理人员的社区服务专业性较差，只能为老年人提供基本的救助服务，不能开展专业性的服务。从服务态度来看，社区的管理人员很少与老人进行主动交流，只有当老人有求助需求时，他们才会询问有关信息。老年人难以真正感受到社区的温暖，对社区的归属感不足，从而影响了他们的融入。而专业社会工作者所提供的服务，主要以偶发服务为主，不能持续地为社区内老年人提供服务，服务范围有限，在促进社区老年人社会融入方面服务成效不明显。

8 L社区老年人社会融入的优化途径

要促进易地扶贫搬迁老年人的社会融入，不仅要从社会政策出发，还要结合区域发展，以缩小城乡差距为目标促进易地扶贫安置区融入新型城镇化建设。本文根据实地调研情况以及分析的结果从社会政策、后续搬迁政策实施、社区管理和社会组织建设四方面为实现易地扶贫搬迁老年人融入提出了相应具体建议。

8.1 健全社会保障政策，落实搬迁老年人权益

8.1.1 加快户籍制度改革，促进户籍一体化

要加快户籍制度改革，就要推行全国统一的居民户口，取消"农业"和

"非农业"户口类型，不再以城乡标准划分户口，推行以身份管理为主的"一元制"户口模式。国家要加快户籍制度改革进程，逐步消除户籍壁垒，减少户籍制度对各类服务的影响，使户籍制度逐步与相关的社会福利脱钩，从而剥离户籍制度的附加功能，还原户籍对人口的登记管理功能。因此，政府要理清L社区老年人安置区与迁出地的关系，围绕农民宅基地、土地、林地等产权的归属针对户籍制度实行配套政策措施，来解决易地扶贫搬迁老年人权益政策的衔接问题，从而加快搬迁老年人的社会融入。

但就目前来看，户籍政策和土地政策、产业政策、社会保障政策等的协调运作尚需要一定的时间，户籍制度的改革不是一蹴而就的。因此在户籍制度与社会福利制度松绑过程中，政府可以减少对易地扶贫安置老年人享受社会福利的限制和要求，在逐步实现政策配套和制度改革的同时，推动户籍制度的改革。如通过政策支持来鼓励搬迁老人落户，提高户籍登记和迁移便利度，促进在城区稳定生活的转移人口顺利落户，并及时调整土地承包经营权、土地增减挂钩等制度；同时，积极推广新市民居住证制度，推动城镇基本公共服务逐步覆盖未落户搬迁人口；在办理老年人公交卡、市民卡等方面给予与田阳城镇户口老年人一样的政策措施，从而在政策层面让搬迁老年人平等地融入城市生活，从而逐步推动户籍制度的改革。

8.1.2 调整公共服务保障体系

首先，要实现城镇与安置区公共服务制度的一元化。政府在公共服务政策、制度制定与设计时，要剥离公共服务与户籍制度的关系，要将L社区纳入城镇化体系中，调整原来城市偏向型的公共服务供给制度，从而完善稳定的公共服务资金投入保障机制。其次，要促进公共服务供需均衡。在投入相关资源时，要逐渐打破公共服务供给不均衡的局面，充分满足搬迁群众的公共服务需求，实现城市公共产品与公共服务的普惠共享。同时，要加强对城乡公共服务项目和资源的统筹，形成党委、政府、市场、社会共同参与公共服务供给格局，完善政府、市场、社会和公众之间的公共服务分工，明晰其责任，构建公共服务的多元化提供模型，让安置区的老人能够与城镇老年人在医疗、养老和就业方面享有一样的公共服务，从而实现公共服务的供求平衡。

8.1.3 完善社会保障体系

在后续扶持政策安排中，需要建立起城乡之间相互衔接的社会保障制度，要将搬迁老年人纳入城市的社会保障体系中。在医疗保障方面，要建立搬迁后老年贫困户的精准识别机制，合理提高保障水平，依据当地经济水平和搬迁老年人就医情况，创新具有保障梯度的帮扶机制，扩大医疗保险的报销范围，实行差异化待遇；对社区医疗条件设置监管标准，提升社区卫生院的医疗保障水平，实现区域间医疗水平的均衡化发展。探讨构建并健全老年移民基本养老保险统筹制度，将老年移民纳入迁入地的养老保险体系中，同时，政府也要迅速构建起城乡统一的养老保险体系，缩小城乡养老保险差距。在社会救助方面，要落实好老年人搬迁前后老年移民最低生活保障工作的衔接，完善对于易地扶贫搬迁老年人的贫困识别机制，结合搬迁后老年人实际条件和经济情况，设立安置区老年人最低生活补贴标准。同时要整合各种扶贫资本，促进扶贫主体的多元合作，在政策的落实上加强对安置区老年人的社会保障力度，减少社会福利的区域制约，满足安置区老年人各项社会保障需求。

8.2 落实后续搬迁工作，完善后续扶持政策

8.2.1 提升执行机构服务水平，满足搬迁老年人需求

要加大对当地易地扶贫搬迁后续扶持工作力度，在实际的后续服务过程中，应结合国家的具体情况，着眼于国家有关法规，协助制定灵活的服务政策。如建立和完善基层和组织、社区居委会、社区居民等的沟通协调机制，了解老年人的需求动态，从而因地制宜推进安置点各项工作，不断提高服务水平，进一步提升群众满意度，持续提升工作成效。与此同时，要强化对新社区的管理和协调，推动社会保险、社会救助以及社会福利等各类保障体系向新社区延伸。

8.2.2 加大后续政策的实施力度，推进社区产业发展

在后续补偿机制中，要切实保障搬迁群众在迁出地原有合法耕地、林地、草场等承包经营权以及各类农牧业补贴和生态补偿等权益，落实土地增减制度。结合区域情况，探索如何整合利用退宅基地和碎片化集体建设用地，从而加快土地流转。可以通过鼓励支持各地在迁出区开展土地规模经营，盘活迁出地土地资源，不断拓宽搬迁群众增收渠道。

在产业发展方面，需要进一步完善当地经济发展模式，加大对于促进 L 社区居民直接受益的特色产业、服务业发展的支持力度。一方面，强化区域产业协作帮扶，加大深圳企业对口支援、定点帮扶的作用，动员东部地区和省域内发达地区的企业、社会组织对 L 社区结对帮扶。可将田阳的特色农产品（如杧果、西红柿等）纳入相关消费展销平台、直营店、专柜等，打通安置区特色产品供应链。另一方面，可以结合当地民族特色，由政府牵头，联系中小微企业或者少数民族手工作坊等发展特色产业，充分挖掘就业资源，为安置区有劳动能力的老年人提供灵活就业机会。

8.3 加强社区服务建设，强化社区治理能力

8.3.1 完善社区服务设施建设，强化社区公共服务

加强与老年人相关的基础公共服务设施建设。社区老年人之间的交往以及

社区活动的开展都需要一定的场所,因此社区需要加大对老年人文化娱乐场所建设的投入力度。应为老年人建设社区运动中心、老年人休闲娱乐中心、电影播放室、活动室等公共文化设施,为搬迁老年人之间的互动提供条件。同时社区要完善医疗资源建设,根据社区服务人数及需求,配备充足医疗资源。在人文环境建设方面,可以在社区设置相关的视频宣传区域或配备广播设备等,对老年人进行健康知识传播。此外,针对 L 社区老年人群体,要制定易地搬迁安置区殡葬服务实施方案,加快推进基本殡葬服务设施的建设,以满足安置区居民的基本殡葬服务需要。

8.3.2 促进社区各类组织联动,推动社区自治工作

要通过建立全面的联动协作机制,形成健全的共建共治共享的社会治理制度,调动社区各方的力量,来扫清安置区老年人在社区融入过程中的障碍。

在组织联动上,一方面,要完善以基层党组织为核心的服务体系,健全搬迁社区的党建引领机制,充分发挥党组织在社区治理中的领导作用,但同时也要注意区分不同组织的责任,避免出现职能交叉、权责不清的情况,通过分工提高效率。另一方面,要促进社区内其他主体的参与,根据现实情况,通过"跨部门协作"来实现资源的共享。通过合作联动,以社区资源开发、合作运营以及合作服务等方式来让社区老年人享受均等化的政府公共服务、社会公益服务和居民自我服务,从而促进社区服务建设,为搬迁老年人营建服务型社区。

完善社区自治管理工作,就要充分推动 L 社区网格化管理模式的实施,社区网格管理员要主动关心社区居民,真正解决社区居民问题,履行岗位职责,从而促进社区自治工作的进行。此外,在社区已有的自治平台资源基础上,充分促进居民参与治理,积极鼓励和指导 L 社区搬迁老年人参与"荣誉超市"和"老乡心愿信箱"(等自治管理活动),让搬迁老年人体验与实践社区管理,形成自上而下和自下而上相结合的治理格局。

8.4 调动社会组织发挥协同作用,助力基层治理

实现老年人社会融入需要构建以社会文化层面融入、心理层面融入为主的社区融合机制,社区社会组织和提供专业适老服务的社会工作者就是促进易地扶贫搬迁老年人社会融入的重要力量。

8.4.1 培育社区社会组织,发挥组织作用

培育社区社会组织主要指通过社区居委会、共青团等社会组织和群团组织,来推动社区内志愿服务队伍、自治队伍等的建设,加强社区服务力量,补充社区服务人员数量。第一,社区要积极动员并组织一批服务搬迁老年人的志

愿者。可结合社区内丰富的教育资源，与社区的学校社团合作，建立起稳定的服务关系，为社区内老年人提供政策宣传、文明劝导、科学普及和上门服务等多方面的服务。也可以引进慈善机构、义工协会等公益组织，为安置区的老人们提供专业的服务。第二，在安置区内，培植发展与老年人爱好相关的组织，如老年协会、老年文艺团体、老年志愿团体等，以扩展老年人的人际交往，丰富其生活内容，从而推动老年人社会融入。这些措施都能有效增强老人对于安置地的归属感，并更好地融入安置区中。

8.4.2 构建社会工作体系，发挥专业优势

专业的社会工作者是促进安置区搬迁老年人社会融入的重要支撑力量，是老年人福利服务的提供者。由于搬迁老人的背景各不相同，所以他们在社会融入上的服务需求也呈现出了多样性。社会工作者应该利用自己的专业优势，在健康咨询、社交活动和精神关怀等领域，为搬迁老人提供专业的服务，充分满足他们的不同需求。

L 社区建有一个社工站，但目前存在人员不足、服务质量低下等问题。安置区需要加快构建社会工作服务体系。首先，在人才队伍建设上，基层政府需要壮大易地扶贫搬迁安置区的专业人才队伍，可以通过购买服务的方式，来优化社区社会工作者配置，促进社区社会工作服务的发展。其次，在工作岗位方面，社会工作机构需要建立专业岗位人才体系，在社区设置专岗专人，使社会工作者掌握 L 社区搬迁老人的状态和需求。最后，在社区服务中，社会工作者要运用社会工作专业的三大工作方法，从老人自身、家庭、社区等层面开展工作，如综合运用个案工作、小组工作对孤独感强、缺乏归属感的老人进行一对一辅导；开展小组工作，扩大社区老人的人际交往范围；通过开展社区社会工作，链接社区资源、培育 L 社区志愿服务组织，为安置区留守老人家庭提供照料服务等。

9 总结与不足

随着"十三五"易地扶贫搬迁任务的完成，大量的贫困人口搬迁到了新的安置点，他们的生活质量、居住环境等都有了明显的改善，但是他们在新的安置点中所面临的问题却日益突出，特别是高龄群体，他们在新的安置点中仍然面临着巨大的生活挑战。本文以田阳区 L 社区为切入口，了解易地扶贫搬迁社区老年人的社会融入现状，得出以下具体结论：

第一，L 社区的老年人在社会融入方面，还存在较多的困难。易地扶贫搬迁老年人在经济方面，还存在收入不理想和社会保障水平低等问题，这给老年人生活造成了较大压力；在行为方面，人际交往范围小，日常活动单一，老年

人较少参与社区活动；从文化接纳和身份认同两方面来看，老年人在观念上与迁入地居民还存在差异，对于新社区归属感和认同感不强，搬迁后的老年人仍有返乡的意愿，尚未真正融入新社区当中。

第二，影响易地扶贫搬迁老年人社会融入的因素有很多，需要各部门、主体相互配合，因此要重视宏观层面因素对于易地扶贫搬迁老年人社会融入的影响。笔者发现影响 L 社区老年人融入的因素主要有户籍制度的缺陷，后续扶持政策实施过程中的偏差，社区资源缺乏和社区管理体系不健全以及社会组织力量支持不足等。

第三，为促进 L 社区搬迁老年人的社会融入，本文基于分析结果提出了具体的实现路径：即健全社会政策，落实搬迁老年人权益；落实后续搬迁工作，完善扶持政策；加强社区服务建设，强化社区治理能力；激发社会组织协同功能，助力基层治理。

本文也存在一定的不足，表现为：第一，访谈提纲尚有缺陷，指标体系尚不完善，指标未能检验对安置区老年人社会融入的显著性影响；第二，研究样本数量较少，范围不够广，加上抽样方法不够科学严密，不能充分体现易地扶贫搬迁安置区各类老年人社会融入状况；第三，结论主要建立在对搬迁老人、社区工作人员的访谈之上，分析过程稍显单薄，实证支撑不足。

参 考 文 献

安东尼·吉登斯，2000. 第三条道路：社会民主主义的复兴［M］. 北京：北京大学出版社：107.

陈成文，孙嘉悦，2012. 社会融入：一个概念的社会学意义［J］. 湖南师范大学社会科学学报，41（6）：66-71.

程丹，王兆清，李富忠，2015. 易地扶贫搬迁研究：以山西省五台县为例［J］. 天津农业科学，21（1）：70-73.

风笑天，2004. "落地生根"？——三峡农村移民的社会适应［J］. 社会学研究（5）：19-27.

黄匡时，嘎日达，2008. 西方社会融合概念探析及其启发［J］. 理论视野（1）：47-49.

贾春增，2005. 外国社会学史［M］. 北京：中国人民大学出版社.

李博，左停，2016. 遭遇搬迁：精准扶贫视角下扶贫移民搬迁政策执行逻辑的探讨——以陕南王村为例［J］. 中国农业大学学报（社会科学版），33（2）：25-31.

李雨潼，2021. 中国老年流动人口特征及社会融入分析［J］. 社会科学战线（3）：270-275.

李志颖，2020. 关于易地扶贫搬迁后移民社会融入问题的思考［J］. 社会与公益（11）：30-32.

林晶晶，林宗平，2020. 社会融入视角下生态移民社区的治理路径研究：以成都市生态移民集中安置为例 [J]. 地方治理研究 (3)：24 - 37，79.

刘建娥，2010. 从欧盟社会融入政策视角看我国农民工的城市融入问题 [J]. 城市发展研究 (11)：106 - 112.

刘少杰，2020. 易地扶贫的空间失衡与精准施策 [J]. 福建师范大学学报（哲学社会科学版）(6)：45 - 50，169.

刘晓龙，2019. 社会工作介入城市随迁老人社区融入的实务探究 [D]. 郑州：郑州大学.

陆汉文，覃志敏，2015. 我国扶贫移民政策的演变与发展趋势 [J]. 贵州社会科学 (5)：164 - 168.

施国庆，郑瑞强，2010. 扶贫移民：一种扶贫工作新思路 [J]. 甘肃行政学院学报 (4)：68 - 75，127 - 128.

史梦薇，王炳江，2020. 民族地区生态移民心理适应的特征及影响因素 [J]. 中南民族大学学报（人文社会科学版），40 (2)：68 - 72.

陶格斯，2006. 浅谈镶黄旗生态移民在呼和浩特市郊区的社会适应性 [J]. 华北农学报，21 (F12)：98 - 101.

王春蕊，2018. 易地扶贫搬迁困境及破解对策 [J]. 河北学刊，38 (5)：146 - 151.

王海，2020. 贵州省易地扶贫搬迁后续问题及对策思考 [J]. 理论与当代 (10)：31 - 33.

王宏新，付甜，张文杰，2017. 中国易地扶贫搬迁政策的演进特征：基于政策文本量化分析 [J]. 国家行政学院学报 (3)：48 - 53.

许源源，熊瑛，2018. 易地扶贫搬迁研究述评 [J]. 西北农林科技大学学报（社会科学版），18 (3)：107 - 114.

杨聪敏，2010. 农民工权利平等与社会融合 [M]. 杭州：浙江工商大学出版社.

杨甫旺，2008. 异地扶贫搬迁与文化适应：以云南省永仁 311 县异地扶贫搬迁移民为例 [J]. 贵州民族研究，28 (6)：127 - 130.

杨海妹，2020. 易地扶贫搬迁移民社会融入研究：以 S 市 X 社区为例 [J]. 山西农经 (1)：104 - 106.

杨菊华，2009. 从隔离、选择融入到融合：流动人口社会融入问题的理论思考 [J]. 人口研究 (1)：17 - 29.

杨菊华，2010. 流动人口在流入地社会融入的指标体系：基于社会融入理论的进一步研究 [J]. 人口与经济 (2)：64 - 70.

杨黎源，2007. 外来人群社会融合进程中的八大问题探讨：基于对宁波市 1 053 位居民社会调查的分析 [J]. 宁波大学学报（人文科学版）(6)：65 - 70.

叶青，苏海，2016. 政策实践与资本重置：贵州易地扶贫搬迁的经验表达 [J]. 中国农业大学学报（社会科学版），33 (5)：64 - 70.

张怡宁，2020. 易地扶贫搬迁居民的社会融入路径研究：以会泽县为例 [J]. 四川省社会主义学院学报 (3)：80 - 85.

张寅霞，杨俊伍，2020. 对易地搬迁扶贫人口社会融入问题的思考：基于云南省会泽县的实地调查 [J]. 农村经济与科技，31 (4)：215 - 216，284.

赵双，李万莉，2018. 我国易地扶贫搬迁的困境与对策：一个文献综述 [J]. 社会保障研究 (2)：106-112.

赵通福，2020. 社会工作介入易地扶贫安置区老年人社区融入实务研究 [D]. 兰州：西北民族大学.

郑瑞强，王英，涂海华，2015. 适应期扶贫移民生计贫困多维测度与政策蕴含 [J]. 商业研究 (11)：57-62.

郑瑞强，王英，张春美，2015. 扶贫移民适应期生计风险、扶持资源承接与政策优化 [J]. 华中农业大学学报 (4)：101-106.

周子珍，2019. 随迁老人社区融入的社会工作介入研究 [D]. 咸阳：西北农林科技大学.

ALBA R，NEE V，2003. Remaking the American Mainstream：Assimilation and Contemporary Immigration [M]. Boston：Harvard University Press.

AMARTYA S，2000. Development as Freedom [M]. New York：Anchor Books：384.

COLLINS H，2003. Discrimination，Equality and Social Inclusion [J]. the Modern law Review，66 (1)：16-43.

CRAWFORD C，2003. Towards a Common Approach to Thinking about and Measuring Social Inclusion [M]. Rochester：Rochester Institute of Technology.

DUSTMANN C，1996. The social assimilation of immigrants [J]. Journal of population economics，9 (1)：37-54.

JACOBS D，TILLIE J，2004. Introduction：social capital and political integration of migrants [J]. Journal of Ethnic and Migration Studies，30 (3)：419-427.

KALLEN H M，1956. Cultural plural is mand the American idea：an essay in social philosophy [M]. Philadelphia：University of Pennsylvania Press.

KIM G Y，JANG Y，CHIRIBOGA D A，2012. Personal views about aging among Korean American older adults：the role of physical health，social network，and acculturation [J]. Journal of cross cultural gerontology，27：139-148.

K OBERG，1960. Cultural shock：Adjustment To New Cultural Environments [J]. Curare：142-146.

MARKIDES K S，ESCHBACH K，2005. Aging，migration，and mortality：current status of research on the Hispanic paradox [J]. The journals of gerontology. Series B，Psychological sciences and social sciences，60 (Special Issue 2)：68-75.

PARK E R，1922. The Immigrant Press and Its Control [J]. American Journal of Sociology，1927 (6)：807-809.

PARK R E，1925. Community Organization and the Romantic Tempe [J]. The Journal of Social forces (3)：673-677.

PARSONS C，1999. Social Inclusion and School Improvement [J]. Support for learning，14 (4)：179-183.

ROGERS S，XUE T，2015. Resettlement and climate change vulnerability：Evidence from rural China [J]. Global Environmental Change，35：62-69.

STRACHAN J，JOHANSEN H，NAIR C，et al.，1990. Canadian suicide mortality rates：first generation immigrants versus Canadian born [J]. Healthreports，2（4）：327 - 341.

JUNGER - TAS J. Ethnic Minorities，Social Integration and Crime [J]. European Journal on Criminal Policy and Research，9：5 - 29.

公正世界信念与居民社会信任

——志愿服务的调节效应研究①

李汶融

1 绪论

1.1 研究背景

近年来，社会信任受到越来越多社会学学者的关注。社会信任也被称为普遍信任。社会信任有利于社会健康（Rothstein et al.，2005）。随着社交手段的日新月异以及人口流动性的增加，人与人之间的关系在一定程度上变得越来越疏远，但社会发展离不开人与人之间的合作，作为把人们联系在一起的关键纽带，社会信任在现代社会中发挥着重要的作用。

社会信任是一种人格属性，Uslaner（1999）指出社会信任是建立在个体的乐观程度和个体对自身生活或者世界的控制感这两个核心人格特征的基础上而产生的。公正世界信念作为一种重要的心理资源，能够促进个体心理健康发展，进而影响社会行为。公正世界信念是个体相信通过自身的努力和奋斗，能够在公正有序的世界中获得自己应得东西的信念（Lerner，1965）。公正世界信念能够使个体对世界保持乐观，相信世界是公正的，从而增强其对自身及世界的掌控感（Lerner et al.，1978），进而增加个体的社会信任。有研究显示，公正世界信念与社会信任存在相关关系（易梅等，2019），但对于公正世界信念对社会信任的影响及其影响机制的研究较少。

社会信任除了受到个体心理因素影响以外，还会受到社会环境因素的影响。个体能够在参与社团活动的过程中与他人密切交往，以增强社会信任。志愿服务具有利他性和社会互动性等特征，因此可能产生增强公正世界信念的作用，进而影响社会信任。志愿服务在社会服务供给上发挥着越来越重要的作用，因此，探究其对社会信任的影响机制具有现实意义。

本文旨在探究公正世界信念和社会信任之间的关系，以及志愿服务对公正世界信念与社会信任关系的调节作用。具体来说，本文以 2019 年的中国社会状况综合调查数据为基础，通过定量分析研究公正世界信念和社会信任之间的

---

① 贾昕珊老师指导。

调节模型。2019 年的调查范围覆盖了全国共 149 个区（市、县），最终的有效样本数是 10 283，对我国公民的劳动就业、家庭、社会态度、社会生活等情况进行了较为全面地把握，数据结果具有一定的代表性。

1.2 研究目的

本研究旨在通过对 2019 年的中国社会状况综合调查数据进行定量分析，基于志愿动机理论和志愿组织理论探索志愿服务对世界公正信念和社会信任的调节效应，并使用 t 检验、调节模型的回归分析和斜率检验方法进行检验。旨在增加对社会信任的认识，以此提出推进志愿服务有利于增强社会信任的实证依据。

1.3 研究意义

1.3.1 理论意义

第一，过往的研究从多个学科、多种角度研究了社会信任的影响因素，但是对于公正世界信念对社会信任影响的内在机制的研究还不多，本文通过研究志愿服务对公正世界信念和社会信任关系的调节效应，为探究社会信任的影响机制提供了一个新的研究方向。

第二，目前检验志愿组织理论的定量研究较为有限，有一定数量的研究表明志愿服务和社会信任相关，但也有研究表明志愿服务和社会信任无关，或志愿服务对不同群体的社会信任产生了不一致的影响，本文通过分析志愿服务和社会信任的关系，丰富了志愿组织理论的定量研究。

1.3.2 现实意义

在宏观层面，社会信任有利于拉近人与人之间的关系，进而促进社会和谐稳定、国家经济高质量发展。在微观层面，社会信任和公正世界信念都是积极的心理资源，有利于保持个体心理健康，促进社会交往与合作。

推进志愿服务对增强社会信任会产生有益影响。对于个体而言，在志愿活动中可以获得满足感和幸福感，能够促进个体的发展，扩展人际交往网络。对于社会而言，加强志愿服务建设有利于完善社会服务体系，缓解社会冲突与矛盾，推动社会和谐发展。

2 文献综述

2.1 核心概念界定

2.1.1 社会信任

社会信任反映的是个体对陌生人或者社会上大多数人的信任（Delhey et al.，2005）。信任是社会科学研究中一个重要的问题，也是经济学、心理学、社会学等学科的研究热点。到目前为止，学者们对信任并未形成统一的定义。Rotter（1967）认为，信任是个体的一种期望，是对他人或群体的承诺，以口头或书面陈述表达。Guiso 等（2008）认为信任是个人对被欺骗可能性的主观评估。Rousseau 等（1998）认为信任是一种心理状态，在这种状态下，信任的一方愿意接受由被信任的一方带来伤害的风险，并期望被信任的一方采取行动。Wrightsman（1991）认为信任是个体所拥有的一种信念，并且这一信念是个体特质的一部分。同时，个体可以在社会学习中不断产生和发展信任这一相对稳定的人格特征。杨中芳等（1999）认为信任是个体在与他人互动的过程中认为对方能够履行其义务和责任的保障感。董才生等（2003）认为信任是指在社会交往中，个体对他人做出符合制度规则的行为期望。

信任通常被分为制度信任和人际信任，Luhmann（2005）认为制度信任常在抽象的关系中产生，是依赖法规保障和社会制度规范的信任，而人际信任则是通过人与人之间的感情关系建立起来的信任。根据个体与被信任对象的关系，人际信任又可以进一步划分为普遍信任和特殊信任，普遍信任即社会信任，是指个体对不认识的人或社会上大多数人持有的信任，特殊信任是指个体对关系亲近的人，如家人、朋友、邻居等的信任，（Delhey et al.，2005）。随着工业化和城市化的发展，社会人口不断增加、流动性增强，中国的社会结构产生深刻的变化，从"熟人社会"向"陌生人社会"快速转变，因此社会成员之间的交流和接触更需要普遍信任，这比特殊信任更为重要。所以本文主要讨论社会信任，即个体对陌生人的信任。

2.1.2 公正世界信念

心理学家 Lerner（1965）在 20 世纪 60 年代首次提出公正世界信念（Belief in a Just World）这一概念，他认为公正世界信念是个体相信通过自身的努力和奋斗，能够在公正有序的世界中获得自己应得的东西的信念，个体在生活中受益或遭受痛苦并不是偶然的，而是取决于个体的品德或行为。20 世纪 80 年代，公正世界信念理论被不断地发展完善，Lerner 等（1978）通过研究发现公正世界信念是普遍存在的，拥有"世界是公允的"这一信念的个体，能够积极融入他所处的社会环境，没有这种信念，个体则难以拥有对长期目标的追求，甚至很难遵循日常生活中的制度规定或行为规范。同时，因为现实生活中并没有绝对的公正，Lerner 将公正世界信念视为一种积极的错觉，这一信念使人们认为他们的生活是有意义的，这增加了他们的能力感和控制感，培养了个体对未来的积极看法。周春燕等（2013）指出，公正世界信念能够使人们在现实生活中面对不公正事件时在认知或现实层面重建公正，因此公正世界信念既可以维护个体的精神健康，又有可能导致个体对不公正受害者的漠视，因此公正世界信念在重建公正上是一把双刃剑。

2.1.3　志愿服务

Penner（2002）认为志愿服务可以被定义为一种长期的、有计划的、有益于他人的行为，并且这一行为发生在组织环境中。基于这一定义，志愿服务具有四个要素：长期、计划性、义务帮助和组织环境。Wilson（2000）认为志愿服务是通过无偿的劳动来使他人、团体或事业得到益处的所有活动，志愿服务属于助人活动，与自发的助人相比，志愿服务需要更多的承诺，但与提供给家人和朋友的关怀相比，志愿服务的范围更窄。宋喆（2014）认为志愿服务是指在志愿服务组织的统一协调安排下，志愿者个人自发的无偿帮助他人和服务社会的公益行为。魏娜等（2017）认为志愿服务有三个特征：一是在行动属性上，志愿服务是一种自愿无偿的劳动，是对异化劳动的积极扬弃，能够体现劳动本应有的道德特征和多元价值；二是在行动方式上，志愿者之间平等自由，资源共享流动，志愿服务与社会环境交互融合，构建起了开放合作的行动系统；三是在行动意义上，志愿服务提高了志愿者的参与积极性和创新性，进而实现自主全面的社会服务供给，这与对人进行束缚的异化劳动不同。综上所述，现有对志愿服务概念的界定都体现出了志愿服务的自愿性、无偿性和公益性（魏娜等，2017）。

本文采用我国在2017年6月出台的《志愿服务条例》对志愿服务的定义，将志愿服务定义为志愿者或志愿组织向社会和他人提供的自愿无偿的公益服务。

2.2　社会信任的相关研究现状

通过对相关文献进行梳理，笔者发现，对社会信任的影响因素主要存在两种理论观点。第一种观点，认为信任是一种个人属性，与个人的人口特征或者与个人性格特征有关。第二种观点，认为社会信任不是一种个人属性，而是社会系统的产物。综合来看，社会信任既是一种人格属性，受个人信念等因素影响，同时又受社会因素的影响，是社会系统的产物。

Alesina等（2002）研究指出，社会信任水平受有无伴侣、收入水平、年龄、受教育程度、性别和工作状态影响。杨明等（2001）通过研究发现，性别和收入对社会信任没有显著影响，而年龄对社会信任的影响是显著呈正向的，另外，随着受教育水平的变化，社会信任存在着等级分布。林卡等（2010）研究表明，居住地、年龄和收入均对信任产生影响，其中年龄因素产生的影响更大。胡荣等（2006）通过研究指出，受教育程度对社会信任的影响不具有统计显著性，但性别、年龄和收入对社会信任影响显著。黄健等（2012）在微观层面探究了中英两国高等教育和社会信任的关系，研究发现两国的高等教育对社会信任均有显著促进作用，在英国，高等教育通过非经济效应机制来影响社会信任，而在中国，高等教育则主要通过经济效应机制来影响社会信任。

胡荣等（2006）指出，社团参与对社会信任具有显著性影响，人们在社团活动中通过合作形成信任。胡安宁等（2010）的研究表明，不同制度环境会对个体的信任水平有不同的影响。对比在私有部门的个体，在公共部门的个体具备更高的信任水平，因为身处公共部门的个体更积极参与政治生活，具有较高的效能感，从而拥有更高的信任水平。敖丹等（2013）基于"资源因素论"视角指出，公共资源和个体资源对社会信任均存在积极影响，同时个体资源对社会信任的影响会因公共资源的不同而有所变化。井世洁等（2013）通过研究指出，身处不同阶层的群体和居住在不同地理区域的居民拥有的信任水平存在差异。

公正世界信念作为一种促进个体心理健康发展的个人信念，是影响社会信任的重要因素。20 世纪 50 至 60 年代，美国的社会心理学派指出，社会信任是个体对合作互助的信念，是积极乐观以及个人能够解决分歧等核心人格特征中的一部分（Cattell，2017；Rosenberg，1957）。换言之，信任更多地与人格类型和个体特征联系在一起，而不是与外部社会环境联系在一起。这一观点被社会心理学家 Uslaner（1999）所发展，他在著作《民主和信任》（*Democracy and Trust*）中提出社会信任的个体理论。Uslaner（1999）指出，相较于与经济环境相关的客观指标，主观幸福感指标与信任关系更密切，社会信任是建立在个体的乐观程度和个体对自己生活或者世界的控制感之上的。根据这一观点，当个体拥有更强的公正世界信念时，个体相信他们所生活的世界是一个公正的世界，每个人都会得到公正对待，凭借个体的优良品德或努力，个体能够获得应得的东西（Lerner，1965）。因此这一信念增强了个体的能力感和对世界及个人生活的控制感，从而产生更广泛的社会信任。由此可以推测，个体公正世界信念越强，其社会信任水平越高。

Zuckerman 等（1997）进行的三个实验一致表明，公正世界信念和社会信任有关，并且个体拥有越强的公正世界信念，则对他人和周围环境的怀疑更少，因此较为容易与他人建立和谐稳定的关系。Bègue（2002）通过研究不同职业背景的法国公民，发现自我公正世界信念、他人公正世界信念与人际信任呈现显著正相关关系。Correia 等（2007）通过研究葡萄牙在校学生发现，拥有更强公正世界信念的个体生活满意度更高，对他人也更加信任。

2.3 志愿服务研究现状

Snyder 等（2008）的志愿动机理论认为：志愿行为是一种很独特的现象，因为个体参与志愿活动时并没有受到来自环境的压力，也没有对服务对象应尽的义务，并且参与志愿服务耗时耗力，还可能会产生财务高额支出。然而，由于参与志愿服务满足了志愿者的需求，所以人们会不断寻找对他人提供帮助的机会。换言之，志愿者参与志愿服务时具有不同的动机，动机具有唤起、指导和支持个体行为的功能。Clary 等（1998）根据功能分析思想总结出志愿服务的六种功能，包括表达价值观和态度、获取新知识、社会交往、提升职业技能、拓宽人脉，自我保护及自我提升。

2.3.1 志愿服务与社会信任

志愿服务具有利他性和社会互动性等特征，是影响社会信任的重要因素。个体能够在参与志愿服务的过程中与他人密切交往，从中学习并增强社会信任。社会化理论认为，信任是经验的产物，受社会系统的影响，人们在不断地修正和更新自我产生的信任和不信任的感觉，以应对不断变化的环境（Hardin，1993）。与个体息息相关的社会系统即由社会上广泛存在的各种社团组织构成，个体在积极参与各类社团活动的过程中、在与他人密切交往的过程中学习信任，并增强对信任、互惠合作、同理心以及对共同利益的理解，而这恰是社会信任的核心特征（Bellah et al.，1985）。因此，当个体直接和持续地参与志愿组织开展的志愿活动时，个体能够学会信任他人，其社会信任水平则随之提高，这一理论被称为志愿组织理论。张网成（2016）研究发现，在参与志愿服务过程中，志愿者增加了他们的服务技能并拓宽了他们的社会网络，同时感受到了来自被服务对象的信任，志愿者的社会信任水平在参与志愿服务后得到提高。贺志峰等（2020）通过研究 1 928 位志愿者发现，志愿服务参与程度和社会信任水平呈现正相关关系，具体来说，参与志愿服务活动次数越多以及加入越多的志愿服务组织，个体的社会信任水平越高。彭娟等（2020）通过研究 2 763 名大学生发现，参与志愿服务越多，大学生则拥有更强的社会信任水平。

2.3.2 公正世界信念与志愿服务

根据公正世界信念理论的观点，公正世界信念越强，即越相信世界是公正的。当个体在参与志愿活动中有所收获时，个体的公正世界信念则越强，越相信付出的努力会得到相应的回报。Correia 等（2016）研究发现，公正世界信念和志愿者的助人态度正向相关。黄泰霖等（2021）研究表明，公正世界信念正向影响志愿动机，并且亲社会倾向会增强公正世界信念对志愿动机的影响。但学界对公正世界信念和志愿服务关系的探究仍较少。

2.4 研究假设

根据文献综述笔者发现，公正世界信念能够提高个体的社会信任水平。同时，公正世界信念可能会通过对志愿服务动机的影响进而影响社会信任。根据志愿动机理论和志愿组织理论，是否参与志愿服务和公正世界信念以及社会信任密切相关，因此志愿服务可能在公正世界信念和社会信任之间起调节效应。

所以，本文构建了研究框架（图1）并提出以下研究假设：

H1 社会信任会受到公正世界信念的显著正向影响。

H2 志愿服务能够对公正世界信念与社会信任的相关关系产生调节效应，即在参与志愿服务时能增强公正世界信念和社会信任之间的正向关系。

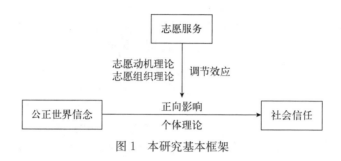

图1　本研究基本框架

3　研究方法

3.1　研究对象

本研究的研究对象是全国149个区（市、县）的不同居民，样本是中国社会状况综合调查（CSS）2019年调查数据中的全部居民，CSS是双年度的纵贯调查，2019年CSS覆盖了全国共149个区（市、县），最终有效的样本数是10 283。该调查采用概率抽样的入户访问方式，样本可推论全国年满18～69周岁的住户人口情况。数据对全国公众的劳动就业、家庭及社会态度、社会生活等方面进行了较为全面的把握，数据结果具有一定的代表性，能够很好地满足本研究需要。

3.2　变量测量

（1）因变量：社会信任

该变量是根据问卷中问题F1b而定，1分表示被调查者认为现在人与人之间非常不信任，10分表示被调查者认为现在人与人之间非常信任，即数值越大表示受访者社会信任水平越高。

（2）自变量：公正世界信念

公正世界信念是根据问卷中问题F2生成。其中1分表示被调查者认为在该方面存在着非常严重的不公正待遇，即被调查者的公正世界信念弱，4分表示被调查者认为不存在该方面的不公正待遇的情况，即被调查者的公正世界信念强。8个题项表现出较好的内在一致性（Cronbach's $\alpha=0.84$），通过计算这

8个的题项均值生成新的变量，即公正世界信念，数值越大表示被调查者公正世界信念越强。

（3）调节变量：志愿服务

曾有志愿服务经历是根据问卷中问题 I1 生成。通过对这 13 个变量次数加总，生成"曾有志愿服务经历"的二分变量，大于或等于 1 为 1，其他为 0。

（4）控制变量

根据现有文献可知，人口特征信息也是影响个体社会信任水平发生的重要因素之一（李涛，2008）。因此本文将性别、年龄、婚姻状况、受教育年限、宗教信仰类型、工作状况、收入状况、政治面貌作为控制变量，在回归模型中控制其对社会信任的影响。变量"性别"是根据问卷中问题 A1b"受访者本人性别"生成"男性"，编码为"1＝男，0＝女"。变量"年龄"的数据是通过对问卷中问题 A1c"受访者本人出生年份"减去"2019"，生成连续变量。变量"婚姻状况"是根据问卷中问题 A1e 生成，将初婚有配偶和再婚有配偶重新编码为 1，其他选项重新编码为 0，生成"已婚"的二分变量。变量"受教育年限"是根据对问卷中问题 A1d 生成，将未上学重新编码为 0，将小学重新编码为 6，将初中和中专重新编码为 9，将高中和职高技校重新编码为 12，将大学专科和大学本科重新编码为 16，将研究生重新编码为 19，生成连续变量"受教育年限"。变量"宗教信仰类型"是根据问卷中问题 A5 生成，将无宗教信仰重新编码为 1，其他选项重新编码为 0，生成"无宗教信仰"的二分变量。变量"工作状况"是根据问卷中问题 B1 生成，将有工作，和有工作但目前休假、学习，或临时停工、歇业重新编码为 1，其他选项重新编码为 0，生成"在职"的二分变量。变量"收入状况"是根据问卷中问题 B8a 生成连续变量。变量"政治面貌"是根据问卷中问题 A3 生成"中共党员"的二分变量。

3.3 研究步骤

本文采用 Stata17.0 统计软件进行统计分析。首先，对样本进行描述性统计分析；其次，对自变量公正世界信念内在一致性进行检验；再次，通过 t 检验判断参与志愿服务群体和没有参与志愿服务群体在公正世界信念和社会信任上是否有显著差异；最后，以社会信任为因变量，以公正世界信念为自变量，以志愿服务为调节变量，以婚姻状况、受教育年限、性别、宗教信仰类型、年龄、工作状况、收入状况、政治面貌为控制变量，通过对样本数据中心化和交互乘积项的方法进行调节模型的回归分析和斜率检验。在回归分析中，首先将公正世界信念变量中心化，然后再分步将本文研究的各变量纳入回归方程。

4　数据分析与研究结论

4.1　描述性分析

表 1　描述性统计分析

项目	男性	女性	合计
已婚人数（占比）	3 392（41.06%）	4 869（58.94%）	8 261（100%）
在职人数（占比）	3 282（49.26%）	3 380（50.74%）	6 662（100%）
农业户口人数（占比）	2 976（42.33%）	4 055（57.67%）	7 031（100%）
中共党员人数（占比）	691（65.19%）	369（34.81%）	1 060（100%）
无宗教信仰人数（占比）	3 922（43.89%）	5 014（56.11%）	8 936（100%）
年龄均值（标准差）	50.16（14.60）	49.14（13.98）	49.58（14.26）
受教育年限均值（标准差）	9.94（3.97）	8.59（4.80）	9.17（4.51）

注：括号内是百分比或标准差。$N=10\ 283$。

2019 年 CSS 的调查数据来源于 10 283 份有效填答。参与者中已婚（$n=8\ 261$）、在职（$n=6\ 662$）、农业户口（$n=7\ 031$）和无宗教信仰（$n=8\ 936$）的居民的占比例较大，只有少数居民是中共党员（$n=1\ 060$），男性相对于女性，年龄较大、受教育年限较多。

4.2　t 检验

4.2.1　是否参与志愿服务与公正世界信念

通过独立样本 t 检验判断参与志愿服务群体和没有参与志愿服务群体在公正世界信念上是否有显著差异。没有参与志愿服务群体公正世界信念均值为 3.18，参与志愿服务群体公正世界信念均值为 2.99，通过独立样本 t 检验发现，在公正世界信念方面，没有参与志愿服务的群体显著强于参与志愿服务群体（$t=11.76$，$p=0.00$）。

4.2.2　是否参与志愿服务与社会信任

通过独立样本 t 检验判断参与志愿服务群体和没有参与志愿服务群体在社会信任上是否有显著差异。没有参与志愿服务群体社会信任均值为 6.26，参与志愿服务群体社会信任均值为 6.54，通过独立样本 t 检验发现，在社会信任方面，参与志愿服务的群体显著高于没有参与志愿服务群体（$t=-5.88$，$p=0.00$）。

4.3　回归分析:公正世界信念和参与志愿服务对社会信任的影响

本文以社会信任为因变量，以公正世界信念为自变量，以志愿服务为调节变量进行回归分析检验。分别对公正世界信念对社会信任影响的主效应和志愿服务在公正世界信念和社会信任之间的调节效应进行回归分析和斜率检验。

表2 参与志愿服务调节公正世界信念对社会信任的回归结果（$n=9\,756$）

项目	模型1 标准化 β	模型2 标准化 β	模型3 标准化 β
性别（是否男性）	−0.01	−0.02	−0.02
年龄	0.03**	0.01	0.01
婚姻状况（是否已婚）	−0.02	−0.01	−0.02
受教育年限	0.02	0.02	0.02
宗教信仰类型（是否无宗教信仰）	−0.03**	−0.03**	−0.03**
工作状况（是否在职）	0.03**	0.03*	0.03*
收入状况	−0.01	−0.01	−0.01
政治面貌（是否为中共党员）	0.04***	0.03**	0.03**
公正世界信念		0.06***	0.07***
志愿服务		0.12***	0.10***
公正世界信念×参与志愿服务			0.03**
R^2	0.00	0.02	0.02
增量 R^2		0.01***	0.00**

注：*代表 $p<0.05$；**代表 $p<0.01$；***代表 $p<0.00$。

由表2可以看出，样本中共有9 756个观测值。

首先，将控制变量人口特征信息放入第一层（模型1），F 值为5.79，$p<0.00$ 说明模型整体显著。$R^2=0.00$ 说明回归直线的拟合程度较低。其中，年龄（$\beta=0.03$，$p<0.01$）、有工作（$\beta=0.03$，$p<0.01$）和党员身份（$\beta=0.04$，$p<0.00$）显著提高了社会信任，但效应量非常微小，即在控制其他变量的情况下，年龄每增加一个单位，其社会信任水平就显著提高0.03个单位；变量无宗教信仰（$\beta=0.03$，$p<0.01$）对社会信任有显著负向影响，但效应量非常微小，即在控制其他变量的情况下，无宗教信仰每增加一个单位，其社会信任水平就显著提高0.03个单位。

其次，通过零阶双变量相关分析可知，公正世界信念与社会信任呈正向弱相关（$r=0.03$，$p<0.00$）。在第一层的基础上加入自变量公正世界信念和调节变量志愿服务为第二层（模型2）。从模型2中可知，$p<0.00$ 说明模型整体显著。$R^2=0.02$ 说明回归直线的拟合程度较低。同时，加入自变量公正世界信念和调节变量志愿服务后，在模型2中 R^2 变化呈现出显著性（增量 $R^2=$

0.01，$p<0.00$）。自变量公正世界信念（$\beta=0.06$，$p<0.00$）对社会信任有显著正向影响，即在控制其他变量的情况下，公正世界信念每增加一个单位，其社会信任水平就显著提高 0.06 个单位。调节变量志愿服务（$\beta=0.12$，$p<0.00$）显著提高了社会信任，即在控制其他变量的情况下，志愿服务每增加一个单位，其社会信任水平就显著提高 0.12 个单位。

最后，为防止因数据测度标准不同而造成的影响，在第三层回归分析前对自变量公正世界信念进行数据中心化处理并生成中心化变量，将调节变量参与志愿服务与中心化后的变量相乘得到用于计算交互项的调节项数据。在第二层的基础上加入自变量公正世界信念和调节变量志愿服务的交互调节项为第三层（模型 3）。从模型 3 可知，$p<0.00$ 说明模型整体显著。$R^2=0.02$ 说明回归直线的拟合程度较低。同时，模型 3 加入调节交互项后，R^2 变化呈现出显著性，但效应量变化极其微小（增量 $R^2=0.00$，$p<0.00$）。交互调节项（$\beta=0.03$，$p<0.01$）对社会信任有显著正向影响，但效应量较小，即在控制其他变量的情况下，自变量公正世界信念和调节变量志愿服务的交互调节项每增加一个单位，其社会信任水平就显著提高 0.03 个单位。

从总体上来看，回归结果证实了研究假设，虽然效应量小，但是公正世界信念对社会信任存在正向影响，并且志愿服务能增强公正世界信念对社会信任的正向影响。自变量公正世界信念在影响因变量社会信任时，参与志愿服务的群体显著高于没有参与志愿服务群体，志愿服务的调节作用具有一定的显著性，详见图 2。

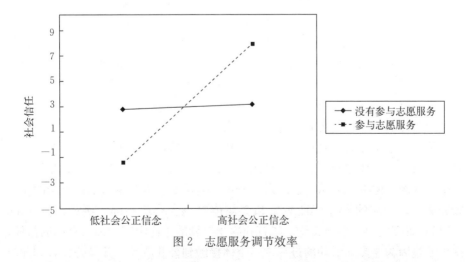

图 2　志愿服务调节效率

由志愿服务调节效应斜率图可以看出：对于没有参加志愿服务的群体，公正世界信念与社会信任的正相关关系较弱；对于参加志愿服务的群体，公正世界信念与社会信任的正相关关系变强,调节变量志愿服务能显著增强公正世界信念对社会信任之间的正向作用。

4.4 结果讨论

由上述回归分析结果可得:

第一,H1 得到部分证实,即公正世界信念对社会信任有显著促进作用。具体来说,多元回归分析的结果显示,公正世界信念与社会信任之间有显著正向关系,即个体的公正世界信念越强,其社会信任越强。

第二,H2 得到部分证实,即志愿服务能够对公正世界信念与社会信任的相关关系产生调节效应。具体来说,分层回归结果显示,志愿服务能增强公正世界信念对社会信任的正向作用。对于没有参加志愿服务的群体,公正世界信念与社会信任的正相关关系较弱;对于参加志愿服务的群体,公正世界信念与社会信任的正相关关系增强。

综上可得,公正世界信念与社会信任之间有显著正向关系,参与志愿服务对公正世界信念与社会信任的正向调节效应变强。

5 讨论

在个体理论、志愿动机理论和志愿组织理论的指导下,本研究考察了公正世界信念对社会信任的影响,以及志愿服务对公正世界信念与社会信任关系的调节作用。根据 2019 年 CSS 数据,通过研究获得以下成果:

第一,本研究证实了"公正世界信念对社会信任水平提升有显著正向作用"。这与个体理论是一致的,同时这一结论也回应了公正世界信念对社会信任有促进作用的研究结论(黄泰霖,2021)。但本研究结果显示该影响较小,这可能是因为公正世界信念并非直接影响社会信任,而是通过其他变量,例如主观幸福感(Correia et al.,2007),从而间接影响社会信任,公正世界信念对社会信任的影响机制还有待进一步探索。

第二,本研究通过对志愿服务调节作用的检验,验证了志愿服务在公正世界信念与社会信任之间起到正向作用的假设,这与志愿动机理论和志愿组织理论是一致的。但本研究结果发现影响较小,这可能是因为参与不同类型的志愿服务活动,个体的人际交往对象和交往体验也会有所不同。例如,Sivesind(2013)研究发现,参与文化、体育和娱乐领域的志愿组织增强了个体的信任,这可能是因为在参与活动的过程中,个体接触到公共政策,并与公共管理部门进行对话,进而增强了信任。张网成(2016)研究发现,志愿者在志愿活动中增加了他们的技能和拓宽了他们的社会网络,并且同时感受到来自被服务对象的信任，志愿者的社会信任才会在参与志愿服务后得到提高。因此，参与不同的志愿活动，或者在志愿活动中所获得的体验不同，对个体的社会信任的影响也有所不同。后续可以结合个体参与志愿服务后在信任方面发生改变的主观指标（如沟通能力的提高、社交互动的满意度等）进行进一步的研究。

另外，本研究存在一定局限。本文采用的是 2019 年 CSS 的横截面数据，缺乏结合纵向数据的研究，难以体现出变量间关系的动态变化。另外，由于问卷调查的局限性，个体的公正世界信念和志愿经历难以进行全面的展示，未来可以考虑对个体进行访谈，深入了解其公正世界信念和志愿经历，充实本研究方法。

根据以上研究结论，本研究发现公正世界信念和志愿服务在培育社会信任的过程中发挥着重要作用，并提出以下提升社会信任的建议。

第一，政府要发展好经济，增加居民收入，同时还要建立和完善合理的分配制度、社会保障制度，加快推进基本公共服务，减少贫富差距，从而促进社会公正，增强居民的公正世界信念。政府还可以购买社会工作服务，不仅可以通过社会工作者帮助社会弱势群体，还可以通过社会工作者开展公正世界信念教育。杨芹（2016）对某初中的学生进行公正世界信念团体辅导后提高了其公正世界信念，验证了这一干预方法的有效性。

第二，政府应该大力推动志愿服务的开展，通过志愿服务立法，促进居民更加积极参与社区中的志愿服务，创造良好的志愿服务的制度环境。例如，2021 年成都市政府通过鼓励各类社会组织和专业社会工作团体，开展了许多"小而美"的志愿服务公益项目，为特定弱势群体服务，创新服务方式，这一举动推动了成都入选 2021 年"中国最具幸福感城市"（施小琳，2022）。社会媒体应该对志愿者的事迹和崇高的志愿精神进行大力宣传，树立优秀志愿者模范标杆，增加大众对志愿服务的了解和关注。社会工作者可以引导居民积极参与志愿服务，通过技能培训加强居民志愿服务能力，发展专业志愿者队伍，帮助居民在志愿服务过程中，建立稳定的社会关系，构建社会支持网络。

──────────── 参 考 文 献 ────────────

敖丹，邹宇春，高翔，2013. 城镇居民普遍信任的区域间及区域内差异分析：基于"资源因素论"视角 [J]. 社会，33（6）：161 - 179.

董才生，张宝祥，2004. 引发社会信任危机倾向的制度分析 [J]. 长白学刊（2）：41 - 42.

贺志峰，张网成，2020. 志愿服务的社会信任功能实证分析 [J]. 中国青年社会科学，39（2）：88 - 96.

胡安宁，周怡，2013. 一般信任模式的跨部门差异及其中介机制：基于 2010 年中国综合社会调查的研究［J］. 社会，33（4）：60－82.

胡荣，李静雅，2006. 城市居民信任的构成及影响因素［J］. 社会（6）：45－61，209－210.

黄健，邓燕华，2012. 高等教育与社会信任：基于中英调查数据的研究［J］. 中国社会科学（11）：98－111，205－206.

黄泰霖，林晓桃，张丹敏，等，2021. 公正世界信念与大学生志愿动机：亲社会倾向的中介效应［J］. 中国健康心理学，29（11）：1742－1746.

井世洁，杨宜音，2013. 转型期社会信任感的阶层与区域特征［J］. 社会科学（6）：77－85.

李涛，黄纯纯，何兴强，等，2008. 什么影响了居民的社会信任水平？——来自广东省的经验证据［J］. 经济研究（1）：137－152.

林卡，柳晓青，茅慧，2010. 社会信任和社会质量：浙江社会质量调查的数据分析与评估［J］. 江苏行政学院学报（4）：61－67.

彭娟，敖洁，黄维，2020. 志愿服务经历对大学生社会信任的实证研究［J］. 长沙理工大学学报（社会科学版），35（5）：101－109.

施小琳，2022. 用心用情办好民生实事 不断提升市民获得感幸福感安全感［J］. 先锋（1）：14－17.

宋喆，2014. 我国志愿服务立法的实践困境与现实对策［J］. 江汉论坛（10）：135－138.

魏娜，刘子洋，2017. 论志愿服务的本质［J］. 中国人民大学学报，31（6）：79－88.

杨明，孟天广，方然，2011. 变迁社会中的社会信任：存量与变化 1990—2010 年［J］. 北京大学学报（哲学社会科学版），48（6）：100－109.

杨中芳，彭泗清，1999. 中国人人际信任的概念化：一个人际关系的观点［J］. 社会学研究（2）：3－23.

易梅，田园，明桦，等，2019. 公正世界信念与大学生社会责任感的关系：人际信任的解释作用及其性别差异［J］. 心理发展与教育，35（3）：282－287.

张网成，2016. 大学生志愿服务及其对社会信任的作用［J］. 青年研究（3）：21－30，94.

周春燕，郭永玉，2013. 公正世界信念：重建公正的双刃剑［J］. 心理科学进展，21（1）：144－154.

ALESINA A，LA FERRARA E，2002. Who trusts others？［J］. Journal of Public Economics，85（2）：207－234.

BÈGUE L，2002. Beliefs in justice and faith in people：just world，religiosity and interpersonal trust［J］. Personality and Individual Differences，32（3）：375－382.

BELLAH R N，2008. Habits of the heart：individualism and commitment in American life［M］. Berkeley：University of California Press.

CLARY E G，SNYDER M，RIDGE R D，et al.，1998. Understanding and assessing the motivations of volunteers：A functional approach［J］. Journal of Personality and Social Psychology，74（6）：1516－1530.

CORREIA I, DALBERT C, 2007. Belief in a just world, justice concerns, and well - being at Portuguese schools [J]. European Journal of Psychology of Education, 22 (4): 421 - 437.

CORREIA I, SALVADO S, ALVES H V, 2016. Belief in a Just World and Self - Efficacy to Promote Justice in the World Predict Helping Attitudes, but only among Volunteers [J]. The Spanish Journal of Psychology, 19: E28.

DELHEY J, NEWTON K, 2005. Predicting Cross National Levels of Social Trust: Global Pattern or Nordic Exceptionalism? [J]. European Sociological Review, 21 (4): 311 - 327.

GUISO L, SAPIENZA P, ZINGALES L, 2008. Trusting the Stock Market [J]. The Journal of Finance, 63 (6): 2557 - 2600.

HARDIN R, 1993. The Street Level Epistemology of Trust [J]. Politics & Society, 21 (4): 505 - 529.

LERNER M J, MILLER D T, 1978. Just world research and the attribution process: Looking back and ahead [J]. Psychological Bulletin, 85 (5): 1030 - 1051.

LERNER M J, 1965. Evaluation of performance as a function of performer's reward and attractiveness [J]. Journal of Personality and Social Psychology, 1 (4): 355 - 360.

PENNER L A, 2002. Dispositional and Organizational Influences on Sustained Volunteerism: An Interactionist Perspective [J]. Journal of Social Issues, 58 (3): 447 - 467.

ROSENBERG M, 1957. Misanthropy and attitudes toward international affairs [J]. Conflict Resolution, 1 (4): 340 - 345.

ROTHSTEIN B, USLANER E M, 2005. All for All: Equality, Corruption, and Social Trust [J]. World Politics, 58 (1): 41 - 72.

ROTTER J B, 1967. A new scale for the measurement of interpersonal trust [J]. Journal of Personality, 35 (4): 651 - 665.

ROUSSEAU D M, SITKIN S B, BURT R S, et al. , 1998. Not So Different After All: A Cross - Discipline View Of Trust [J]. Academy of Management Review, 23 (3): 393 - 404.

SIVESIND K H, POSPÍŠILOVÁ T, FRIČ P, 2013. Does Volunteering Cause Trust? —A comparison of the Czech Republic and Norway [J]. European Societies, 15 (1): 106 - 130.

SNYDER M, OMOTO A M, 2008. Volunteerism: Social Issues Perspectives and Social Policy Implications: Social Issues and Policy Review [J]. Social Issues and Policy Review, 2 (1): 1 - 36.

USLANER E M, CONLEY R S, 2003. Civic Engagement and Particularized Trust: The Ties that Bind People to their Ethnic Communities [J]. American Politics Research, 31 (4): 331 - 360.

赋权视角下的社区图书馆志愿者管理
——以 X 社区图书馆为例[①]

王学彬

1　绪论

1.1　选题背景

随着我国经济已由高速增长阶段转向高质量发展阶段，社会对精神文明建设的关注度越来越高，图书馆建设作为精神文明建设的重点工作被提上议程。2015 年 5 月初实施的《广州市公共图书馆条例》中，明确提倡设立"公共图书馆社会发展基金"以推进图书馆事业的发展。公共图书馆是社会知识福利体系的绝对主体，核心职责是保障所有公民可以享受知识服务。

社区图书馆是最贴近居民的公共图书馆，是满足社区居民多元化、个性化服务需求的便利公共设施，它是基层精神文明建设的重要组成部分。社区图书馆在中国起步比较晚，仍处于探索阶段，发展缓慢。目前，国内社区图书馆资金来源单一，持续投入不足的现象较为普遍。因此，在日常运营时需要引入大量社会力量参与，即以聘用少量专职工作人员和大量志愿者的方式进行人员管理。志愿者在社区图书馆充当的并不是在其他的公共图书馆中的辅助性角色，而是主要提供服务的主体并在运营过程中承担大部分工作，是社区图书馆正常运营的主力军。正是由于社区图书馆的志愿者比其他活动中的志愿者需要承担更多的工作、更大的责任，因此社区图书馆志愿者的管理模式不能完全照搬普适的志愿者规章制度或评价标准，这要求社区图书馆探索适合自身的志愿者管理模式。

赋权即赋予权力，具体包括各种能力、社会资源、社会资本等方面的权力。赋权意味着对原本缺失权力的团体进行权力赋予，使得组织或集体对事物获得相当程度的控制权，进而更好地服务于组织。与其他活动中志愿者的辅助性角色相比，社区图书馆志愿者需要承担更多工作。因此，对社区图书馆志愿者的赋权有利于提升他们的工作水平、让他们更好地为社区图书馆服务。

[①]　罗天莹老师指导。

X社区图书馆位于广州市海珠区，由街道办事处、区图书馆、关注青少年发展的民间公益机构三方共同组建，由公益机构负责日常管理。它位于城中村，服务于周围的居民，在日常管理中引入大量志愿者参与的灵活办馆方式值得其他社区图书馆借鉴。因此，笔者以X社区图书馆为例，通过访谈和调查，来了解社区图书馆志愿者管理的现状，并以赋权的视角提出一些管理建议，为推动我国社区图书馆的发展提供参考。

1.2 研究意义

1.2.1 理论意义

本文基于赋权理论的视角，首先以问卷、访谈、参与式观察等方法对社区图书馆志愿者管理中面临的问题进行描述性概括，然后对存在的问题进行原因分析和解决问题的可行性分析，最后结合赋权理论的赋权层次从个人、人际、组织层面对社区图书馆志愿者的管理提出了具体的建议，为社区图书馆志愿者管理的研究提供了新的视角和思路，能够丰富赋权理论的实践模式和服务模式，推动赋权理论的发展，增强其适用性。

1.2.2 现实意义

志愿者管理是社区图书馆在发展过程中必须要面对的一个重要的现实问题，而现今国内关于社区图书馆志愿者管理的研究非常少。并且，现今国内社区图书馆的志愿者管理水平与其对志愿者的依赖程度不匹配，在一定程度上阻碍了社区图书馆的发展。赋权视角注重提高志愿者的自我管理能力、提升志愿者的自我效能。使用社会工作的赋权视角对社区图书馆志愿者进行研究，能打破传统将志愿者放置于"弱势群体"位置而"被管理"的状态。一方面，能有效地提升志愿者管理水平，从而促进社区图书馆的发展。另一方面，对志愿者赋权能在较大程度上激发其参与的积极性，从而不断创新社区图书馆的服务形式。

2 文献综述

2.1 社区图书馆运营

目前，学界对社区图书馆的界定存在争议：霍国庆等（1995）认为社区图书馆是一种兼具社区和图书馆属性的特殊图书馆，通过文献信息的选择、组织、存储和传递来为一定范围内的居民提供服务的图书馆。王流芳等（2002）认为社区图书馆是立足社区向周围居民扩展相关服务的特殊图书馆。刘慈恒等（2002）认为社区图书馆是建立在社区内，根据居民的需要，通过对文献信息及其他来源的信息进行选择、加工、组织，服务社区居民的文化教育机构和社区文化信息交流中心。不同的观点都强调了社区图书馆的地域特征，说明了不同地域的社区图书馆应具有适应该社区发展特点的属性；还强调了其在传递知识过程中的教育和信息交流的属性，使其区别于其他公共场所，发挥着特有的基层文化建设的功能。现在国内有关社区图书馆功能的探讨多是基于社区图书馆的社会作用总结出来的。对此，金明生（2003）将多个学者的观点归纳为：一是培育社区文化；二是传递实用信息；三是开展社区教育；四是打发闲暇时间。这是对我国社区图书馆当前发展情况较为全面的归纳。

办馆模式的选择会直接影响社区图书馆的运营效果。学界关于社区图书馆办馆模式的研究大多侧重于对国内外社区图书馆办馆模式现实经验的总结与归纳。其中，具有代表性的是李效筠等（2012）对于社区图书馆建设模式的分类：公益性图书馆（国家财政支持）、社区共建图书馆、民企投资建立图书馆、设置图书分馆（公共图书馆建设分馆）、自建公助图书馆（社区居民自建）、物业公司支持建立图书馆。目前，关于社区图书馆办馆模式的研究大多局限在基本内容和现状的介绍，但是，较少结合所在社区特点研究分析社区图书馆的办馆模式在实际运营中的利弊。

关于社区图书馆管理机制的研究，数量更少且开始时间滞后。刘兹恒等（2002）从宏观层面进行了归纳，提出了五大管理机制：一是以居民委员会为中心的管理机制；二是适应信息交流方式的管理机制；三是符合市场规律的管理机制；四是自组织和他组织的管理机制；五是集中与分散的管理机制。

2.2 志愿者管理

志愿者也称义工（香港地区常用）或志工（台湾地区常用），是由英文volunteer 翻译而来的，联合国将其定义为：自愿进行社会公共利益服务而不获得任何利益、金钱、名利的活动者。具体指在不计物质报酬的前提下，能够主动承担社会责任，奉献个人时间的人。

随着社会的发展，志愿活动在日常生活中越来越普遍。政府和民间组织对志愿者的管理已逐步实现规范化、组织化、系统化。志愿者对于任何组织来说，都是一种有吸引力的资源。为了提高志愿者的工作水平从而促进组织的发展，国外近些年来对志愿者的研究集中于志愿者的管理。Cuthill 等（2005）的研究侧重志愿者的招募和培训，认为这两个步骤决定了志愿者的服务能力以及后期服务的质量。Bussell 等（2007）认为，志愿者组织的行为会影响志愿者生命周期，包括三个阶段：志愿者决定因素（吸引志愿者，需求识别），志愿者的决定（招募，将兴趣和意识转变为积极的行动）和志愿者活动。在每个阶段如何组织管理以及如何处理及与志愿者的关系是影响志愿者是否决定进入下一个阶段的重要因素。

国内在志愿者管理方面的研究相对于西方国家来说，起步比较晚，发展比较慢。目前，我国的研究主要从问题对策研究、激励研究、人力资源管理的应用、特殊事件背景相关的研究和青年志愿者教育研究展开。事实上，我国在志愿者管理中存在不少问题，并直接导致了社会组织的社会服务水平较低。张文静（2008）认为，我国非营利组织的志愿工作质量不高可以归结为三个原因：一是志愿者人才缺乏；二是志愿者缺乏积极性、效率低下；三是志愿者缺乏对组织的忠诚。陈玲（2011）对国外非政府组织志愿者管理成功的因素进行了总结，主要包括五个方面：一是国家和社会高度重视志愿服务；二是公民社会浓郁的志愿服务精神；三是良性的资金筹备机制；四是完善的志愿者激励机制；五是相对完善的志愿者法律保障体系。并结合中国志愿者管理的发展情况，提出了要建立激励机制的建议。可见，我国在志愿者管理中存在的问题不仅是由于社会组织的发展水平有限，还有志愿者自身对志愿服务和志愿精神理解不足的因素。

2.3 赋权理论

"赋权"也称"增权""增能"或"充权"，是由英文 empowerment 翻译过来的，是现代社会工作理论的重要概念，被广泛地运用到实践之中（Lee，1994）。"赋权"的概念与"权力"（power）、"无权"（powerlessness）有紧密的关联。陈树强（2003）认为，"权力是指人们所拥有的一种客观存在与主观感受并存的能力，其中主观感受就是一种权力感，一种可以增强人们自我认知和自尊的尊严感和重要感"。同时，他认为无权是与权力相对的，"无权是能力缺乏或资源不足的一种状态，当外力或其他因素侵犯人们的社会系统时，人们会感到无能和无权，而且这种感觉容易被自身内化，从而慢慢觉得自己是无能为力的，一旦人们在内化的过程中形成这种无权感，他们一般就会进行自我指责和自我贬低，并逐渐陷入一种无权的恶性循环状态"。Solomon（1987）认为，"无权"群体通常是社会中的"弱势群体"，是社会工作的服务对象，要通过赋权的方法来让服务对象获得权力。简单地说，赋权就是赋予权力，让原先"无权"的服务对象获得权力感。但值得注意的是，赋权并不是简单地"给予"服务对象权力，而是"挖掘和激发"服务对象的潜能（文军，2013）。

范斌（2004）综合了国内外的研究，提出了赋权的三个层面和两种模式。赋权的三个层面包括：个体层面、人际层面和社会参与层面。个体层面的赋权，是指个人具有控制自身生活的能力以及能够与所处环境相融合或对环境产生影响的能力，包括实际控制能力和心理控制能力。人际层面的赋权，是指个人在人际关系、人际互动中提升自己的能力和权力，不仅有助于提升服务对象的个人形象、争取社会环境的公平，还能增加一定量的社会资源和资本。社会参与层面的赋权，是指以正规的途径表达自身利益诉求、参与社会资源分配，为自身争取社会平等待遇，以此对社会决策产生影响。赋权的两种实践模式：一是个体主动模式，强调个体赋权的主体性和主动性。认为赋权能够实现的前提条件是个体自身的赋权意识和意愿，如果服务对象自身没有该意识，那么其他任何人的帮助都会无济于事。二是外力推动模式，是指为了实现持续赋权的目的，以外力推动和保障的形式，不断构建、加强和循环弱势群体间的良性互动。

2.4　文献评述

通过对相关文献的分析，可以得出如下结论。第一，关于社区图书馆的研究多侧重于其基础建设、服务、评价等方面，缺乏对不同类型社区图书馆有针对性的研究，特别是较少对其运营状况进行深入研究。第二，关于志愿者的研究多为宏观性研究并且层次不够深入，局限于服务内容的阐述而缺乏可行性和针对性。第三，关于社区图书馆、志愿者管理的独立研究比较丰富。但是，将两者结合起来的研究则非常少。

综上所述，现有关于社区图书馆志愿者管理的研究多以"项目"的形式进行，而没有从管理形式、管理关系的角度进行。赋权理论为社会工作引入参与式的实践模式，这种以服务对象为中心的工作方法有利于挖掘和激发服务对象潜能（文军，2013）。本文将运用赋权理论探讨社区图书馆志愿者管理中的问题，试图为推动社区图书馆的志愿者管理提供一个新思路和新视角，从而实现社区图书馆和志愿者的共同发展，实现双赢。

3　研究设计

3.1　研究思路

本文首先对社区图书馆以及志愿者管理的相关文献资料进行梳理、归纳和总结；然后，阐述赋权理论的理念、方法模式和实践框架，结合对个案 X 社区图书馆的实际调查研究情况，指出社区图书馆的现状和面临的问题；接着，基于赋权视角对问题影响因素的本质是权力缺失及障碍进行分析以及在研究中发现"个体主动"模式赋权与"外力推动"模式赋权相结合的发展模式；最后，基于赋权理论，从个人、人际和组织等层面提出完善社区图书馆志愿者管理的相关对策。

3.2　研究方法

本文使用了文献研究法、参与式观察法、问卷调查法和访谈法相结合的方法对 X 社区图书馆进行研究。

文献研究法。笔者通过对大量相关文献资料进行搜集、查阅、筛选和分析，从而获取关于社区图书馆志愿者管理的信息。通过对社会工作、管理学、心理学、社会学等学科领域的相关文献资料进行分析，归纳和总结出目前相关研究成果，从而为本文的撰写提供必要的参考和依据。

参与式观察法。为了获得对一手资料的分析，笔者先以志愿者管理实习生的身份加入社区图书馆的志愿者管理队伍中，在实际工作过程中观察志愿者的服务、体验志愿者的管理流程，让自己"融进去"，获得最直接、最真实的体验。然后，对获得的资料再从研究者视角进行整理和分析，让自己"跳出来"，客观地对问题进行分析。

问卷调查法。为了获得更多的数据资料、进行全面的分析，笔者对符合调查条件的 4 期志愿者（共 90 人）进行了问卷调查，主要包含三方面的内容：个人信息、对志愿服务的自评、对志愿者管理的评价。个人信息包含姓名、性别、服务时间等。对志愿服务的自评需要志愿者从故事讲述能力、团队合作能力、人际交往能力、问题处理能力、服务主动性等五个方面进行评分，并且对自身优缺点进行评价。对志愿者管理的评价，则是针对图书馆志愿者的招募和面试、培训、志愿者关系维护以及日常管理等四方面进行的调查。

访谈法。为了更加深入、详细地了解社区图书馆志愿者管理的状况，弥补问卷调查在问题研究深入程度方面的不足，笔者在实习过程中以及实习结束后对 3 名志愿者管理实习生、2 名图书馆馆长、3 名参与服务的志愿者、4 名读者进行深度访谈，在深入接触和访谈中获得了大量信息（表 1）。

表 1 访谈对象基本信息

访谈对象	编号	年龄（岁）	性别	学历状态
志愿者管理实习生（A）（3 名）	A1	22	女	本科在读
	A2	23	男	本科在读
	A3	22	女	本科在读
图书馆馆长（B）（2 名）	B1	26	女	大专毕业
	B2	26	女	本科毕业
志愿者（C）（3 名）	C1	23	男	本科在读
	C2	21	女	本科在读
	C3	24	女	本科毕业

（续）

访谈对象	编号	年龄（岁）	性别	学历状态
读者（D）	D1	8	男	小学在读
（4名）	D2	11	女	小学在读
	D3	6	女	幼儿园在读
	D4	34	女	初中

4 社区图书馆志愿者管理现状

4.1 X社区图书馆志愿者的现状调查

4.1.1 X社区图书馆概况

X社区图书馆是第一所在广州流动人口社区建立的社区图书馆。X社区图书馆旨在向附近居民提供优质的图书，适合孩子、家长、家庭的课程，友好的场所，让社区家庭享受优质的阅读生活，降低教育资源不均衡造成的局部教育缺失。

X社区图书馆位于广州市海珠区某城中村。该村较其他城市大型城中村来说，规模较小，发展较晚，属于典型的城乡接合区。该村的居民主要由本地居民与外来务工者构成，本地居民有3 762人，流动人口有18 375人。而到访X社区图书馆的居民主要是来自湖北、湖南、江西等地，他们相互之间多是通过熟人、亲戚介绍工作的方式，来到此地居住并工作。就人口结构来看，这些流动人群多以家庭为单位，较少出现"留守"问题，多为"家庭迁徙"式来到该地。因此，X社区图书馆的主要读者群体为小学儿童、学龄前儿童及其家长。

X社区图书馆工作团队主要由2名馆长，3名实习生和20多人的志愿者组成。馆长是全职员工，主要负责图书馆的日常运营、图书馆工作团队管理等工作。实习生实习期均为半年，每周实习3～5天，他们除需协助馆长负责日常开馆工作外，彼此分工明确，分别负责阅读活动策划与执行、读者管理和志愿者管理。X社区图书馆志愿者通过分期招募，3个月为一期，每期招募20多名志愿者，每人每周服务半天。

4.1.2 志愿者团队概况

无论是在图书馆还是在其他的社会组织中，志愿者多是扮演着辅助性的角色，而X社区图书馆的志愿者却在日常运营中扮演着重要角色，是主要从事服务的人员。志愿者管理实习生A1在访谈中谈道："志愿者是X社区图书馆非常重要的组成部分，如果没有他们，可能会导致闭馆。"健全的志愿者管理体系关系到图书馆的建设和发展，X社区图书馆的志愿者管理可分为招募、培训、服务和反馈四个环节。

招募。X社区图书馆提前一个月通过微信公众号、i志愿平台等渠道发布志愿者招募公告，大部分志愿者通过这些渠道获取招募信息，还有部分通过朋友或同学的推荐得知。提交报名表并通过简历初步筛选后，志愿者会被集中安排进行一次体验式面试，即以到馆服务的形式体验志愿者工作。在此过程中，工作人员会对其服务进行观察和记录，并在结束体验后进行交流，根据志愿者的意愿和表现确定当期的志愿者人选。

培训。完成招募后，X社区图书馆会安排一次上岗前的培训，该次培训旨在加深志愿者对X社区图书馆的认识、引导志愿者建立正确的服务理念、探讨与读者（多为儿童）沟通的技巧等。培训结束后会发放《志愿者服务手册》等7个电子文件，里面包含了X社区图书馆的基本介绍、志愿者规则须知、工作流程及注意事项等内容。在服务的中期（约为服务一个月后）会邀请关注青少年发展的民间公益机构中负责阅读推广的人士作为主讲人举办一次题为"绘本鉴赏及故事讲述"的培训。该培训旨在提高志愿者对于绘本的认识以及讲述故事的能力，提升志愿者的个人素质，以此达到提高服务质量的目的。

服务。志愿者每人每周的日常服务时间为半天。日常服务的流程为到馆、打扫卫生、工作分区、开展服务、服务结束后的小结、志愿者提交服务电子反馈表。在服务过程中的主要工作内容包含三个方面：维护秩序、整理书籍和陪伴阅读。其中，陪伴阅读是X社区图书馆提供的最具有特色的服务，主要由志愿者承担，对无自主阅读能力或有此需要的儿童提供陪伴阅读服务。

反馈。在结束了当次的服务之后，工作人员都会召集志愿者进行一次总结性的分享座谈会。志愿者分享服务感受和遇到的难题或为图书馆提出建议等，工作人员结合自身的经验对相关问题进行解答，并对志愿者的表现和图书馆工作情况进行总结。此外，志愿者需要在服务结束后24小时内撰写服务心得发到X社区图书馆邮箱。负责志愿者管理的实习生则会对邮件内容进行审阅并给予回复。在整个服务周期结束后，工作人员会根据志愿者所填写的反馈表以及其在服务过程中的表现，对其整个服务进行评价并出具服务报告反馈给志愿者本人，该报告中会包含志愿者服务的基本信息（服务次数、参训次数等）和对其表现提出的建议。

4.2 X社区图书馆志愿者管理面临的问题

X社区图书馆的志愿者工作开展已经3年有余，形成了专门的《志愿者管理手册》，包括志愿者管理流程、志愿服务协议、志愿服务活动计划与安排和权益保障等内容，并由负责志愿者管理的实习生以及图书馆馆长在管理过程中不断地完善。截至 2018 年 3 月，手册已更新至第五版。

笔者对 X 社区图书馆第 13 至 16 期的志愿者进行问卷调查（其中有 6 名志愿者参与过两期服务），回收了共 96 份有效问卷并进行数据分析。问卷对 X 社区图书馆志愿者的招募与面试、培训与指导、关系维护、工作环境、整体评估等方面进行了评价。表 2 数据显示，志愿者对 X 社区图书馆在志愿者管理中的整体评价较高。但是，通过与部分志愿者及工作人员进行访谈，会发现在志愿者管理的各个环节中仍存在问题。

表 2 关于志愿者的服务反馈

单位:%

项目	很好	好	一般	差	很差
招募与面试	44	55	1	—	—
培训与指导	32	56	11	—	—
关系维护	35	53	11	—	—
工作环境	34	61	4	—	—
整体评估	71	27	2	—	—

4.2.1 志愿者招募宣传不到位、覆盖面小

关于志愿者招募及面试方面，认为"很好"的占 44%，认为"好"的占 55%。在问卷问题"您认为在招募、面试方面做得不足或者可以改进的方面"中，较多志愿者均谈到应该加强宣传力度，拓宽信息发布渠道，因为得知招募信息的志愿者中多是通过朋友的推荐、从朋友圈中看到等方式获得信息。在访谈中，志愿者 C1 说："我是在差不多报名截止的时候才看到信息，要不是朋友推荐，我就错过这个机会了。这么好的一个服务项目，应该加大宣传、多和学校社团合作，让更多人知道。"而在工作人员看来，这个问题同样棘手。志愿者管理实习生 A2 说道："在这期志愿者招募时候胆战心惊的。计划招募 23 名志愿者，到了快要截止的日期还不足 20 人报名，我们都不敢随便刷人了。最后，是在截止前 1 至 2 天突然又有人报名，这才缓过来。"

招募来的志愿者中，男女比例不平衡，受调查的共 90 名（问卷样本量为 96，其中有 6 人重复参与两期志愿者活动）志愿者中只有 10 名为男性。团队人员多为在校大学生，占 90%，每期只有 1~2 名社会人士。这些志愿者的流失率较高，90 人中只有 6 人选择再次进行服务，仅占志愿者总人数的 6.66%。馆长 B2 说："我们本打算招一些生活在社区里的人当我们的志愿者，但是没有任何人来报名。可能因为我们宣传的时间仓促、范围不够广、力度不够大吧。"

志愿者招募是志愿者管理的首个环节，而招募宣传不到位、信息覆盖面小限制了 X 社区图书馆志愿者的来源，不利于后期志愿者的管理。

4.2.2　志愿者培训及指导不足

关于志愿者培训及指导，认为"很好"的占 32%，认为"好"的占 56%，认为一般的占 12%。X 社区图书馆的培训主要由上岗前的培训以及在服务一个月后的绘本鉴赏及故事讲述培训，共 2 次培训组成。对上岗培训的要求是尽量参与，而绘本鉴赏及故事讲述培训则以自愿为参与原则。由于时间难以协调，所以参与人数不多，上岗培训参与人数约为总人数的 70%，而绘本鉴赏及故事讲述培训参与人数约为总人数的 40%。

表 3 显示，志愿者对自身能力的整体评价并不高，而对"故事讲述能力"和"问题处理能力"的自我评价更低。读者 D2 在访谈时说道："我觉得志愿者姐姐有时候看到有人打闹但是没有及时去管，我觉得会吵到我看书。"读者 D3 也说道："我比较喜欢××志愿者姐姐，她讲的故事比较好听。但是另外一个志愿者姐姐讲的故事不那么好听。"由此说明，志愿者在 X 社区图书馆所获得的培训仍存在欠缺，不利于其提高服务质量。在问题"您认为在培训方面做得不足或者可以改进的方面"中，有志愿者反馈培训资料和培训时间较少，希望可以有定期的线上或线下培训、提高培训时间的灵活性，提高培训体系感。志愿者管理实习生 A2 在访谈时说道："志愿者们在培训时的状态都是很棒的。但是到真正服务的时候好像没有想象中那么好，可能因为从培训到他们实际服务之间有时间差，他们忘了相关技巧吧！需要想办法增加对培训的后测，监控培训效果。"

X 社区图书馆对于志愿者的指导主要是通过每次服务结束后的小结以及邮件的服务反馈体现。每次服务结束后，工作人员都会与志愿者进行一次总结性的分享座谈会，在这过程中为志愿者解答当天遇到的问题，但带领总结的工作人员也会因自身经验的欠缺而无法及时解答部分问题。志愿者管理实习生 A3 说道："在我刚来没多久的时候，带小结时被志愿者问到一些问题我自己也不知道该怎么办，挺尴尬的。"而志愿者每次的服务反馈也随着志愿服务的开展而逐渐流于形式，数量减少、质量下降。志愿者管理实习生 A2 说道："服务刚开始的时候服务反馈都写得挺多的，几乎每人每次都写，也会提一些问题。到了后期，就少了，也逐渐变为一些流水账了。无可厚非吧，写多了，难免会疲于应付。"

对于志愿者培训和指导，有利于志愿者在短时间内提升服务能力、掌握工作技巧。而培训形式的单一、时间的不足导致培训没有达到预期的效果。并且，指导的不及时和不全面也不利于志愿者提升个人素质、提高服务质量。

表3 关于志愿者的自我评价

单位:%

评价要点	精通	熟练	一般	了解	很差
故事讲述能力	2	18	63	17	—
团队合作能力	2	34	56	8	—
人际交往能力	2	34	56	8	—
问题处理能力	1	14	66	18	1
服务主动性	5	39	45	11	—

4.2.3 志愿者团队的凝聚力不强

在志愿者关系维系方面,认为"很好"的占35%,认为"好"的占53%,认为"一般"的占12%。志愿者的团队建设贯穿于整个志愿者管理过程之中。志愿者管理实习生 A1 说道:"其实,团建从招募面试那一刻就开始了。"在问题"您认为在维护与志愿者关系方面做得不足或者可以改进的方面"中,志愿者们普遍反映管理人员(馆长以及实习生)和志愿者之间的关系较好,而志愿者与志愿者之间就不够熟悉。也有志愿者反映只和与自己在同一时间段开展服务的志愿者才熟悉,和其他志愿者就很不熟悉。

按照《志愿者管理手册》规定,对于每期志愿者都会举办一次线下的团建活动。但是,因为时间上协调的困难,每期团建活动参与人数都比较少。志愿者管理实习生 A2 说道:"我当时以为组织线下团建活动会有很多人报名,但是没想到真正发起的时候却那么难协调时间,最后只能不了了之。"同时,志愿者管理实习生也会根据实际情况不定期举行一些线上团建活动。志愿者管理实习生 A3 谈道:"第 16 期志愿者的微信群比较活跃,抛出一个问题也总会有人回应和聊下去。不过有一点不太好的是,他们聊着聊着就跑题了,关键问题讨论得不深入。我希望团建不只以增强关系为主,还希望他们能在公益服务的思想观念上能够有所提升。"

志愿者团队凝聚力是评价志愿者管理成效的重要指标。志愿者团队凝聚力的增强有利于提升志愿者对于自身身份的认同感、增强服务积极性,从而提升服务质量。

4.2.4 志愿服务内容、形式单一

X 社区图书馆志愿服务工作主要包括三个方面:维护秩序、整理书籍和陪伴阅读。虽然每次都会面对不一样的服务对象、遇到不一样的情况,但是每次的服务内容都相对固定,志愿者会因为长期从事相同的工作而缺乏明确的目的性,服务热情进而逐渐消退。在访谈中,志愿者 C3 说道:"一开始对

一切都挺新奇的，但是几次后，热情就下降了。很希望每次都能有些特别的小任务、小挑战，这样每次服务都能有新发现，而不是机械性地重复。"

将固定内容的服务向志愿者以多种多样的具体化方式（如针对不同年龄群体的陪伴阅读）呈现，让志愿者感受到创新性或者引导志愿者在工作中发现新的事物、新思考，都是提升志愿者服务满意度的重要形式。

4.2.5 志愿者管理中的激励机制不完善

X 社区图书馆志愿者管理中的激励机制不够健全，除了基本的志愿证明和少量的补贴之外，没有其他激励。志愿者管理实习生 A2 说道："对我们的激励，感觉除了那些微不足道的补贴和志愿证明外，只剩下口头鼓励了。"馆长 B2 谈道："我们之前对这方面考虑不足。因为觉得来这里的志愿者都是有从事公益服务意愿的，所以我们觉得他们并不十分需要激励。"从而可知，X 社区图书馆在志愿者管理的过程中缺少了从管理人员角度对志愿者激励机制的思考，志愿者的热情也因此没有得到更好地激发和维持。

根据期望激励理论（Vroom，1964），个人获得的组织奖励与满足个人需求的契合度会影响个人的绩效水平。因此，志愿者会对行动结果有所期望，期待自身的付出能获得组织的奖励，并且该奖励能满足其个人需求。因此在志愿者管理过程中不仅要注重任务的完成，也应考虑志愿者的期望以及该期望对志愿者的影响。

5 赋权：社区图书馆志愿者管理问题的成因分析及发展策略选择

5.1 赋权视角下当前问题的原因分析

虽然志愿者对 X 社区图书馆的管理评价较高，但笔者在观察和访谈中了解到 X 社区图书馆在管理过程中仍存在着许多问题。而这些问题产生的根源是：志愿者处于隐性的"弱势地位"。该状况不易被管理人员及志愿者察觉或被察觉后难以引起重视。这也导致了志愿者在图书馆提供服务过程中被无力感所笼罩。赋权理论关注无力感，强调从优势视角，挖掘"弱势群体"的潜能，使其产生内生动力，最终改变现状、完善自我。因此，以赋权理论的视角对 X 社区图书馆志愿者管理中存在的问题进行原因探究有助于提高志愿者服务水平，具有必要性和可行性。

5.1.1 组织结构的层级差导致权力差异

从组织结构层面看，志愿者群体处于组织结构的底层，而管理人员（馆长及实习生）处于组织结构的上层。相对比而言，志愿者可调动和利用的资源极其有限，这造成了他们权力缺失的必然现象。志愿者本身拥有维护自身权益的权力。但是，志愿者对自我的评价较低，认为自己本就应处于该位置，缺乏积极求变的意识。这种求变意识的缺失会使得志愿者难以去主动维护自身权益。因此，在实践过程中，志愿者维护自身权益的权力无法发挥应有作用，即志愿者直接权力（个人拥有的权力）的缺失。此外，管理人员在组织结构中位于志愿者的上层，直接决定了志愿者可调动和利用的资源。但是，管理人员没有意识到志愿者所处的"弱势地位"，也没有实施相应的措施对志愿者进行"赋权"。这会导致志愿者间接权力（来源于他人或组织机构的权力）的缺失。可见，不管是直接权力还是间接权力，对于 X 社区图书馆的志愿者来说都是缺失的。

志愿者与管理人员在组织结构中位置的差异性导致了两者间权力的差异性。从权力结构层面看，管理人员拥有强权力，而志愿者则因处于被支配的地位而处于权力下位。权力的不对等、不平衡的关系使得志愿者处于弱势地位，并且这种弱势地位还是隐性的。志愿者管理实习生 A3 谈道："我觉得在志愿者管理的理念中最重要的就是平等，要和志愿者们建立平等的关系。我觉得我在这方面做得还不错，和很多志愿者的关系都挺好的。"志愿者 C3 在访谈中则谈道："我和工作人员之间挺熟的，但是可能因为自己是志愿者，比较'新'，所以多是听从工作人员的指挥。"可以看出，在 X 社区图书馆的志愿者管理过程中，即使管理人员有意识地与志愿者建立平等的关系。但是，由于志愿者存在"自我设障"，所以二者之间还是在无形中形成了一种不平等的关系。同时，又由于这种关系被表面"关系不错"而掩盖，导致了管理人员与志愿者之间在工作过程中的不平等、不平衡，志愿者处于弱势地位的情况得不到应有的重视。因此，可以说志愿者所处的位置是隐性的"弱势地位"，管理人员和志愿者都对其难以发现、认识。那么，志愿者对于维护自身权益的权力的意识则处于深度沉睡状态之中。在"强权"和"弱势"双方都不仅没有意识到问题的存在并以为问题已经获得较好解决的情况下，不断地发展下去就会产生"马太效应"，进一步导致权力结构之间的两极分化。

5.1.2 管理制度对权力的供给不足

服务环节，X 社区图书馆的志愿者在服务的过程中每次的服务内容都是相对固定的。然而他们对自身服务项目的整体框架了解不足，即不了解作为志愿者在图书馆中会有什么样的体验、在一定时间后能做什么样的新尝试等，这使得服务的目的性、自我增长感减弱，并使志愿服务成为一种只是简单地完成任务式的机械行为。志愿者 C2 谈道："服务的后期，感觉都是听安排做同样的事情。其实我想做更多的尝试，尝试下新的东西。"

培训环节，X 社区图书馆对志愿者现有的培训还不能使得志愿者的能力到达服务所需要的水平，而志愿者与管理人员也因此产生能力的不对等。志愿者受培训和自身经验的限制，在处理问题方面较工作人员来说不够成熟、考虑不够深远。志愿者在遇到自身无法解决的问题时通常会求助于管理人员，如果志愿者遇到的问题较多而工作人员处理后没有及时给予志愿者引导，则会让志愿者产生困惑。

激励环节，X社区图书馆志愿者管理中的激励机制仍处于初步探索阶段。志愿者在服务期间较少获得激励，而所能获得的激励与他们的服务表现也并不相关，这会使部分服务热情较高的志愿者感受到挫败感。随之而来是对争取权力、增加权力的意识越发淡漠。这种状态下产生的无力感会反作用于志愿者并弱化其追求权力的想法。

无权不仅是缺乏能力或资源的一种状态，而且是一个内化过程。无权的累积会内化为志愿者的习得性无助和自我效能感下降。X社区图书馆在志愿者管理各环节中制度上的不完善，降低了志愿者的自我效能感，让志愿者在图书馆服务中产生无力感、权力的缺失。

5.2 赋权视角下的发展模式

X社区图书馆志愿者管理中存在的问题实则是由于志愿者处于弱势地位而产生的。面对这一情况，管理人员需要以"个体主动"模式与"外力推动"模式相结合的形式介入到管理过程中，激活志愿者的服务主体性以达到持续赋权的目的。

5.2.1 志愿者具有获得"权力"并发展的潜力

在X社区图书馆志愿者招募的岗位要求中有规定：志愿者需要符合"责任心强、对儿童领域有热情""对绘本知识有了解、懂得与儿童沟通"等要求。志愿者管理实习生A2在回答招募志愿者会考虑到的因素时谈道："在招募的时候，我们首先看重志愿者与儿童相处的观念意识、公益服务的想法，这一点直接关系到志愿者的整体服务质量。其次就是志愿者的积极性和主动性，因为我们有太多需要志愿者帮忙的地方，只有积极和主动的志愿者才符合我们的要求。另外就是服务能力，这个放最后是因为这点可以后期慢慢培养，只要态度认真学起来会很快的。"在X社区图书馆《志愿者面试流程及评分细则》中，评分标准中的"服务主动性""工作态度""服务能力"分别占比35%、40%、25%。馆长B2说道："能来到这里的志愿者大都是热衷于公益的大学生，他们大多享受在这里服务的过程。因为于他们而言，我们这里最大的吸引力估计就是能提供一个让他们提升自己的平台。"

可以看出，X社区图书馆的志愿者是一群学习能力强、接受能力强，有服务热情和主动性的，并且受教育程度较高的年轻人群体。这样的志愿者群体从本质讲是愿意改变现状、愿意接受新事物的群体，他们愿意获得更多的资源，即"权力"。而且，作为高校在校生的他们是在接受高等教育的人，他们具有高效利用所获得资源的潜力，即发展"权力"的潜力。

5.2.2 "个体主动"与"外力推动"相结合的介入模式

增权是一个过程，它注重挖掘服务对象的潜能，通过"个体主动"与"外力推动"相互结合来协助志愿者增权。

"个体主动"介入模式就是从志愿者的需求出发，为了增加其自我控制的能力和信念，设法帮助他们应对在服务过程中遇到的挑战。从赋权视角看，志愿者在服务过程中不仅仅是面临着解决突发状况时能力不足的挑战，还面临着对服务体系了解不足、个人特殊才能施展受阻、团队忠诚度和归属感欠缺的困境。所以，不能只关注志愿者能力的提高，还必须重视对志愿者自我发展意识的培养，重视志愿者对自身需求和利益的表达。"外力推动"介入模式就是强调组织制度、组织结构、组织支持和保护等的外部因素对志愿者的影响。

志愿者在参与志愿服务的过程中，由于受自身经验的限制，而存在着不可避免的权能缺失。例如，会由于担心自己的想法不成熟而拒绝表达，或受制于活动形式无法施展才能，进而产生一种无力感。赋权，不仅能提升志愿者自身的能力，还能实现资源的优化组合，进而增强志愿者的自信心。同时，通过对图书馆组织制度、管理模式的完善，可加强对志愿者的支持和保护，进一步提升志愿者参与服务的热情和质量。

5.3 基于赋权视角的社区图书馆志愿者具体管理对策

赋权理论认为，人的无权状态是可以被改变的（Rappapon，1984）。无权感的产生主要源于三个方面（Zimmerman，1995）：个体层面、人际层面、组织层面。因此，本文从赋权理论的视角出发，从个人、人际、组织这三个层面对社区图书馆志愿者管理的发展对策进行分析。

5.3.1 个人层面

个人层面的赋权就是帮助志愿者增强对环境和自身心理等方面的控制能力，注重提升他们自身的能力和自我认知，让他们增加对自己的肯定、增强自我效能感，重建自我评价与自我认知系统。具体而言，可以从两方面进行赋权。一是提高志愿者服务的能力。根据志愿者对服务能力的需要完善相关培训体系，确保培训对志愿者服务工作任务的针对性。对于在培训中获得的知识，建立有效的后测机制，使志愿者在后续的服务中能够检验自己是否运用了培训所学。此外，对于志愿者的服务给予及时的反馈，让志愿者能清楚地认识到自身服务情况，提高服务水平，增强自我效能。二是增强志愿者对于服务过程探索的积极性、主动性。在进行志愿者管理时，要考虑通过志愿活动来满足志愿者们更高层级的需求，如社会交往和归属、尊重、自我实现等，把工作本身的内在激励作用放在重要位置。在志愿者管理中要使工作内容丰富化，让志愿者通过主动参与各种活动，通过不断克服在工作中遇到的困难而获得快乐，不仅掌握新知识还能锻炼能力，进而在这个过程中实现自我价值。

5.3.2 人际层面

人际层面的赋权就是通过提高志愿者与他人（如管理人员和其他志愿者个体）交往过程中的互动水平，增进其权力和能力、提高其自身对他人施加控制和影响的能力，从而具备获得社会支持的机会。具体而言，可以从两方面进行赋权：一是构建和谐的管理人员与志愿者之间的关系。管理人员要加强与志愿者建立在契约精神之下的平等关系，而不是朋友之间的亲密关系。管理人员与志愿者需要共同遵守规章制度，而不能执行双重标准，在规则之下加强互动。以此巩固与志愿者之间感情、提升志愿者对组织的归属度。二是建立良好的志愿者团体关系。可以采取小组活动、书面反馈、故事分享等方式创造更多的志愿者之间接触机会并把主动权交给志愿者，提高志愿者自我管理的意识、激活志愿者团队之间的活力。

5.3.3 组织层面

组织层面的赋权就是通过组织政策的制定和落实、将组织资源进行合理分配等手段促进服务对象的权力获得。具体而言，可以从两方面进行赋权。一是完善图书馆活动的参与渠道。鼓励志愿者根据个人的兴趣、专长，结合图书馆受众的特点和图书馆安排，策划并举办个人活动，如：让拥有文学专业背景的志愿者举办诗歌鉴赏的主题讲座活动。这不仅有利于丰富图书馆活动的多样性，还能让志愿者的才能得以施展，是实现社区图书馆发展和志愿者提升的双赢措施。二是提高社区图书馆的共建水平。让志愿者们为图书馆的发展出谋划策，更好地发挥志愿者对图书馆建设的作用。X图书馆应该而且需要发展中长期志愿者，越资深、服务时间越长的志愿者对于图书馆所提供的建议将会更具有建设性。

6 结论与不足

6.1 基本结论

伴随着经济、社会、文化的发展，我国的社区图书馆在发展过程中取得了令人瞩目的成就，但是对于社区图书馆运营的重要组成部分，社区图书馆志愿者管理，其研究还处于起步与探索的阶段。本研究在对 X 社区图书馆进行的问卷调查和实地访谈基础上，分析和归纳了 X 社区图书馆面临的问题。运用了社会工作的赋权理论对问题的成因以及对问题解决的可能性进行分析，最后从个人、人际、组织层面提出了提高志愿者的服务能力；增强志愿者对于服务过程探索的积极性、主动性；构建和谐的管理人员与志愿者之间的关系；建立良好的志愿者团体关系；完善图书馆的参与渠道；提高社区图书馆的共建水平等策略建议。

首先，在社区图书馆的志愿者管理中，"个体主动"介入模式赋权就是注重志愿者的自我效能，促进自我意识的觉醒，从而形成一种权力感。当志愿者通过赋权获得较强的自我认知和自我发展能力时，也就拥有更多的热情以及机会参与社区图书馆的建设之中。由此可见，"个体主动"介入模式赋权与个人层面的赋权相吻合，主要目标在于提高志愿者的服务能力和对于服务过程探索的积极性、主动性。

其次，在社区图书馆的志愿者管理中，"外力推动"介入模式赋权强调外部力量的介入和推动，为志愿者的发展清除障碍和拓展空间。因此，"外力推动"介入模式赋权与人际层面和组织层面的赋权相吻合，主要目标在于让志愿者获得从管理人员、其他志愿者、服务的组织中的支持，通过创建更加活跃、良好的服务环境，增加他们参与志愿服务的机会和渠道。

6.2　研究的不足

首先，本研究只是对 X 社区图书馆这一个案的志愿者管理进行研究。X社区图书馆的读者群体以儿童为主，而有的社区图书馆的读者群体是老年人（刘兵，2006）、农民工（王若慧，2005）、社区成年居民（刘冬梅等，2010）。服务的读者群体不同，对于志愿者的要求也不同。因此，未来需要进一步研究探讨不同类型的社区图书馆的志愿者管理，可将本研究的结果在不同类型的社区图书馆中验证和推广。其次，接受问卷调查的志愿者源自四期志愿者，而不同时期的志愿者所接受的管理模式并非完全一致。志愿者的个体差异以及接受的管理模式不同可能会形成交互作用，对结果有混淆的作用。未来的研究需要对同期志愿者进行长期的跟踪调查，以排除志愿者的个体因素的混淆，进而更好地考察志愿者管理模式的作用。

──────────── 参 考 文 献 ────────────

陈玲，2011. 中国 NGO 组织中志愿者管理的现状、问题及对策思考：以南昌非政府组织中志愿者管理为例 [D]. 南昌：南昌大学.

陈树强，2003. 增权：社会工作理论与实践的新视角 [J]. 社会学研究（5）：70-83.

范斌，2004. 弱势群体的增权及其模式选择 [J]. 学术研究（12）：73-78.

霍国庆，金高尚，1995. 论社区图书馆 [J]. 中国图书馆学报（4）：54-59.

金明生，2003. 社区图书馆的功能、模式及资源共建共享综述 [J]. 情报科学，21（12）：
　　1256 - 1258.

李效筠，李伟，2012. 关于社区图书馆发展模式的探讨 [J]. 兰台世界（29）：90 - 91.

刘兵，2006. 老年读者无偿服务在社区图书馆的体现 [J]. 图书馆坛（5）：213 - 215.

刘冬梅，龙叶，2010. 社区图书馆个性化服务模式研究 [J]. 图书馆工作与研究
　　（8）：27 - 29.

刘兹恒，薛曼，2002. 论社区图书馆的功能、模式及管理机制 [J]. 中国图书馆学报（5）：
　　32 - 34，59.

王流芳，徐美莲，2002. 社区图书馆的理论与实践 [M]. 北京：中国民族摄影艺术出版社：
　　32 - 40.

王若慧，2005. 社区图书馆如何为农民工服务 [J]. 图书馆建设（4）：94 - 96.

文军，2013. 西方社会工作理论 [M]. 北京：高等教育出版社：282，297.

张文静，2008. 中国非营利组织志愿者管理研究 [D]. 西安：西北大学.

BUSSELL H，FORBES D，2007. Volunteer management in arts organizations：A case study
　　and managerial implications [J]. International Journal of Arts Management：16 - 28.

CUTHILL M，WARBURTON J，2005. A conceptual framework for volunteer management
　　in local government [J]. Urban policy and research，23（1）：109 - 122.

LEE，1994. The Empowerment Approach Social work practice [M]. New York：Columbia
　　university press.

RAPPAPON J，1984. Studies in empowerment [J]. Prevention in Human Services，3（2 -
　　3）：1 - 7.

SOLOMON B B，1987. Empowerment：Social work in oppressed communities [J]. Journal
　　of Social Work Practice，2（4）：79 - 91.

VROOM V C，1964. Work and motivation [M]. New York：Wiley.

ZIMMERMAN M A，1995. Psychological empowerment：Issues and Illustrations [J].
　　American Journal of Community Psychology，23（5）：581 - 599.

权责意识视角下大学生参与高校社区治理的行动逻辑研究

——以广州市 H 高校为例①

李曼雅

1 绪论

1.1 研究背景

1.1.1 政策背景

党的十八大以来，党中央高度重视高等教育发展，将"双一流"建设作为我国高等教育领域的重大战略部署。党的十九届五中全会作出"建设高质量教育体系"的战略部署，进一步为我国高等教育发展提出了目标和要求，对于提升我国高等教育质量、建设高等教育强国，具有重大意义。地方高校是国家高等教育体系的重要组成部分，完善地方高校内部治理体系和治理能力现代化，是"双一流"建设的重要改革任务，更是实现"双一流"建设目标的重要保障。这对于地方高校治理体系、办学理念、人才培养、学科建设等方面的发展都提出了更高标准的要求。

大学生作为高校培养的重点人群和治理体系的利益相关者，其在高校社区治理中的参与现状愈发受到关注。国内教育法律法规的颁布也不断完善着对学生参与权的规范和保障：《教育法》《高等教育法》《国家中长期教育改革和发展规划纲要（2010—2020 年)》《高等学校章程制定暂行办法》以及《普通高等学校学生管理规定》，对高校自主管理、民主管理、学生组织的地位和权利等方面作出规定，为学生参与高校治理提供了政策依据。

1.1.2 现实背景

随着我国高校后勤社会化改革以及学生社区规模不断扩大，很多高校社区秉承着"学生参与"的治理理念，为大学生提供一定社区参与空间，如设立学生自管部门、开辟建言献策渠道等，旨在通过构建"校—生"良好互动共建和谐高校社区。但随着高校社区功能不断升级、承载事项增加、治理主体增多，

---

① 林诚彦老师指导。

高校学生在社区内矛盾纠纷不断，冲突频发，甚至会由于小的问题没有得到妥善及时解决从而引发恶性冲突事件或悲剧的发生。至今，学生参与高校社区治理并没有取得显著成效，因此如何真正落实"学生参与"治理理念，构建和谐高校社区是当前社会学研究领域的重要议题。

1.2 研究意义

1.2.1 理论意义

本文以权责意识作为理论基础，为学生参与高校社区治理提供新的研究视角，对当前"学生参与"的内在机制进行深入挖掘，充实发展了"权责意识"之于学生主体的理论进路。同时以个案研究和扎根分析进行微观叙事，在一定程度上弥补了注重宏观论述、忽视经验叙事的不足，以更加科学的研究方法丰富高校学生参与治理的理论成果，为我国高校学生社区的建设治理提供一定的理论指导。

1.2.2 现实意义

本文旨在推进大学生对高校社区的"参与式"治理，厘清面临的困境，更好地落实"学生参与"理念，有助于推动高校权责教育发展，培养新时代大学生权责意识、主体意识和公民意识，调动学生参与公共生活的主动性和创造性，促进学生全面发展并在真正意义上实现学生的"主体"地位和"公民"身份，能够为化解校园冲突纠纷、建立和谐良好校园氛围、推进高校社区治理现代化提供方案参考。

1.3 研究问题

研究通过总结学生参与高校社区治理的现状，解读其参与形态背后的权责逻辑，深入探讨当下大学生权责意识现状及其与参与形态的深层关联逻辑。

具体包含以下三个问题：

（1）"校—生"互动下学生参与高校社区治理的具体形态是什么？

（2）权责意识视角下审视学生参与形态背后的行动逻辑是什么？

（3）权责意识视角下对于学生参与高校社区治理的反思是什么？

2 文献综述

2.1 概念界定：从社区到高校社区

"社区"一词源自费孝通先生对于英文单词"Community"的翻译。尽管社会学家对社区下的定义各不相同，但普遍认为构成社区的基本要素包括：一定数量的人口、一定范围的地域、一定规模的设施、一定特征的文化、一定类型的组织。社区就是"聚居在一定地域范围内的人们所组成的社会生活共同体"（姜振华等，2002）。

有学者结合社区概念定义了高校学生生活区，即：一定数量的大学生出于学习和成长的目的而居住在相对独立的区域里开展一系列活动，与社会及高校校园产生互动关系并形成归属感的社会实体（伍尚峰，2011）。随着活动区域空间的拓宽和学生发展弹性、自主性的增强，以宿舍、公寓或宿舍区为单位的各种活动日益增多，学生生活区在学生活动场所中占比越来越高，对学生的影响也越来越大。由此，逐步形成了以学生宿舍为基本细胞，包括学生食堂、文体活动场所和宿舍区商业服务网点等在内的学生课堂学习之外生活、学习、活动的校园特定区域，即学生社区（吴自涛，2010）。学生社区区别于其他社区的特点是以学生为主体，并且强化了社区的教育功能（方婷，2006），是课堂的延伸和社会的缩影（刘青春，2019），是承载学生日常学习生活的重要场域。

2.2 参与社区治理相关研究

2.2.1 公民参与社区治理

2.2.1.1 三大研究范式：政治学、经济学、社会学

公民参与是社区治理的基础（唐有财等，2016）。社区治理中的公民参与主要集中于政治学、经济学及社会学三种研究范式。政治学范式下，大多数学者对"社区参与"和"民主社会"进行价值关联分析（夏晓丽，2011），发展了政治学视野下的"参与民主理论"（王锡锌，2008）。内容主要指向对社区公共事务的决策、管理和监督的参与（姜晓萍等，2007）。通过选举民主、协商民主和自治民主三大参与形式实现（夏晓丽，2011），但可能受到公民自身参与时间、愿望、能力的限制以及与政治体制的互动约束（孙柏瑛，2005）。经济学范式下的"社区参与"将参与者视作理性经济人对公共物品和公共服务的生产和服务。利益博弈分析视角下，"社区参与"是各个主体在"效用最大化"驱动下对公共利益创造和分享的博弈，其参与程度由其分利能力决定（陈万灵，2004），强调理性选择对参与行为的影响。社会学范式下则更关注参与行为的内驱力，尤其强调参与者自身的认同感和主体意识。杨敏（2007）提出居民参与社区治理有利于塑造其主体性。唐有财等（2016）认为居民参与社区事务的原动力是基于利益和情感的社区认同，而将社区参与转化为自觉行为则是出于奉献和责任的国家认同。尹浩等（2018）指出，为居民赋权增能有助于培育居民主体性，对承担起参与社区治理的公共责任具有重要意义。

2.2.1.2 两大研究板块：参与层次类型、参与动力机制

关于参与层次类型，依据参与空间、参与内容、参与方式、参与群体、参

与机制等不同标准划分，总体呈现出参与形态的多样性、复杂性。美国学者谢尔·阿斯汀（Sherr Arnstein）提出过"公民参与阶梯理论"，从政治体制演进与公民参与自主性程度之间关系的角度，将公民参与形式总结为递进发展的八种参与层次，又将其归纳为由低到高渐进发展的三种层次，分别是：假参与、表面参与和有公民权的参与。其中，操纵和训导属于假参与，通知、咨询和安抚属于表面参与，合作、授权和公民控制属于有公民权的参与（Arnstein，1969）。

孙柏瑛（2005）基于参与政策制定、制度空间、参与过程的公平性以及参与内容的代表性和参与成效影响力评判参与的有效性。姜晓萍等（2007）从参与机制和公民的参与主动性总结出目前国内社区治理中的公民参与模式。杨敏（2007）依据公共议题等参与内容和参与过程建构出强制性参与、引导性参与、自发性参与和计划性参与，四种参与类型的划分取决于城市居民的参与能力和参与程度以及社区建设的制度安排。刘智勇等（2020）认为，公众参与的发展目标是公众从有限参与走向有效参与。"参与"行为较难一以概之，对参与程度的界定标准也难以统一，但无论是从参与主体、参与过程还是参与环境出发进行的研究类型划分，均为本研究对参与形态的归类提供了一定借鉴。

对于参与的动力机制研究，三大范式各有侧重，政治学更加注重制度保障，经济学看重利益驱动，社会学则强调人的内驱力。社会资本理论认为公民参与的活跃度和社会信任、社会联系密切相关（杨敏，2005）；结构制度主义视角从"国家—社会"的关系框架以及政府的管理体制入手分析公民参与的治理环境；历史制度主义理论关注参与的双向性，强调公民参与公共事务的兴趣、能力、主动性以及制度背景的影响（杨敏，2007）；文化主义视角从长期以来的价值取向和交往方式分析公民的参与动力（唐有财等，2016）。制度保障、利益驱动和价值认同被普遍认为是公民参与社区治理内在动因的解释框架。

随着研究的深入，学界逐渐将治理环境、参与制度等政治学、经济学要素视为影响参与行动的外在因素，将参与者自身因素等社会学、人类学要素视为内在影响因素，从内外两个方面剖析参与行为的动力机制。姜晓萍等（2007）认为内在动力机制包括参与积极性、认同感、信任度等，外在动力机制包括法律法规、机制建设、公民社会组织发育等。尹浩等（2018）从居民、社区自组织、社会组织等社区治理主体的角度审视当下的参与困局。邹慧明（2020）提出参与者自身能力受限和民主政治体制庇护缺乏导致了参与不均、权力失衡的局面。彭小兵等（2020）指出参与理想与现实存在脱节，从参与意识薄弱和社区治理体系中缺乏参与渠道分析公众的参与弱能。蒲新微等（2021）则提出通过还权、赋能、归位实现制度化参与。

现有研究基本延续了从参与者内在动因和参与外部环境两个维度同时分析参与行动的传统解释框架，表述较为同质化，具有都分析但都停留于浅层分析的倾向。而无论是从内外两个维度分别分析或是只侧重其中一个维度的分析均忽视了两个要素之间的相互作用，即：缺乏参与者内在动因与外部参与制度环境的深层次互动视角。

2.2.2　学生参与高校社区治理

在理顺了有关"公民参与社区治理"的现有研究框架后，下文聚焦于高校学生社区，参与主体由政府、公民、社会组织逐一对应到学校、学生以及学生组织，其研究思路基本一致。

政治学范式下，把"治理"引进高校管理，强调决策、行政、学术等多重权力资源的平衡制约和共享式重组（胡仲胜，2017）。管理学视角下，大学生参与高校管理历经传统学生主导模式、民主化共同体参与模式、三方协作管理模式以及弹性分权参与管理模式几个阶段，高校大学生被认为是"未来精英"（金一斌，2016）。经济学范式下，以利益衡量社区治理成效，自负盈亏的经商式管理能够规范社区治理中的收益和风险，要引入社会经济主体，实现社会化或半社会化管理模式（王毅，2019）；高校、学生等主体被视为利益相关方，消费主义视角下学生被视为"客户"（董柏林，2018）。社会学范式下，着重论述学生社区治理体系，提出建立有助于学生平等参与的决策、监督、协调和反馈机制以实现公共利益最大化的"善治"（侯浩翔等，2016）。社区主义视角认为高校学生是"大学共同体成员"，关注学生主体（金一斌，2016）。从认为主体需要被关注（柳琳璠等，2018），到强调培养主体成熟度（刘冬冬等，2018），再到指出参与治理的关键点在于主体自觉（徐顽强等，2020），学生的主体性在高校治理的研究中几乎从未缺位，对该问题研究也随着参与现状的改善逐步深入。

学界普遍意识到高校社区内部参与形态同样具有多样性、复杂性，类型层次不一。曹军等（2016）依据学生参与情况提出存在"表面参与"现象；何晨玥等（2018）依据与学生接触的不同群体将大学生参与高校治理中的行动事实划分为：控制性参与、指导性参与、约定性参与和自发性参与四种类型；曹辉（2020）依据利益相关以及是否有参与能力划分参与层次为一般参与和深度参与。大量研究结果表明，当前大学生参与高校社区治理的现状仍然存在参与深度有限（曹军等，2016）、参与程度不高（姚佳胜，2016）、参与流于形式、疏于实质（孙薇等，2017）等诸多问题。

在研究内容上，就社会学范式下的研究而言，缺乏对学生参与意识的深层次分析，大多停留在学生主体上，忽视了参与主体与治理环境的互动，强调对学生参与行为内在动因的归纳，缺乏进一步的深究。对参与困境的成因以及参与行为发生的深层逻辑缺乏探究，导致某些表现作为原因出现，因此所提出的参与对策也较为广泛粗浅，较难在路径改善方面落实。

在研究方法上，大多数研究以质性方法为主，采取案例研究法对学生参与大学治理制度个案开展经验性描述。而对学生个体或群体动力性因素的评价性分析较少，呈现出重经验现象，轻机制分析的研究特点。

2.3 权责意识与参与治理

2.3.1 公民权责与公民身份

最早对"权责"的界定围绕着公民的权利与义务展开，认为"公民权责"是在完全平等与自由的社会成员资格基础上对于公民身份与角色的行为规范。Bottomore（1992）提出"形式的公民权责"和"实在的公民权责"，前者关注公民的法律地位和政治身份，后者则强调公民身份认同基础上对权利和义务的履行。Marshall（1973）从宪法出发阐释了公民权利范畴。Janowitz（1980）提出了现代公民应履行的相关义务。不管是基于身份的条例规定抑或是基于身份认同范畴内的实际行动，都源于公民本身的主体性，即客观存在的公民主体和主观能动的公民意识行为。本质上都在强调公民身份是社会生活和谐稳定的基础，也就是当每位公民都能清楚认识并严格履行公民权责，并且能在此基础上延伸出相应的公民行为时，公共生活的秩序便得以保障（伍华军，2014）。可见，公民权责的本质是公民主体身份的细化延展。

2.3.2 公民权责、公民教育与公民参与

学界将"公民权责"和"公民参与"均纳入公民教育范畴。公民参与是一种公民态度、公民价值观，认为公民权责和公民参与相辅相成，互相促进，但侧重点有所不同。观点一，公民参与被认为是实现公民权责的手段，因此强调通过公民参与促进公民权责的履行（吴迅荣，2008）。在学校教育实践中，要拓展学生的社会参与空间，提高学生社会参与的可能性，使学生在参与中唤起自我认同和归属感，从而践行公民权责（刘铁芳等，2006）。联结公民权责和公民参与的关键点是对公民身份、主体地位的认同。观点二，对公民权责的培养是公民参与的重要条件。公民教育的最终目的是使学生成为知行合一的积极公民、有效公民及极尽所能的公民（Sonc，1997）。香港课程发展议会的《学校公民教育指引》（1996）中也提出："需要去培养学生关心民众、关心社会的态度，学生还要持有积极的态度，能移情共感、尊重和欣赏不同的观点，才能成长为具有参与意识的公民。"该观点认为传统应试教育所培养出的具有服从型人格的人很难进行社会参与，当今教育生活应培养出具有社会所期待的自主、个性、创造型人格的学生。应把参与意识细化到公民自身的特质上，有权利和责任意识的公民更能够具有参与意识，进行社会参与，也就是公民权责是

参与的基点。观点三，国外学者提到了公民权利与责任之间的转化。即把"社区环境向好发展"作为人们的期待从而形成参与动力，再赋权至居民，使得居民在参与过程中从行使权利转变为社区建设目标的责任实现，从而成为积极的、具有参与行为的居民（Summerville et al.，2008）。

在宏观层面，已经有不少学者围绕着公民教育探讨了公民权责和公民参与的逻辑关系，对于本研究逻辑起点的确认提供了支持。但这里的公民权责主要还局限于实体的权利、义务行动范畴，没有上升到意识层面，且与参与行动内容、公民教育内容杂糅。

2.3.3 权责意识：主体意识的哲学性刻画

2.3.3.1 权利意识、责任意识与主体意识

从公民权责到权责意识，从行动层面到意识层面，对于权责意识的界定及权利责任间的内部关系也随着时代发展不断演绎。学界普遍认为"公民"是权利和责任的统一体概念（姜涌，2003），"公民意识"的核心内涵是主体意识、权利意识和责任意识（熊淑媛，2005）。其中，权利意识是公民意识的核心，责任意识是公民的自觉意识，是公民意识理性化的体现，强调权利与义务的统一（熊淑媛，2005）。蒋传光（2009）认为公民权利意识和责任意识是相辅相成的，公民权利的实现促进公民对责任的承担。张赟等（2015）提出权责意识是指公民个体意识和权利与责任的内在联系，要有意识地分辨和认同与自我角色相对应的权利与责任，在一定社会规范下，具备行使权利、践行责任的意识与潜力。苏林琴等（2012）将权责意识作为主体意识的整合机制，认为权利意识指向主体自身，它使主体明白自己自由活动的限度，是自我意识的核心，是主体意识的基础。责任意识是对自己作为权利主体的确认以及自身与他人的责任分担，是社会意识的核心，是主体意识的保障。对大学生进行权责意识培养可以帮助学生有意识地分辨与自我角色相对应的权利与责任。在廓清自己的权利边界和尊重他人权利实现的同时，明确必须承担的责任后形成自觉行为，有助于培育学生的主体性（顾协国，2005）。

现代公民是权利和义务的人格统一体，是权利和责任的概念统一体，公民意识包含权利意识、责任意识和主体意识。其中，权利意识是主体意识存在的逻辑前提，责任意识是主体意识的体现保障。权利意识和责任意识相辅相成，没有权利意识就不能更好地履行义务，没有权利意识也不可能有责任意识（蒋传光，2009；刘蕊等，2019）。权利意识多从权利认知、理解态度、权利行使、权利救济、权利评价几个维度进行阐释（伍华军，2013；于苏静，2010）；责任意识则有个人、家庭、社会、国家等不同主体责任的区分（吴康妮，2016），又包含对责任的感知、对法律道德规则实践的理性意识以及对其行为后果的承担等理性要素（蒋传光，2009）。现有研究常将责任与义务等同化，其实责任

意识更强调理性自觉，不仅是对应做之事的认同与担当，更强调自觉意识和主动行为（熊淑媛，2005；张浩，2012）。而对于权利的行使和责任的履行则是公民身份得到承认的体现，因此权责意识与行动是公民主体性的最好体现（叶飞，2013）。

2.3.3.2 参与高校社区治理的意识基础

培育学生主体意识和加强学生主体地位等公民教育措施普遍被作为实现大学生参与高校社区治理的路径建议。参与者的主体意识之于社区治理是关键，权责意识之于驱动主体意识是关键，因此也有学者关注到权责意识与参与行动之间的联系。叶飞（2013）认为学校"治理"与公民教育之间具有有机联结，学校开展公民教育，唤醒学生的主体意识和治理意识，培育其公民权利、责任意识，能够使学生成长为治理型的公民。马丽娟（2020）提出学校治理中多元主体参与驱动机制的关键是权责意识的强化。在学校治理的具体实践中，有学者将权责意识与高校治理困局进行分析。张赟等（2015）认为大学生缺乏权利意识导致参与意愿弱化，权责意识具有内在相互性，权利意识匮乏的同时责任意识也随之淡薄，个体容易产生越线行为。张洪高（2017）认为公共参与不仅是权利，也是一种责任，在公共参与中践行权责意识有利于形成公民意识，塑造公共精神。整体来看，学界已经表现出将权责意识作为参与社区治理的意识基础的研究趋势。

2.4 小结

学界对于"参与社区治理"的研究为本研究提供了如下启示：第一，参与的内在形态具有多样性、复杂性，划分具有多重标准；第二，三大研究范式下参与的动力机制包括内在参与者自身因素以及外在参与制度环境。同时，现有研究存在一定不足，为本研究提供了进一步研究的空间：第一，参与类型的划分过于看重层次这一单一维度，忽视了学生主体的主观态度和同一层次下更丰富的参与形态；第二，忽略了参与者内在动力与外部参与制度环境的互动，参与动力机制多停留于主体层面，路径难以落实；第三，对于参与意识的分析不够深入，对参与动因的归纳同质性较强，重经验，轻分析。

学界对于"公民权责与公民参与"的研究对本研究具有如下启示：第一，公民权责基于公民身份、公民主体，权责意识是主体意识的落脚点，可以作为参与治理的意识基础；第二，公民权责与公民参与以公民教育为载体，相互促进，相辅相成；第三，权利意识和责任意识均可以从认知、行动、保障层面进行维度阐释。对此同样存在一定研究空间：第一，对权责行动与社会参与的研究重宏观论述，轻具象分析；第二，对权责意识与参与行动之间的直接关联研究少，没有将权责意识作为核心概念与参与行动相融合进行逻辑分析。

基于上述综述，本研究在社会学范式下，聚焦参与者自身内在动因，关注其与参与环境的互动，以权责意识视角深入剖析大学生参与高校社区治理的形态表征及行动逻辑，着重经验描述与具象分析相结合、参与者主体行动逻辑与制度环境互动相结合，以期弥补传统研究不足并作出进一步探索。

3 研究设计

3.1 研究思路

研究基于文献综述和现实经验，聚焦参与者自身内在行动逻辑，关注其与参与环境的互动，搭建"参与动力受到外部治理环境的影响，同时又和制度环境一同影响参与过程"的总体框架。选取 H 高校社区开展个案研究，采访 30 名在校大学生，以扎根理论对访谈材料进行质性分析，依据学生在不同制度空间下的参与表现归纳出学生参与高校社区治理的具体形态，基于权责视角深入剖析参与困局背后的根本原因，解读参与行动背后蕴藏的"校—生"权责逻辑，并对经验启示进行总结反思（图 1）。

3.2 研究方法

3.2.1 资料收集方法

3.2.1.1 文献阅读法

通过阅读"学生社区""大学校园""高校治理"等相关主题文献，辨析"学生社区""学生公寓""宿舍区""生活区"等主体概念，探析从社区"管理"到社区"治理"的转变；通过阅读"公民参与""社区治理""学生参与"等相关主题文献，归纳"参与治理"的研究范式、动态及不足，为本研究搭建分析框架、找出研究切入点提供启示；通过阅读"公民教育""公民意识""主体意识""权责意识"等相关主题文献，夯实理论基础，加深对理论视角的理解程度。通过对文献的梳理与整合，了解学界已有研究成果，探索进一步研究空间。

3.2.1.2 参与式观察

选择 H 高校社区作为个案研究场域。H 高校系全国"双一流"建设重点高校，办学历史悠久，学校致力于创新人才培养模式，着力培养高素质专门人才和拔尖创新人才。全校设有 27 个学院，学生数量庞大，在校本科生约 3.7 万人，研究生约 4 000 人，留学生约 1 000 人。仅一个校区，内部划分为六个学生生活宿舍区，是典型的高校学生社区代表。H 高校内设立各级学生管理组织，如：学生会、学生社区服务中心、学生自管会等，开设"提案大赛""书记进社区""校长信箱"等不同学生参与高校治理渠道。该校学生

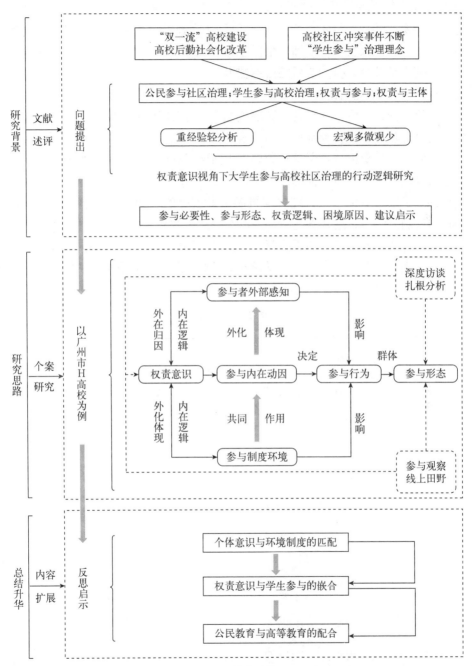

图 1 技术路线

基数庞大，社区生活内容多元化，学生参与形态多样化，社区治理要求
高、挑战大，因此选择 H 高校作为研究场域具备观察学生参与治理成效

的现实性。

笔者实地进行参与式观察，亲身感受 H 高校社区内的参与环境、不同参与者的行为表征以及"校—师—生"互动表现等，记录下社区内学生的参与现状，观察思考其参与行为背后的行动逻辑。

3.2.1.3 半结构化访谈

本研究依托校内社交平台，选取连续两个学期内 H 高校学生社区中引起广泛讨论的热点事件作为素材：学生组织问题（学生干部去留相关问题）、公共生活问题（外卖进校、电动车管理、生活区设施建设等）以及新冠疫情期间高校管理问题。采用目的性抽样方法，对 H 高校内 30 名学生（表 1）展开深度访谈，了解其对于社区管理参与机制、渠道等的认知态度和参与行为表现（包括自己和他人）、选择参与行动的内在想法，对社区内"校—师—生"互动关系、权责意识发展情况的看法等。访谈对象涵盖不同年级、不同专业背景以及不同学生干部角色的大学生，以降低访谈对象观点的同质性，使研究更具科学性。

表 1　访谈对象详细信息

访谈对象编码	年级	专业	性别	是否为学生干部	访谈方式
A01	大四	公共管理	女	否	
A02	大二	社会学	女	否	
A03	大二	会计学	女	是	
A04	大一	经济学	女	是	
A05	大二	公共管理	男	否	
A06	大三	日语	女	是	第一轮
A07	大一	统计学	女	否	正式的半结构化
A08	大一	计算机	男	否	访谈（A）
A09	大三	社会工作	女	是	
A10	大二	软件工程	男	否	
A11	大四	社会工作	女	否	
A12	大三	公共管理	女	是	

（续）

访谈对象编码	年级	专业	性别	是否为学生干部	访谈方式
B01	大四	食品安全	女	是	
B02	大四	社会学	女	否	
B03	大三	英语	女	是	
B04	大三	法学	男	是	
B05	大四	劳动保障	女	是	第二轮 正式的半结构化 访谈（B）
B06	大三	行政管理	女	是	
B07	大二	行政管理	男	是	
B08	大四	社会工作	女	否	
B09	大一	法学	男	否	
B10	大三	社会学	女	是	
C01	大四	公共管理	女	是	
C02	大三	劳动保障	男	否	
C03	大二	土地资源管理	女	否	
C04	大三	社会学	男	是	第三轮 非正式的半结构化 访谈（C）
C05	大四	社会工作	女	否	
C06	大二	公共管理	女	否	
C07	大四	社会学	女	否	
C08	大四	房地产管理	男	否	

3.2.2 资料分析方法：依据扎根理论的质性分析

扎根理论是一种在经验资料基础上建立理论的质性研究方法。研究整理出与 22 位正式访谈对象和 8 位非正式访谈对象共计 5 万余字的访谈材料，基于扎根理论，借助 Nvivo11 质性分析软件对这些访谈资料进行三个阶段的类属分析。

第一阶段是开放式编码。开放式编码是指以开放性思维对原始资料逐字逐句进行分解、提炼，逐句对有价值的信息贴标签，进而将资料内容概念化、范畴化的过程（多淑杰，2022）。研究以 Nvivo11 作为分析工具对所有访谈文本进行节点编码，提炼出共计 105 个初始概念。

第二阶段是主轴编码。主轴编码是基于开放式编码，通过对比和归纳找出其中的脉络关系，挖掘出资料各部分间的潜在关联，建立概念化类属之间联系的过程（赵小焕等，2021）。研究通过对 105 个初始化概念进行持续比较和分析，发现和建立概念类属之间的各种联系，归纳出共计 29 个主范畴概念。

第三阶段是选择性编码。选择性编码是对之前主轴编码过程中所形成的主范畴进行进一步的整合与提炼，更深层次挖掘得出核心范畴（周阳等，2022）。研究从 29 个主范畴概念中凝练出最具有统领性、囊括性的 6 个核心概念，并且依据"参与"和"权责"内外两大核心要素将内容划分为"参与现象""权责逻辑"两大板块（表 2）。进而找到其中明显的逻辑关系对其进行理论模型整合。

表 2　选择性编码与主要概念

两大板块	核心范畴概念（6 个）	主范畴概念（29 个）
参与现象	参与者外部感知	参与信任感
		参与安全感
		参与效能感
	参与制度环境	参与内容
		参与程序
		参与门槛
		参与渠道
	参与具体形态	积极参与
		被动参与
		消极参与
		自发参与
权责逻辑	权责认知错位	权利是需求
		责任是义务
		权利是利益
		责任是情怀
		权利是"拳"力
		责任是负担
	权责实践变相	天赋权利
		无限责任
		权利对下
		责任对上
		权利显化
		责任隐化

（续）

两大板块	核心范畴概念（6个）	主范畴概念（29个）
权责逻辑	权责保障失灵	无救济意识
		无防御意识
		无救济能力
		无防御能力
		过度救济
		过度防御

编码结束后进行了理论饱和度检验。理论饱和度检验是扎根理论研究过程中验证数据有效性的过程（赵小焕等，2021）。为增强研究的精确性、代表性，研究在完成第 22 位大学生的访谈和编码后，又随机抽取了 8 位同学进行非结构化访谈，发现基本上不会出现与此前文本数据中概念不同的表达，不再有新内涵、新类属出现。此种情况证明本研究基本上达到了理论饱和，可以停止采样，无须再进一步扩大资料分析范围。

3.3　理论框架

根据上述编码概念搭建"权责逻辑"与"参与形态"的理论框架，如图 2 所示。从认知、实践、保障三个维度解读权责意识，包括对权利意识的认知、行使、救济情况和对责任意识的认知、承担、防御现状。由此产生学校、学生的权责观，大小不一的学校参与制度空间和高低不同的学生参与程度。研究将具体阐释主体参与形态的现实表现、权责意识的形塑过程以及两者的互动影响机制。

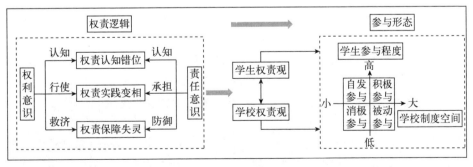

图 2　理论框架

4 学生参与高校社区治理的表现形态

研究不同于以往仅根据参与内容或者学生、学校等单一主体行为去划分参与的类型，也不同于传统归纳出的由低到高或者由浅入深的参与层次，传统研究偏重强调参与的广度和深度，忽视了参与者的态度、参与的实际效果以及治理主体间的双向互动。并非参与内容越丰富，参与层次越高，参与者的态度就越积极，参与效果就越好，不可否认在局部的参与内容或者一般层次的参与中也存在着积极态度的参与者和一定成效的参与结果。本研究则着重从参与的态度、效度和"校—生"互动入手审视大学生在高校社区中的参与表现，弥补传统研究不足。

分别将"学校制度空间"和"学生参与程度"两个概念作为横纵轴指标，将现实存在的大多数参与表现归纳为由横纵坐标轴构建出的四个象限的不同参与形态。其中，学生参与程度具体包括参与意愿上的主动程度、行为表现上投入时间精力的多少、参与结果表现出来的显著程度；学校制度空间具体从提供参与渠道的多样化程度、学生组织、干部数量、参与空间的弹性（灵活有效性）和透明程度（公开可感知性）去衡量，针对不同事件而有所不同。

4.1 积极参与

当学校制度空间比较大和学生参与程度比较高的时候便出现了"积极参与"现象，即：学校提供"校长信箱""院长进社区""提案大赛""评价问卷""意见簿"等多样化参与渠道，并且设立如："学生自管会""学生权益部"等不同学生组织和相应学生干部，社区内学生表现出"积极参与"的态度和行为。典型的例子有："有读者给图书馆写信建议用放立提示牌、植物等方式避免图书馆水杯堆积，图书馆管理人员表示感谢并予以采纳。"（B03）"早些年的时候，献血是没有加分的，是我们红十字会去向学校申请，最后对献血者给予了综测分数的奖励。"（B08）"在食堂微信群，我们可以自主选择背景音乐的曲目，提出的意见经理基本都会——跟进解决。"（A09）"有一个师兄组织发起了一支挂靠在学院党支部下的志愿者团队，去整治电动车乱停放现象。"（B04）"我加入的这个互助组织完全是由几个同学自主发起的，能够帮助解决社区特定的一些难题。"（A01）

在"积极参与"形态下，"校—生"互动相对良好，参与内容多元化，渠道多样化，学生的参与态度较为积极主动，但不免存在一定局限性。积极参与是具有局部性和相对短效的。局部性分为两种情况，其一是具有选择性的，是以个人志趣为基点的小范围化参与。首先很多同学出于感兴趣、能施展自己个人才华等原因选择担任学生干部，从而间接地参与社区治理。"我就对这方面感兴趣所以加入了。"（A06）但学生干部的积极参与可能与其他学生或者校方管理之间产生矛盾，"我们的志愿服务队也经常会收到同学表达不满的反馈，说我们管到其他学院同学头上了，嫌我们多管闲事。"（B04）"我们红会有一次开展'性教育'相关主题的活动被学校叫停了，现在组织发展很受限。"（B08）而非学生干部的积极参与可能与校方管理理念难以调和，"我们的组织目前还没能获得学校的认定和官方的支持，目前运行得相对艰难，大家基本都是'为爱发电'，但是能发多久呢，我们也不知道。"（A01）其二是具有随机性和盲目性的，学生参与的内容多而泛，参与程序简单粗暴，多对一时兴起看到或者想到的，不假思索地提出想法。无论上述哪种局部性表现，整体来看，参与都是碎片化的，缺乏系统性，那么便很难持续下去，便是短效性的。仅仅在自己兴趣范围或者随机涉及范围内的积极参与，缺乏对参与的通盘审视，随着自身兴趣施展和其他方面的冲突产生，或者即性参与的念头不定或者消减，那么参与的积极性就会大大降低，同时参与的成效仅仅是当下片刻或随机范围的，积极参与便产生了短效的局限性。

4.2　被动参与

当学校制度空间较大但学生参与程度较低的时候就产生了"被动参与"现象，即：学校提供多样化参与渠道，设立学生组织、选举学生干部等，社区内学生呈现出"被动参与"的表现形态，典型体现为妥协式参与和形式化参与。"参加跟书记共进午餐交流活动，提的问题都是提前准备好的，像我们都是私下选定的人，没有公开招募。"（B07）"我们组织只能是协助学院管理，更多决策的具体方案还是由老师、学生干部来执行。"（A04）"我没有留任就是感觉平时做的事情一直差不多，有一种像机器人一样维系社区功能运转的感觉。"（B10）"提案大赛我们要求每个班得出一个方案，我当时是班长，就只好跟几个同学搞了个提案交上去。"（B01）

在"被动参与"态度下，"校—生"互动倾向于单向化，参与渠道和参与程序等的设定与实际使用存在一定偏差。学生的态度、行为等偏形式化、妥协式。为何学校制度空间较大时出现学生被动参与现象，通过访谈，学生们普遍从"参与效能感""参与安全感""参与成本"等对自己的被动表现进行归因。"仅凭我自己难以去说服工作人员，这些问题也很难解决。"（B03）"我不相信提了真的能实现。"（B02）"意见信箱感觉没什么实际作用，我就不怎么用。"（A01）"校长信箱非大事不用，平时不太会需要用到这么'大'的途径。"（B01）"虽然是有一些渠道，但是反馈了也没什么改变，'习得性无助'的感觉。"（B08）学生们认为自己参与收获感低，参与信任感低，不相信自己有能力参与，不相信自己的参与会有成效等，更多将学校定位为权威领导者角色，自己则是弱能姿态和服从者角色，整体效能感较低。"校长信箱是实名制的，那我写了对我会不会有不好的影响呢？"（B10）"像那种群众调查是匿名的，我就会参与多一些。"（A02）"我是经常跟老师一起工作的学生干部，有些意见也不太能提。"（C01）学生认为参与是有风险的，参与形式不能保障自己的安全感，所以即使有渠道自己也不会主动参与。"参加一个提案大赛，要分析调研很多，很麻烦，我就不怎么想参加。"（A05）"我不太有时间精力去搞这些。"（B09）"提过一次建议，太烦琐了，后来觉得没有必要就不提了。"（B04）学生普遍认为参与成本较大，花费时间精力多，加之效能感又低，便普遍采取形式化、妥协化方式应对，产生了"被动参与"局面。

4.3 消极参与

当学校制度空间较小以及学生参与程度也较低时便产生了"消极参与"现象，即：在某些社区事项处理上，学校的制度空间相对受限，学生也以消极态度应对。典型例子有：社区内电动车管理等日常问题，以及新冠疫情下对高校社区治理带来一系列挑战等。"学校突然没收电动车，也没有商量的通道，自己的交通工具没有了，只能换共享自行车，但僧多粥少，经常也抢不到。"（C02）"疫情封校，把校内一个闸门锁住了导致上下课高峰期堵塞严重，我只能绕一大圈走另一条路。"（C08）"生活区附近打印店被封起来关门了，需要打印资料时只能去很远的一家打印店，很不方便。"（C03）这些学生普遍选择另一种"退路"，改变自己去适应社区治理安排。

主要表现为两种心态：其一，选择小范围地和身边人"吐槽"，或是通过群聊、发朋友圈等进行即时宣泄。"我会跟舍友吐槽，或者大家经常在栋群里面发泄不满情绪。"（C08）"当时发了朋友圈吐槽，也经常看到大家各种各样的吐槽文案。"（C03）其二，主动站在校方立场进行解释。"学校管理人员看问题肯定是更全局的，跟我们学生处的位置不一样，虽然麻烦点，但自己也是会支持的。"（C02）"阅历上学校领导思维显然要高于学生好几个层次，学校有绝对的领导权也不可避免。"（B09）"我在群里潜水，默默看大家吐槽，算是'吃瓜'群众。"（B03）学生普遍将学校角色权威化，将自己的角色定位为服从者、执行者和被管理者，而面对身边同学的吐槽宣泄多表现为简单附和或是旁观态度，对于为什么自己会这样应对也多是从参与效能感、安全感和成本出发解释。整体呈现出"校—生"的单向沟通、学生群体间的非正式讨论以及"漠视不理"的消极参与形态。

4.4 自发参与

当学校制度空间较小，学生参与程度较高时便出现了"自发参与"现象，即：特殊情况下，学生会跳出学校的制度空间，出现一些非正式、自发性"参与行为"。伴随着互联网时代的到来，高校社区内群体事件时有发生。面对某次校内大规模清理电动车事件，许多同学产生不满情绪，起初是小部分同学在不同网络平台发声，随后引发大部分学生的转发扩散评论，最终引起一股关于学校风评的舆论热潮。自发参与呈现出非理性、对抗性的特点。学生可能通过不同平台、方式手段发表言论。如：在高校社区内张贴"抗议倡议书"、通过不同网络平台进行长文发布或转发、直接向省教育厅发起信访投稿或者通过司法途径提起教育公益诉讼等。自发参与整体上是猛烈而又迅疾的，开始结束很快，过程激烈，参与人数多，但持续时间短。

高校社区内，积极参与、被动参与、消极参与和自发参与的参与形态是同时存在的，存在于不同参与内容中，存在于不同参与者身上。从"乱表达"到"难传递"再到"缺反馈"，参与的各个环节都会出现一定困难。整体上具有局部性、短效性，妥协化、形式化，冷漠性、旁观性，非理性、对抗性等特征，参与形态复杂多样，参与成效不够显著。

5 权责意识视角下学生参与形态背后的行动逻辑解读

传统研究表明促进学生参与行动的关键在于激发学生的主体意识。而通过访谈发现，高校社区内学生表示意识到自己在参与社区治理中的主体地位，但却仍然缺乏实际有效的参与行为，表现出"意识和行动脱节"的特征。主要体现为三点：第一，无意识不行动。学生缺乏主体意识从而没有主动、有效地参与行动，或是学生认为自己具有主体意识但事实上对此存在认知误区，而实际上并不会因为缺乏真正的主体意识从而缺乏有效的参与行动。第二，有意识不行动。学生具有一定的主体意识，但不清楚主体意识在行动参与中究竟如何体现，因此仅仅停留在泛化抽象的意识层面，难以进行有效的参与。第三，有意识但行动未必有效。学生具有一定的主体意识并进行了一定参与，但未能将主体意识有效落实于参与行动中，对于主体意识认知具有局限性，难以找到具体的落脚点，行动参与也并非长效可持续的。

参与行动在参与动因和参与环境的共同作用下产生。仅仅从主体意识层面的参与动因出发已经很难深入解释上述多种成效不佳的参与形态产生的根本原因。权责意识作为主体意识的整合机制和落脚基点，从参与动因出发，是学生主体参与行动发生的内在逻辑；从参与环境出发，是校方制度空间形成的内在逻辑。这体现在学生权利、责任意识之间的转化对于参与行为态度的影响、权责意识对于参与行为选择的驱动以及"校—生"权责博弈对于参与行为结果的作用。通过深入访谈和扎根分析，笔者发现当前学生、学校以及双方互动存在着权责意识的发展困境：权责认知错位、权责实践变相、权责保障失灵等是参与行动失效的根本原因，制约了高校参与式治理的成效。

5.1 权责认知错位：污名化、模糊化

权责意识作为参与行动的意识基础，如果认知出现错位，对参与行动将缺乏正确客观的权责考量，会产生"模糊化""污名化"等现象，从而出现了短效、局部或者消极、被动的参与形态。

5.1.1 "权利是需求"与"责任是义务"

权利本是用来表达诉求和正义的工具，是表述实践理性要求的途径（夏勇，2004）。人的需求是无止境的，但权利是理性、合法需求的载体。学生把权利等同于需求，实际上扩大了权利的边界。

需求不一定要被满足，但权利必须得到保障，因此当权利需求化时，学生对校方的期待会无限提高或是对自身参与的必要性要求有所降低。"如果学校能满足学生的需求的话，那可能就不会出现这些纠纷。"（A11）"我们考虑的比较简单，可能就是自己的需求，学校未必会满足，应该有他们的权衡吧。"（B03）学生将自己的消极被动化参与归因于参与能力不足，其实本质上是将权利需求化，缺乏对权责关系的理性审视，更多则是无用的抱怨或妥协。

"如果不是很紧迫或者很重要，我对参与的需求不是很大。"（B06）学生将权利等同于需求将其分为轻重缓急，模糊了权利的边界，将社区的参与归为不紧急不重要的需求。"我有方式可以满足自己的需求，我的目的就达到了，明面上一些不合理的规定不管就是了。"（B08）还有学生直接以需求逻辑应对社区内"校—生"冲突，出现了"上有政策，下有对策"的形式化参与，不对社区制度建言献策而是默认遵守制度实则自寻门路，长此以往将不利于参与行为的正向良性发展。

责任是对自己主体身份下所尽基本义务的认可与担当，是公民的自觉意识和理性化体现，在公共领域下使个人目光从自我转向共同体（熊淑媛，2005；张洪高，2017）。相较义务而言，责任意识下的社会责任层面更强调对公共领域的担当和自觉行为。学生把责任等同于义务实际上窄化了责任边界，降低了参与要求。"学生的本分是学习，那我好好学习也是尽了学生的责任吧。"（B08）"我遵守最基本的宿舍管理规定啊，搞好宿舍卫生也算参与吧。"（A07）学生将责任义务化，便将社区参与界定为义务之外的事项。义务是必须履行的，而义务以外的事项并非一定要完成，因此对于参与的自觉程度较低，并且

缺乏对于公共生活领域的责任承担。

无论是权利需求化逻辑还是责任义务化逻辑，整体上都是权责认知模糊化，当不能够清晰认知自己的权利和责任时，也不可能真正具有主体意识，想要实现积极有效的学生参与更是无从谈起。

5.1.2 "权利是利益"与"责任是情怀"

当学生使用"利益化最大"去衡量事物的时候，便是将自己作为经济人进行"利益计算"，未将自己视作政治主体和社会个体去思考问题。事实上，利益损失并不意味着权利受到侵犯，学生将利益作为社区参与的行动标准，常常表现为功利化思想，难以产生长效可持续的参与行动，也难以形成公共意识。

"我参加提案大赛就是为了综测加分的，大部分参加者应该都是这种想法。"（A02）"我留任学生干部是因为可以更快、更多获取跟竞赛有关的信息。"（B06）学生如果以利益为导向实施社区参与时，在他们认为自己时间精力不足、参与收效小于投入的情况时便不会继续参与，没有将参与视作一种权利，而是一种获取利益的手段，即使当下的积极参与也只是短效的或者形式化的。

责任原本是一种理性实践，现实情况下出现了将责任感性化为"情怀"的情况。"为公共生活做事情是情怀，满足精神需求吧。"（B07）"我和身边都是社科专业的同学，我们对社区生活应该更有参与度，社科专业脱离不了情怀嘛。"（B10）没有权利意识就不可能有责任意识。学生认为参与社区治理是情怀的表现，其实本质上也反映了利益化的权利认知，认为参与是无利可寻的，是以"奉献"心理驱动的。并没有真正意识到他们自身在学生社区中的主体地位，相当于对于社区生活参与的权利及共建社区生活的责任认识不足，这种情况下很难产生实质的参与成效。

5.1.3 "权利是'拳'力"与"责任是负担"

作为公民意识的重要组成部分，权责意识本应是遵守公共生活秩序的契约保障，是学生社区内化解冲突的重要对话机制，然而在现实中，权利意识的表现被解读为"激进""不讲情理"，责任被认为是"负担""麻烦"，出现权责意识的污名化现象。"当我的权利受到侵犯，别人又没有尽责的时候，我会很明确地说出来，但她们说我太直了，不近人情。"（A09）"年轻气盛的学生才会没事就去提建议。"（B08）

除了学生群体对于权利意识的污名化以外，教师的权利观也存在同样的现象，对表现出较强权利意识的学生过于警惕或压制，认为其是"激进"的人。"以前在朋友圈讨论过学校的规章制度，辅导员打电话要求删除，之后我就不怎么表达了，会被扣上'激进分子'的帽子。"（C07）这本质上反映出在校方的权责观里，学生是受教育、被管理者的身份，理应服从学校利益。这也受到传统集权主义政治文化的影响，"官本位"造成了高校管理部门对于学生权利表达的限制和漠视（张洪高，2017）。"权责意识"由一种"对话"思维被误解为"对抗"思维。种种对于权利意识的污名化导致学生不能、不敢正当发声，便出现了消极被动等参与形态。

责任则被污名化是负担、麻烦。当大家面对社区公共事务时，大多报有如下心态："没人愿意报名，最后是抽签被迫去的，谁被抽到谁就是那个'幸运儿'。"（C04）"我不想掺和这事，谁去谁是'冤大头'。"（A08）大多数认为参与社区公共事务是"倒霉""吃亏"的。也有很多学生干部谈道："当时是没有人想留任的，我也是被劝说了好久，被迫接下了这个差事。"（C01）学生主观上对于社区参与缺乏认同，行为上缺乏责任意识所包含的理性实践和自觉行动，更多是出于情理、被动地接受，难以真正去承担"主体身份"所带来的责任，更难以真正参与社区治理。

5.2 权责实践变相：区别化、对立化

除认知层面以外，权责意识在实践层面也存在误区，表现出"校—生"主体的区别化以及权利责任的对立。权责本应一体化，但在实践的不同场合中、面对不同主体时产生变相。

5.2.1 "我是天赋权利"与"他是无限责任"

对社区经常发生的外卖丢失事件，学生普遍表示不满，会选择发朋友圈进行宣泄或者与朋友当面吐槽，也有学生谈道："可以像其他学校那样安装外卖柜，这也是对我们财产权的保护"，而追问到是否会将此想法以提案方式上交时，被访者回答，"应该有别人去做了吧，肯定是会有其他人提的。"（B01）面对权利时注重自我主体，而面对责任时倾向于推托给他人。权责意识的区别化还表现在学生的"天赋权利"思想和对学校"无限责任"的认知。学生把自己的需求过度上升为自己的权利，认为都应得到满足，当校方某些举措不符合自己心意就是侵犯了自己的权利。同时认为学校肩负"无限"的责任，应为学生提供"无限"的保障和服务，当"校—生"之间出现矛盾冲突时，学生、家长乃至社会大众更倾向于将过错推向学校。

"校—生"的权责对立案例在社区中屡见不鲜，体现着学生"天赋权利"和学校"无限责任"的矛盾。典型案例一：H高校规定不可以在宿舍使用大功率电器如某些锅具，但是在高校宿舍内做饭屡见不鲜。访谈过程中，一位认为可以在宿舍使用炊具的同学抱怨说："我们觉得宿舍就应该像家一样。"（A12）学校要承担着学生使用炊具带来的安全风险，而学生又会觉得学校"多管闲事"。典型案例二：H高校认为学生点外卖存在食物安全风险，而且外卖派送员频繁进出宿舍区也存在安全隐患，于是就在宿舍区设桩阻止外卖派送员进入宿舍区。但是学生认为点外卖是自己的自由选择，学校无权干预，这

体现了学生权利与学校责任的冲突，学校难以承担学生出现意外的责任，学生则认为自己有自由选择的权利。

大众普遍将学校看作是学生的"照顾者"和"责任承担方"。固化的角色认知导致学校更多时候被迫承担着巨大的责任。学校担心学生在校内出危险被问责而将管理范围扩大，或者减少学生的决策参与以稳固校方持有的话语权，学生则认为校方应该保障自己的各种权利，双方的权责意识不对等，导致学生社区内冲突不断。"无限责任"对于学校是沉重的负担，"天赋权利"对于学生培养独立的主体意识和理性的权责意识是极大的阻碍，"校—生"权责博弈不对等，学生参与也就空有其表。

5.2.2 "权利对下"与"责任对上"

访谈中学生普遍在对于自己和同学、商家、食堂经理、保安人员等第三方之间会强调对于自身权利的维护，而对于和校方之间则将权利话语后置。"在食堂微信群里大家每天都在向经理反馈各种意见。""如果有同学侵犯到我的权利，我肯定会追究。"（A05）面对新冠疫情期间校内各区不能通行的防疫政策，学生则表示"去图书馆是很不方便，但是学校高层是决策者，也有他们的考量吧。"（B06）这之间存在着弱者互动逻辑，本质上也是"校—生"权责观的体现。学校是"官本位"思想，学生潜意识也认为学校等级是高于自己的，而同学之间、学生与社会第三方之间的地位是平等的，因此权利只对向"弱者"。对"强者"选择收回权利，不少学生谈到是因为"不想影响到自己的评优评奖、不想影响到自己毕业"等，也就是"校—生"之间本该权利相护却出现了权利掣肘现象，究其根本还是学校对于学生主体意识认识不到位，没有培养学生的责任意识，而学生也习惯服从，主体意识并没有完全觉醒。

"责任对上"则主要体现在"校领导—辅导员—学生干部—其他学生群体"的沟通链中，以落实学校新颁布的管理制度为例，在沟通环节作为中间枢纽的两个主体都表现出责任对上的行动逻辑。面对学校的相关规定以及执行的层层加码和学生群体强烈不满之间的冲突，学生干部没有充当收集学生群体意见、心声并向上反馈的角色，也没有作为学生代表与校方进行协商对话，仅充当了执行者、传声筒角色，与辅导员之间单向沟通，学生干部只是完成辅导员的通知和要求，对上负责，不具备其他自主性。辅导员作为联结学生和校方领导的重要角色，也仅仅是对上负责，本应该是中间枢纽，但更多时候却发挥了"阻隔"作用。"你遇到什么样的辅导员你就会经历什么样的大学四年。"（B10）"给校长信箱投信约等于被辅导员约谈。"（B08）学生在高校社区的生活状态很大程度上取决于和辅导员老师的互动情况，并直接关联到其参与行动。与学生朝夕相处的辅导员老师同时肩负思政教育工作，倘若其权责观是仅对上级领导负责，忽视学生的主体地位，那么高校社区内的权责教育便不可能真正实现，"校一生"权责实践变相带来的结果也只能是无效的参与，培养出的大学生也是缺乏公民意识的。

5.2.3 "权利显化"与"责任隐化"

"权利显化"与"责任隐化"体现在不同场合中。如学生干部群体或是党员大学生，谈到自己的干部或党员身份时，他们会首先想到自己的决策权、表决权、选举权与被选举权，这些权利是在特定范围内实现的，如在某个学生组织或党支部内。他们在行使这些权利的同时也履行着确保决策有效、表决结果公正客观、选举过程公平等的责任。不同的身份和特定的场域使学生群体的权利显化，权利显化的时候责任便也一同显现。而当去除特定身份或场域，以整个社区作为活动场域时，学生普遍认为其享有"参与权"，如在某些事项的决策、方案的制订、问题的反馈上都有参与权利，但当谈及如整治社区乱停车等公共问题时，他们很少意识到其作为社区生活主体的责任。同时，通过访谈笔者发现存在"即使制度空间不允许，仍然行使权利"的自发参与形态，也存在"假如规章制度不合理，就选择不遵守并以其他方式满足自我需求"的现象。遵守法律法规的意识是责任意识的第一要义，倘若法律法规都不能遵守，更不用说其他责任的履行了（伍华军，2013）。可见在不同场域下权利是几乎无条件被显化，而责任则更轻易被隐化、被忽视，这显示出大学生群体权利意识逐渐觉醒而责任意识，尤其是社会责任意识仍然较弱的现状。本质上还是他们对于自身主体意识的认知不够到位，对作为社区生活主体角色肩负的对他人以及所在社区共同体所应承担的任务、应做的事务的认同与担当的自觉程度还较低。权利过显而责任过隐导致权责内部失衡，使得学生在参与行动时缺乏担当和理性衡量进而难以取得良好的参与成效。

5.3 权责保障失灵：两极化、非理性

无救济不权利（荣振华等，2017），有责任也意味着要能够防御行为后果所带来的风险（蒋传光，2009）。权利救济制度广义上可以涵盖对学生权利的保障，具体表现为对学生参与的反馈等。权利救济和责任防御等对于权责意识的保障亦是权责意识的重要组成要素。访谈中发现存在无意识、有意识无能力以及过度保障三种情况。

5.3.1 "无救济意识"与"无防御意识"

明确相应主体的权利和责任是权利救济制度建立的基础和前提。对于学生而言，如果不清楚不了解自己享有哪些权利和需要承担哪些责任，救济意识和防御意识便也无从谈起。除了法学专业的同学以外，大多数同学在访谈过程中都表示"不是很清楚（自己有哪些权利）""没怎么考虑过这个问题"。一方面说明大学生权责意识的缺失，另一方面也体现了高校对于权责教育的忽视。这

使得学生缺乏对主体身份的认同，进而也难以在参与社区治理中发挥主体作用。对于学校而言，许多时候将学生置于客体、被动的地位，缺乏对学生权利救济意识的培育，权利救济渠道也相对匮乏。"比如在校外，如果我的权益受到侵犯时可以马上打 12315，但是在校内就不太清楚找谁。"（B05）"处理上是比较模糊的，没什么反馈结果。"（B02）学生社区中存在：对现有反馈渠道宣传普及不足、提意见的渠道少、可提意见的对象有限、校方缺乏对学生意见的反馈等。总结来讲是权利救济机制建设不足，同时学校责任风险防御意识有待提高。访谈过程中，学生谈道："平时周边社区居民和游客在校内可以自由行动，但是某些管理条例只限制学生，学校表示不会限制其他人。"（B09）学校缺乏作为社会主体的责任风险防御意识，选择了更大程度地规避风险，并不能真正有效地达到管控目的。在学校权力结构中存在一定的功利主义、利己主义导向下的自保心理和逃避心理，这样的"对内不对外""对上不对下"的"反生态逻辑"使得"校—生"正常关系被破坏（刘蕊等，2019），学生参与便难以真正落实。

5.3.2 "无救济能力"与"无防御能力"

当存在一定制度空间和了解到救济渠道时，仍然存在学生无救济的行为表现。主要源于对于责任承担后果风险的"害怕"从而无防御能力，进而也不会选择救济。"'枪打出头鸟'，我不会去做主动发声的那个。"（A03）"我们都是敢怒不敢言，就像'沉默的大多数'。"（C05）问到是否愿意主动发起一些合理的社区倡议，同学表示："不会，自己能力不够，担心做不好。"继而追问假如具备相应能力，回答："依旧不会去做，不知道怎么去做，也不确定做了之后对我有什么影响。"（B05）因此学生口中的"能力不足"更多是选择不去参与的托词，本身对于"能力"的界定就是空泛且模糊的，真正不足的"能力"是缺乏责任风险防御的能力和权利救济能力。究其根本还是上文所提到的"校—生"之间本该权利相护却出现了权利掣肘。学生习惯服从，主体意识并没有完全觉醒；学校对于学生主体意识认识不到位，没有培养学生的责任意识，容易加强对权利救济的限制或是加大对责任行为后果的惩罚力度等，久而久之学生便认为自己没有救济能力和风险防御能力，面对社区参与也是消极被动应对。

5.3.3 "过度救济"与"过度防御"

当校方制度空间小于学生行动空间，或是小于学生认为自己需要的行动空间时，学生对权利的过度救济和对责任风险的过度防御将导致产生非理性自发参与下的群体性事件。学生有权责保障意识和能力，但大学生群体居住密集，在特定环境下容易受情绪牵引和气氛渲染产生"非理性"言论或行为。根本原因在于：第一，校方缺乏对于权责的明确规定和保障机制。学生社区本应是供给学生公共生活的场域，但在学生社区实际治理中往往缺少被学校、学生双方共同认可的规范和契约。学生社区作为学生和社会之间的"屏障",容易忽视学生的公民权利,使得学生处于一种被动管理的状态。第二,学生对于权责意识的过度保障是缺乏理性思考和分辨能力的,出现"无论如何都要争取权利""行为惩罚之前先扩大局势,分摊责任风险"的过度救济和过度防御心理。在传统管理系统内长期积聚的"校—生"关系紧张,稀释了大众的心理共识,损害了学生民意基础,这种心态长期得不到关注和化解便容易发生群体性事件和个体极端事件(刘蕊等,2019)。

5.4 小结

综上所述,大学生群体存在"需求逻辑""利益逻辑""责任等同义务""责任就是情怀""权利意识是激进""责任意识是负担"等污名化、模糊化的"权责认知错位"现象;"校—生"权责实践中存在"我是天赋权利""他是无限责任""权利对下""责任对上""权利显化""责任隐化"等区别化、对立化的"变相实践"现象;同时,校方则缺乏权利救济或责任防御意识,而学生自身也存在着"无救济意识、能力""无防御意识、能力"或"过度救济、防御"等两极化、非理性情况,总体呈现出"权责保障失灵"现象。

总体而言,大学生群体权责意识薄弱,认知、实践均存在误区,校方权责观亦有所匮乏。学生参与高校社区治理是发生在"校—生"互动基础上,由学生内在参与动因和校方外在参与环境共同驱动下的行为。权责意识作为学生治理参与的意识基础发展不当,高校社区制度体系作为"校—生"权责关系的外化呈现也存在局限,最终导致学生参与社区治理态度不端正,成效不佳,出现了短效盲目的积极参与、形式妥协的被动参与、冷漠旁观的消极参与、非理性对抗的自发参与等不同参与形态。

6 结语

6.1 总结

权责意识是公民意识的重要组成部分,以"权责意识"为切入点解读大学生参与高校社区治理将有助于分析出宏观概念背后的微观逻辑机制。本研究依据学生在不同制度空间下的参与程度表现,总结出学生参与高校社区治理存在以下形态:短效盲目的积极参与、形式妥协的被动参与、冷漠旁观的消极参与、非理性对抗的自发参与等。反思"校—生"权责意识与学生参与社区治理的影响关系,以权责意识视角分析学生参与形态背后的主体间行动逻辑,本研究认为:学生的权责意识是参与治理的意识基础,是治理理念内化为主体行动的前提条件;治理制度环境是主体间权责关系的外化呈现,与权责意识之间相互影响;权责认知错位、权责实践变相、权责保障失灵等制约了学生参与高校社区治理的成效。

6.2 反思

在学生社区治理中往往缺少被学校、学生双方共同认可的规范和契约，公共契约的缺乏表明"学生社区治理作为学生公共领域是为学生公共生活服务的属性"常被忽视。权责意识是社群规范、契约遵循的前提（伍华军，2014）。当"学生参与"治理理念转化为权责意识，高校学生社区管理就形成了一系列隐形的契约规范，校生之间也能够采用"理性"高于"感性"的对话机制进行良性互动，实现真正的"学生参与"。

建设良好的高校社区治理生态除了需要不断完善治理机制和制度环境，更重要的是发挥社区内"人"的作用（刘蕊等，2019）。如果缺乏公民意识的主体心理支撑，制度将会失去赖以存在的合理性基础。因此将"权责意识"的培养引进高校教育也更有助于取得良好的治理成效，不仅能够帮助学生转变观念：从把参与视为"责任分担"到把参与作为"权利保障"，使学生将权责认知内化为自我行动的戒律，从而实现真正意义上的"主体"行为，更是培养学生主体意识和公民意识的重要举措（苏林琴等，2012）。随着《民法典》的出台，公民的民事权责日益受到社会关注，在制度上明晰公民权责的同时，也必然要培养相对应的公民权责意识。只有意识与制度相匹配，才能实现以人民为中心的社会发展目标。在学生社区中也是如此，高等教育可以将学生社区治理作为实践场域，将培育学生"参与"理念嵌入权责教育，有助于更好地实现高等教育根本宗旨，构建和谐校园，同时推动大学生权责意识的发展，使其形成公民意识的萌芽（李曼雅等，2021）。

高校社区通过主体性、实践性的公民教育唤醒学生的公民意识和治理意识，培育学生的权责意识，使学生成长为治理型公民，能够推动学校治理发展。同时营造公共民主的生活空间，教师、学生都更好地保护自身公民权利，履行自身公民责任，使高校社区生活成为真正意义上的公民生活（叶飞，2013）。当学生普遍具备公民意识，步入社会后才会产生道德坚守和行动自觉，才能自觉承担社会责任。实现公共权力与公民权利的良性互动，最终营造人人自觉遵守道德、法律规范的良好社会氛围，形成积极参与公共生活的政治民主生态，促进社会的和谐稳定与发展。

------ **参 考 文 献** ------

曹辉，2020. 大学内部治理中的学生参与：动因、路径及其实现 [J]. 国家教育行政学院学报（2）：48-55.

曹军，李祥永，郭红保，等，2016. 权力观视阈下大学生参与高校管理研究 [J]. 现代教育
　管理（4）：63 - 67.

陈万灵，2004. "社区参与"的微观机制研究 [J]. 学术研究（4）：77 - 81.

董柏林，2018. 十年来我国学生参与大学治理研究进展与展望 [J]. 黑龙江高教研究，36
　（12）：31 - 35.

多淑杰，2022. 制度逻辑视域下企业参与产教融合行为机理分析：基于扎根理论研究 [J].
　中国职业技术教育（4）：64 - 70.

方婷，2006. 高校学生社区管理研究 [D]. 金华：浙江师范大学.

顾协国，2005. 大学生权利与高校管理的权责 [J]. 当代青年研究（10）：22 - 25.

郭俊，2016. 学生参与大学治理的权力研究 [D]. 武汉：华中科技大学.

何晨玥，2015. 学生参与大学治理与公共价值观培育 [J]. 中国青年社会科学，34
　（2）：86 - 90.

何晨玥，张新平，2018. 学生参与大学治理的行动类型、特征与逻辑：源于实证调查的法
　社会学分析 [J]. 高等教育研究，39（5）：89 - 95.

侯浩翔，钟婉娟，2016. 学生参与高校治理的价值逻辑与机制建构 [J]. 教育评论
　（9）：72 - 75.

胡仲胜，2017. 社会参与视角下的高校治理模式改革初探 [J]. 高等建筑教育，26
　（5）：6 - 9.

姜晓萍，衡霞，2007. 社区治理中的公民参与 [J]. 湖南社会科学（1）：24 - 28.

姜涌，2003. 公民的主体意识 [J]. 山东大学学报（哲学社会科学版）（3）：91 - 94.

姜振华，胡鸿保，2002. 社区概念发展的历程 [J]. 中国青年政治学院学报
　（4）：121 - 124.

蒋传光，2009. 公民社会与社会转型中法治秩序的构建：以公民责任意识为视角 [J]. 求是
　学刊，36（1）：76 - 84.

金一斌，2016. 大学生参与高校管理：由来、视角、趋势 [J]. 中国高等教育（2）：
　29 - 32.

李曼雅，李蕙，李渊傣，等，2021. 高校学生参与社区治理行动逻辑研究 [J]. 合作经济与
　科技，（17）：96 - 99.

刘青春，2019. 高校学生社区管理：目标定位、核心内容及主导因素 [J]. 湖州职业技术学
　院学报，17（3）：12 - 15.

刘蕊，方雷，2019. 公民意识视阈下良好政治生态的建构理路 [J]. 广西社会科学（11）：
　50 - 54.

刘铁芳，谢燕，2006. 社会参与和公民权责意识的培养 [J]. 教育科学研究（1）：43 - 45.

刘智勇，陈立，2020. 从有限参与到有效参与：邻避冲突治理的公众参与发展目标 [J]. 学
　习论坛（10）：84 - 90.

柳琳璐，师璐，曾志嵘，2018，高校内部治理体系改革探讨：基于学生群体被关注度视角
　[J]. 中国高校科技（4）：44 - 47.

马丽娟，2020. 学校治理实践推进中主体的驱动、规制与协调 [J]. 教育理论与实践，40

（17）：15 - 18.

彭小兵，王长征，2020. 我国社区治理研究中"脱节"现象的反思 ［J］. 北京行政学院学报（2）：10 - 17.

蒲新微，衡元元，2021. 还权、赋能、归位：群众制度化参与社区治理之路 ［J］. 南京社会科学（2）：68 - 73.

荣振华，管又飞，2017. 高校治理中大学生参与权的理论基础与现实表达 ［J］. 复旦教育论坛，15（6）：33 - 39.

苏林琴，孙晋，2012. 主体身份与角色认同：大学生权责意识整合与培养的路径 ［J］. 现代教育科学（11）：144 - 146.

孙柏瑛，2005. 公民参与形式的类型及其适用性分析 ［J］. 中国人民大学学报（5）：124 - 129.

孙薇，于翔，2017. 高校内部治理的学生参与机制研究 ［J］. 黑龙江高教研究（8）：46 - 50.

唐有财，胡兵，2016. 社区治理中的公众参与：国家认同与社区认同的双重驱动 ［J］. 云南师范大学学报（哲学社会科学版），48（2）：63 - 69.

王锡锌，2008. 公众参与：参与式民主的理论想象及制度实践 ［J］. 政治与法律（6）：8 - 14.

王毅，2019. 高职院校学生宿舍管理中存在的问题及解决方法 ［J］. 现代经济信息（23）：451.

吴康妮，2016. 当代大学生社会责任感及其培养 ［D］. 重庆：西南大学.

吴迅荣，2008. 由公民权责、公民参与到参与性公民 ［J］. 中国教育学刊（2）：55 - 57.

吴自涛，2010. 浅论高校学生社区的制度设计 ［J］. 高校后勤研究（5）：95 - 97.

伍华军，2013. 公民意识对协商民主的理念契合及其动力分析 ［J］. 广东行政学院学报，25（6）：47 - 52.

伍华军，2014. 公民意识：对公民政治参与的促进与形塑 ［J］. 法学评论，32（4）：46 - 55.

伍尚峰，2011. 我国高校学生生活区交往空间设计与营造研究 ［D］. 广州：华南理工大学.

夏晓丽，2011. 城市社区治理中的公民参与问题研究 ［D］. 济南：山东大学.

夏勇，2004. 权利哲学的基本问题 ［J］. 法学研究（3）：3 - 26.

香港课程发展议会，1996. 学校公民教育指引 ［M］. 香港：香港教育署.

熊淑媛，2005. 公民、公民意识与政治文明 ［J］. 理论探索（5）：122 - 124.

徐顽强，王文彬，2020. 主体自觉视角下的学生参与高校治理问题研究 ［J］. 现代教育管理（1）：37 - 43.

杨敏，2005. 公民参与、群众参与与社区参与 ［J］. 社会（5）：78 - 95.

杨敏，2007. 作为国家治理单元的社区：对城市社区建设运动过程中居民社区参与和社区认知的个案研究 ［J］. 社会学研究（4）：137 - 164.

姚佳胜，2016. 论大学治理的学生参与 ［J］. 黑龙江高教研究（4）：121 - 123.

叶飞，2013. "治理"视域下的学校公民教育 ［J］. 教育学报，9（6）：52 - 57.

尹浩，舒晓虎，2018. 新时代城市社区治理中的居民主体性培育路径研究 [J]. 求实（4）：76-87.

于苏静，2010. 河南大学生权利意识存在的主要问题及对策研究 [D]. 郑州：郑州大学.

张浩，2012. 主体意识与理性精神：中国政治发展的文化资源 [J]. 内蒙古社会科学（汉文版），33（6）：1-6.

张洪高，2017. 高校学生公共参与意识的培育 [J]. 社会科学家（12）：131-135.

张赟，孙晋，凌哲明，2015. 大学生权责意识培养的理论进路 [J]. 现代教育管理（6）：116-120.

赵小焕，眭依凡，2021. 大学教师参与学院治理过程中的问题及策略研究：基于 A 大学的个案研究 [J]. 高校教育管理，15（6）：48-56.

周阳，谭春辉，朱宸良，等，2022. 基于扎根理论的虚拟学术社区用户参与行为研究：以小木虫为例 [J]. 情报科学，40（1）：176-183.

邹慧明，2020. 公 众 参 与 教 育 改 革：可 为、难 为 与 应 为 [J]. 教 育 研 究 与 实 验（6）：24-31.

ARNSTEIN S R，1969. A Ladder of Citizen Participation [J]. Journal of the American Institute of Planners，35（4）：216-224.

MARSHALLTH B，1973. Class，citizenship and social development [M]. Chicago：The University of Chicago Press：85-87.

MARSHALLTH B，1992. Citizenship and social class，forty years on Concord [M]. London：Pulto Press：55-93.

OWITZM J，1980. Observation on the sociology of citizenship [J]. SocialForces（59）：1-24.

SONC D，1997. From Subject to Citizen：Australia Citizenship in the Twentieth Century [M]. Cambridge：Cambridge University Press：5-13.

SUMMERVILLE J A，ADKINS B A，KENDALL G，2008. Community Participation，Rights，and Responsibilities：The Governmentality of Sustainable Development Policy in Australia [J]. Environment and Planning C：Government and Policy，26（4）：696-711.

她者之力：参与式发展视角下外嫁女"回娘家活动"的探究

——以广东省茂名市为例[①]

李伟梁

1 绪论

1.1 研究背景

党的十九大作出实施乡村振兴战略的重大决策部署后，全国妇联下发《关于开展"乡村振兴巾帼行动"的实施意见》，意见指出，紧紧围绕产业兴旺、生态宜居、乡风文明、治理有效、生活富裕的总要求，在农村产业发展、生态环境保护、乡风文明建设、农村弱势群体关爱等方面发挥妇联组织的独特作用，最广泛地把农村妇女动员起来、组织起来，更紧密地团结在党中央周围，坚定不移听党话跟党走，为实现乡村全面振兴贡献巾帼力量。

近年来，粤西等地农村兴起了外嫁女集体回娘家的浪潮，这种乡村内生、以外嫁女性为参与主体的活动在弘扬热爱家乡、尊老爱幼等传统美德上发挥着积极的作用。针对外嫁女集体回娘家的现象，本文将研究以下几个问题。首先，对近年来粤西地区外嫁女集体回娘家活动做实地调研，探索出广东地区外嫁女集体回娘家活动的兴起条件；其次，本文试图分析外嫁女在农村社区建设与发展过程中的行动逻辑和影响；最后，思考外嫁女集体返乡有何积极效应或存在哪些值得反思的问题，以更好地发挥外嫁女在乡村发展中的作用。

1.2 研究意义

1.2.1 现实意义

从目前的实践来看，现有的外嫁女集体返乡活动对于农村女性意识觉醒和乡村振兴具有积极的意义，但仍然存在一些问题（如：攀比），如果这些问题未能得到改善，呈现的积极影响可能只是短暂的。本研究从外嫁女主体出发，关注她们集体返乡时的活动内容，并分析其对乡村振兴的作用及活动本身的不

---

① 罗天莹老师指导。

足之处，有针对性地提出一些建议，为外嫁女活动的良性发展提供参考，让外嫁女群体充分发挥其作用参与到乡村建设当中，贡献她们的力量。

1.2.2 理论意义

本研究基于参与式发展理论，通过对外嫁女集体返乡活动中重要事件解读，分析外嫁女群体是以何种途径参与娘家的农村社区发展以及发挥何种作用，为外嫁女返乡研究提供又一理论框架。此外，外嫁女集体回娘家活动反映了乡村建设中对外嫁女力量的有效利用，充分展示了乡村对外嫁女性的接纳和认同，本研究将总结外嫁女的参与成效并提供可借鉴的参与途径，不仅扩展了参与式发展理论的研究范围，也进一步丰富和完善外嫁女群体返乡研究角度。

1.3 文献综述

1.3.1 关于外嫁女的文献研究

学界对于外嫁女暂时没有一个统一的定义。孙海龙等（2004）认为"外嫁女"一词具有典型的广东地方特色并且外延非常广泛。狭义的"外嫁女"专指与外村男性结婚、户籍因各种原因仍保留在本村的已婚女性。广义的"外嫁女"，还包括嫁入本村、户口也迁入的"内嫁女"、离婚或丧偶的"外嫁女"等。蒋志宏（2004）对"外嫁女"的涵义有三层理解：狭义"外嫁女"的突出特点是"嫁而不走"，即女性与外村男性结婚，但其户口仍然留在娘家村落或其不愿意迁走户口；中义的"外嫁女"包含出嫁后离开本村并迁走户口，到夫家所在地安居乐业的女性，加上狭义"外嫁女"；广义的"外嫁女"就是指所有出嫁的女性。张开泽（2009）指出"外嫁女"的原意与"出嫁女"相同，"出嫁女"中的"出"指离开原生家庭，并且认为外嫁女已演变为一个排斥、歧视妇女的法律概念。综上所述并结合实际研究需求，本文选取以下定义：外嫁女是指长期不居住在出生地的成年已婚女性同胞。

莫小云（2003）和张庆东等（2006）较为概括地阐释了外嫁女权益纠纷的表现类型以及背后的成因，并提出保护外嫁女权益的原则与设想；陈端洪（2003）在了解"外嫁女"纠纷案例的各类情形之后，从财产权的角度分析，指出外嫁女不能参加权益分配的排他性村规民约是与集体所有权制度背道而驰的，外嫁女的集体身份是不可否认的；柏兰芝（2013）聚焦于珠三角地区的农村，回顾了外嫁女群体近 20 年来争取合法权益的行动，将外嫁女视为行动者主体，以过程取向分析中国的制度和政治变迁。目前关于外嫁女群体的研究主要围绕着权益纠纷与保护的问题展开，其成因是在农村地区经济发展的大背景下，由于农村户籍制度以及村民待遇的限制，产生了与外嫁女集体财产分配权、劳动权、居住权相关的纠纷，尤其突出的是土地权益纠纷以及衍生出的其他问题。

回娘家习俗在中国历史悠久，关于女子回娘家的最早文字记载可追溯到《诗经》中《葛覃》的诗词"害浣害否？归宁父母"。根据现有文献，外嫁女回娘家的研究主要集中在新婚归宁、年节回娘家等传统礼俗，外嫁女自主回娘家的情形，回娘家习俗节日禁忌等方面。台湾学者洪淑苓（2001）围绕歌谣、民间故事，探讨各地新婚归宁的异同、年节回娘家的禁忌以及与女性民俗文化的关系。刁统菊（2010）从山东、山西、河北三省的乡村获取一手调研素材，研究发现节日禁忌会限制对于娘家而言已经变成了"外人"的外嫁女回娘家行为，同时也发现回娘家习俗在北方外嫁女协调婆媳关系和亲子关系方面发挥重要作用。张青（2014）通过分析乡村社会中回娘家习俗的节日禁忌，得出父权制在现代社会的延续是回娘家习俗节日禁忌得以保留的重要因素。

由此可知，大多数回娘家研究仅局限于对外嫁女个人回娘家礼俗的探讨，未能关注到新兴的外嫁女集体返乡活动以及该活动对于其娘家所在的社区的影响。外嫁女集体返乡活动包含外嫁女筹集经费、组织策划活动、回馈支持故乡发展等一系列行为，学界称之为外嫁女反哺行为（何阳，2019）或外嫁女"联谊会"（王倩楠等，2020）。本文将外嫁女集体返乡活动称之为"回娘家活动"。随着外嫁女"回娘家活动"的不断扩散，这种新兴的现象逐渐被学者所关注，何阳（2019）认为外嫁女反哺行为是乡风文明建设基层实践的全新路径，能够激发乡村外嫁女性的内生动力助推乡风文明建设。但总的来说，目前关于外嫁女"回娘家活动"的研究仍然是十分稀少的。

1.3.2 关于参与式发展理论的文献研究

"参与式发展理论"的英文是 theory of participatory development，其中"参与"（participatory）是指参加某项活动，也指参加某项活动的权利。"参与式发展"这一概念最早由美国的 Norman Uphoff 教授在 20 世纪 40 年代提出。20 世纪五六十年代，发达国家对发展中国家进行援助时采用了"社区发展战略"，以鼓励当地居民参与社区活动谋求发展，但当时社区不能完全决定自身发展的内容和方向，不能掌握足够的决策控制权。20 世纪 70 年代，国际劳工组织发起的世界就业大会提出"参与"应当是基本需求战略的重要因素。到了20 世纪 90 年代，国际一些援助机构将其援助重点向促进参与式发展方面实行全面转移，参与式发展理论在全世界范围内真正推行起来，与此同时，在国际机构的倡导和国内学者的推动下，参与式发展成为中国农村发展、扶贫领域的重要理念和方法。也有些学者指出，参与式发展理论并非完全是舶来品，我国早在 20 世纪二三十年代的"乡村建设运动"中已经出现了大量的参与式发展模式的理论与方法，特别是晏阳初的"定县实验"和梁漱溟的"邹平实验"，是参与式发展理论的本土贡献与来源。

国外文献关于"参与"的定义有许多种，比较有代表性的几种观点包括：

Passeff（1971）认为公民参与是一种权力的再分配，它在未来（的参与主体）将包括目前被排斥的穷人，并能更好地调动公众的积极性。Coppock（1977）提出应该通过一些正式的或非正式的机制让公众参与决策。Poppe（1992）提出了参与式发展的三个阶段：设定总体目标，制定发展政策、规划，实施和评级；为发展努力做贡献；分享发展的成果。此外，其他学者也研究了参与的益处。例如，Spencer（1989）认为，参与可以使决策的实施具有可信度，利于创新，并赋予他人一种责任感。总的来说，笔者认为参与式发展意味着权力结构的重构，实现资源的再次分配，"参与"的概念实质上指的是基层群众被赋权的过程。

在20世纪80年代，"参与式发展"的概念传入中国，在一些国际组织的支持下，中国开始兴起许多的参与式发展研究与实践，有Robert Chambers在云南举办的参与式农村评估培训班、联合国粮食及农业组织（FAO）和联合国开发计划署（UNDP）组织的害虫综合治理（IPM）农民田间学校项目等。与此同时，中国的学者也开始关注并研究这个领域，中国最早明确提出参与式发展概念的是李小云教授，他在自己的著作《参与式发展概论》中对国外学者提出的"参与"定义进行归纳，并指出"参与"本身主要包含以下一些重要因素和方面：决策及选择过程中的介入、在全部项目循环中的介入、贡献努力、承诺及能力、动力及责任、乡土知识及创新、对资源的利用和控制、利益分享、自我组织及自立、权力及民主的再分配、机制促进等，他同时结合我国的实际情况提出了参与式发展的实际方法、实践工具与评估指标。

中国学术界对参与式发展理论的研究已由扶贫开发、公益项目、新农村建设范围扩大到农林业发展、农村社区工作、乡村旅游等领域。王万英等（2002）将参与性评估应用于社区扶贫项目，使村民能够通过组建科技互助小组培养自我组织管理能力，实现自我成长，并分享扶贫的成效。阎友兵等（2007）提倡发展社区参与式乡村旅游，将民众参与的思想贯彻到新农村建设的过程中，促进当地的精神文明建设和环境建设，并且农民也可以利用当地的旅游资源来实现增收。金爱武（2004）将参与式发展机制与农林业发展相结合，研究浙江和福建山区的毛竹林的定向培育技术，将参与式发展的观念注入林业发展当中并创新了林业技术推广机制。在社会工作研究领域，李彬宁（2012）对湖北咸丰县一村落进行定点观察，探讨参与式发展与社会工作专业的契合性，指出社会工作者在其中所扮演的角色和工作重点。经历了20年的探索，参与式发展理论被广泛应用在乡村发展和建设中的各个领域，并发挥了一定的作用，也意味着参与式发展研究与实践在中国的影响力越来越大。对于"参与式发展"的定义，本文采用李小云（2005）的理解：参与式发展是发展主体能够积极、全面地介入那些影响其生活状况的发展过程或发展项目的有关决策过程的一种发展方式。

参与式发展理论对传统发展理论进行了批判反思。传统发展理论认为发展的主体就是经济,发展的核心是经济持续稳定增长,这种盲目追求经济增长的发展观忽视了人的能动性和人自身的发展。在对传统的发展理论进行批判的过程中形成了参与式发展理论。参与式发展的核心是赋权,而赋权的核心是对参与和决策发展活动全过程的权力再分配,即增加社会弱势群体和社会边缘化群体在发展活动中的发言权和决策权。具体到社区中,为穷人和妇女的赋权过程是重新唤回他们对自身知识和能力的自信和重建自尊的过程,让他们参与到社区发展的决策中来,最终使得他们获得对社区事务的组织管理以及决策规划能力。

实现真正的全体人员参与的关键在于认清并消除偏见,但是在实践的过程中,性别偏见具有存在普遍性,女性常常被排除在"参与"之外。因此参与式发展的主要目的是赋权给妇女,确保妇女参与发展,实现权力关系的改变,倡导社会性别公平。具有性别敏感性的参与式发展观点应该包括:女性和男性一样都是发展的主体;女性的决策权是体现参与式理念的重要方面;女性应该平等地获得资源;建立妇女组织与网络;建立保证妇女可持续性地在各个层面上参与的机制。(林志斌,2001)

1.4 研究设计

1.4.1 研究思路

自 2016 年底以来,广东地区的多个村落先后相继举行了较为大型的外嫁女"回娘家活动",其中广东茂名市更是以举办村落之多、参与人数之多,成为外嫁女活动盛行的区域之一。本研究选取成功举办了"回娘家活动"的茂南区鳌头镇 M 村、高州市石仔岭街道 C 村、信宜市钱排镇 X 村三个村落为主要调研地点,并对高州市沙田镇 S 村的外嫁女活动的部分组织者进行访谈,以总结发现各村"回娘家活动"的共性。

在确定了研究对象之后,本文采用定性研究的方法,在文献资料和已获得的访谈资料基础上,了解当前"回娘家活动"举办现状,通过总结活动开展流程,发现并分析外嫁女在活动中参与农村社区发展的表现。"回娘家活动"在实践的过程中,难免会遇到一些问题,基于此,以参与式发展视角探索外嫁女"回娘家活动"可持续发展的路径,探索其推动社区发展的途径。

1.4.2 研究方法

本研究主要通过文献研究、实地观察、半结构化访谈等方法收集资料,采取质性研究方法对外嫁女"回娘家活动"现状进行总结和分析。

文献研究法。笔者首先搜集以"外嫁女"和"参与式发展"为主题词的现有文献，接着对这些文献进行分类整理，把握前沿研究成果。同时结合互联网平台上关于外嫁女"回娘家活动"的报道，从整体上较清晰地掌握"回娘家活动"的现实状况，确定本文的研究方法和思路。

实地观察法。笔者于2018年暑假和2019年寒假前往茂名地区开展外嫁女"回娘家活动"的调研活动。茂名市共辖2区3市，本次调研选择其中的1区2市（茂南区、高州市和信宜市）作为调研地点，确定成功举办外嫁女活动的M、C、X三村作为实地走访村落，在此期间接触到了外嫁女、当地村委会成员和村民，并获得一手资料。

半结构化访谈法。在调研期间，笔者分别与活动组织者、外嫁女、村委会成员和普通村民进行了访谈，访谈对象情况见表1。通过开放性提问形式设置访谈提纲，引导访谈对象阐述自身对于外嫁女活动的观点。首先，对于外嫁女群体，笔者通过滚雪球抽样的方法在每个调研村落选取2~3名外嫁女进行半结构化访谈，主要了解她们的活动参与动机、参与内容以及对外嫁女活动的主观认知和评价。其次，对于村干部，则是在每个村落选取1~2名村委会负责人或（和）自然村村主任作为访谈对象。最后，采用偶遇抽样的方法选择在实地调研过程中偶然遇到的村民作为调查对象，主要了解他们对于外嫁女以及"回娘家活动"的看法。

表1 访谈对象及其基本信息

编号	性别	身份（职业）①	访谈时间	访谈地点
M1	女	村民（务农）	2019年1月18日	M村内
M2	女	村民	2019年1月18日	受访者家中
M3	男	村主任	2019年1月18日	M村内
M4	男	村民	2019年1月18日	受访者家中
M5	女	外嫁女（会计）	2019年1月17日	茂南区市区狗肉店
M6	男	村民（上一任村主任）	2019年1月17日	茂南区市区狗肉店
C1	女	外嫁女（商人）	2018年8月4日	受访者家中
C2	男	村民（退休村干部）	2019年1月13日	受访者家中
C3	男	村委会主任	2019年1月13日	C村村委会
C4	男	街道驻村干部	2018年8月7日	村委会会议室
C5	女	外嫁女	2019年1月14日	受访者家中
C6	男	村委会书记	2018年8月7日	村委会会议室

（续）

编号	性别	身份（职业）①	访谈时间	访谈地点
X1	男	村民（退休村干部）	2019 年 1 月 13 日	受访者家门口
X2	男	村主任	2019 年 1 月 15 日	受访者妹妹 （X3）的家中
X3	女	外嫁女	2019 年 1 月 15 日	受访者家中
X4	女	外嫁女	2019 年 1 月 15 日	X 村内
X5	男	村民	2019 年 1 月 15 日	受访者家中
X6	女	外嫁女 （美容店店主）	2019 年 1 月 15 日	美容店
S1	男	筹委会成员	2018 年 8 月 3 日	高州 S 村庄氏总会会馆
S2	男	筹委会成员	2018 年 8 月 4 日	高州 S 村庄氏总会会馆

注：①表内缺失职业说明的个人在访谈中未透露职业信息。

2 "她是谁"？——"回娘家活动"的基本情况

2.1 外嫁女"回娘家活动"概况

2017—2019 年，广东茂名地区的多个村落先后举行了较为大型的外嫁女"回娘家活动"。在外嫁女的提议下，部分在村中具有影响力的外嫁女牵头募集经费、组织活动以支持家乡发展。活动内容包括走村、聚餐、发放敬老金以及奖学金、表演节目等，其中资金主要用于餐费、宣传策划支出、慰问费用等方面。根据实地调研，笔者梳理出了 M、C、X 三村"回娘家活动"的简况。

M 村：2017 年春节期间，M 村外嫁女中有人提议组织一次集体回娘家聚会活动，很快得到其他外嫁女和村民们的响应和支持。2017 年 10 月 14 日，60 多名外嫁女自我组织、自我筹资、自我策划，从海内外各地回到 M 村，与村里 300 多名村民共聚。聚会的内容包括组织聚餐、村落巡游、唱歌跳舞、拍大合照等活动，虽然本次聚会的筹备较为仓促，仍有许多外嫁女未能出席，但是聚会带来的情感凝聚效应，令村民与外嫁女们备受鼓舞，产生继续组织相关活动的想法，希望有更多的外嫁女与村民参与其中。2018 年 10 月 5 日，M 村再次举办"回娘家活动"，名为"第二届外嫁金花回娘家暨敬老奖学联欢会"，与第一届相比，第二届还增加了广场舞文艺晚会、颁发敬老金奖学金等环节。外嫁女自发筹集资金给 70 岁以上的老人派发红包和礼物，给考上大学的优秀学子发放奖学金。M 村外嫁女活动产生了强烈的社会反响，其他村落的村民对活动赞赏有嘉。

C村：2017年7月初，C村外嫁女回娘家活动的筹备工作正式展开，由S等10名外嫁女组成的"十姐妹"是C村第一届"回娘家活动"的筹备人员，她们通过电话、网络等方式与其他外嫁女取得联系，经商量决定于2018年农历正月初五举办主题为"孝亲敬老"的回娘家探亲活动，活动内容包括旗袍走秀、表演、聚餐、给长者发红包等，吸引了199名外嫁女从外地赶回高州参与。但与M村不同的是，C村外嫁女活动的聚餐参加者是外嫁女、村委会工作人员和旗袍走秀环节负责维持秩序的"兄弟团"。外嫁女们为此次活动募集资金7万元，除去活动成本后的剩余资金被用于购买石桌、石椅捐赠给C村的文化楼。活动结束之后，外嫁女活动的捐资榜也一直张贴在村内文化楼的入门走廊上，"十姐妹"因筹办活动而受到当地村民和村委会的一致好评。

X村：一次偶然的机会，X村的外嫁女F看到了网络上流传的外嫁女归乡活动视频，萌生了组织回娘家聚会活动的念头，想法提出之后就得到了同村外嫁女和村民的响应，尤其是德高望重的村主任也表示支持。于是，以F和村主任为代表的筹委组迅速成立，开始策划工作。2019年1月1日，X村李姓和梁姓共230名外嫁女从各地赶回来参加活动。所有村民和外嫁女共聚一堂，享受盛宴，他们表示此次聚会是建村几百年来第一次全村的聚会。除了聚餐，还有祭祖、晚会演出、烟花大会等环节。

2.2 "回娘家活动"兴起条件

2.2.1 社会因素

"外嫁女"中"外"字的涵义是由传统社会的外婚制和从夫居等社会制度中将嫁女的身份规定为娘家的外人而来的，俗语"嫁出去的女儿，泼出去的水"也是这样的意思。虽然传统的社会制度规定外嫁女婚后是娘家的"外人"，但外嫁女依然能够与娘家保持着一定的联系，其重要方式便是日常的"回娘家"习俗。自20世纪80年代以来，随着中国农村人口向城市大规模流动，出现"男工女耕"和男女双方外出务工的生活模式，妇女当家成为全国农村的普遍现象。妇女当家也代表着女性地位的提升，冲击了传统的"男主外女主内"社会制度，相应地，"回娘家"的原因也产生了变化。过去，外嫁女回娘家行为是为单向地接受娘家的情感和经济支持，例如与丈夫吵架后回娘家等，但现代女性在家庭中由于获得了更多的话语权和决策权，具有一定的资源，出嫁的女性也可以对娘家提供情感、经济、人力上的帮助。在现代化程度较高的地区，女性回娘家已经突破了时间场合的限制。

以前，（外嫁女）就像泼出去的水不可收回，现在，（外嫁女）会回村参与基础设施建设。2016年最新修谱已经将外嫁女群体写入族谱。（M5）

外嫁女不再是婆家的"附属品",而是具有充分个体能动性的独立个人,她们有着回馈父母、反哺家乡的主体意识,怀揣着家乡变得更加美好的期望,茂名等多地外嫁女活动就是在这样的社会背景下兴起的。

2.2.2 经济因素

外嫁女"回娘家活动"的开展是以经济条件作为基础,像走村、聚餐、表演、慰问等环节都离不开资金的支撑。"回娘家活动"的经费主要来源于外嫁女群体和村民自愿捐赠,对捐赠金额不做硬性规定,每个人根据自身经济条件而定。外嫁女和村民能够自发捐款背后的深层次原因是经济的快速发展带来的城乡居民收入增长,这是外嫁女活动举办的必要前提。甚至有部分外嫁女已获得了更广阔的发展平台,跃升到更高的社会阶层,这使得她们拥有更强的经济实力去反哺家乡。C村"十姐妹"之一的S女士家里是经商的,在外嫁女活动中,她的捐赠最多。

2.2.3 技术因素

当今社会便捷的交通设施与触手可及的社交网络是外嫁女"回娘家活动"举行的促进因素。几十年前地理区域的阻隔以及落后的交通条件,使得外嫁女每次回娘家都需要耗费大量的时间,如今外嫁女往返自家与娘家非常方便,能够及时地回到家乡参与外嫁女活动。

随着互联网技术的发展,中国进入"互联网+"时代,智能手机已经普及,网络通信工具如QQ、微信、微博等被广泛使用。这些工具不仅支持"一对一"的私聊,还支持群组方式"多对多"的沟通,并且通讯成本低。在M、C、X三村外嫁女活动的前期筹备中,活动的发起者和筹划者都是利用微信组群联系村内生活在各地不同年龄段的外嫁女,使得后续活动顺利开展。

3 "她之力"——外嫁女参与农村社区的发展

本章节将阐释外嫁女参与"回娘家活动"的四个基本要素:主体、方式、内容和成效,即回答"谁来参与""怎样参与""参与什么"以及"参与后果"四个问题。

3.1 参与主体

外嫁女"回娘家活动"的主体是由拥有参与意愿的人组成,它既包括外嫁女和村民个人,也包括自治性群众组织,如村委会、社区内的群众文体组织等。外嫁女"回娘家活动"参与个体按类型划分包括:积极参与者、从众参与者。其中,积极参与者主要以外嫁女精英、村委会成员等为主。通常情况下,积极参与者对"回娘家活动"的举办充满兴趣,一般是"回娘家活动"的主力，并承担着一定的活动策划职责。如作为 C 村外嫁女活动召集人"十姐妹"之一的 S 女士，除了直接与外嫁女打交道，还主动与各类群体联系，对外嫁女活动的顺利举办发挥着积极的作用。

街道办主任邀请记者进行宣传、村委会出了 2 万～3 万元做装饰、兄弟团负责维持活动现场秩序。活动的顺利开展与村领导尤其是李主任的支持和外嫁女群体的团结慷慨是离不开的。(C1)

活动的从众参与者也可以说是被动参与者，积极参与者和被动参与者的划分是相对的，因为大部分外嫁女不太清楚活动策划的准备流程，但当组织者带头捐款且参与人数初具规模时，持观望态度的外嫁女也会参与其中。根据村民的口述，少部分外嫁女在得知举办活动的消息之后因受限于时间和距离未能亲临活动现场，也有一部分外嫁女没有收到举办活动的通知，这些人算是外嫁女活动的"局外人"。

因为准备时间比较短，（部分外嫁女）没有联系上，我们姓梁的搬出去的（外嫁女）都有几百人，不少都没有联系上。(X5)

有些外嫁女因工作原因无法参加活动，看到活动视频后，纷纷表示，如果下次再举办，肯定早早地请好假回来。(X4)

3.2 参与方式

过去外嫁女个体主动回娘家的情形有：在新婚期或日常从夫而居生活中因思念家人主动回娘家；因与丈夫或公婆闹矛盾而回娘家；为特殊事件或为了实现特定目的而回娘家。与过往的个体行为不同，外嫁女"回娘家活动"是外嫁女以团体形式集中回到娘家，是一个准组织化的参与过程。而这种参与方式的优点是能够形成较强大的团体力量去表达广大外嫁女对活动的期待与参与需求。

外嫁女群体中的核心成员发挥着联系村委会、村民、商家等相关主体，收集汇总其他外嫁女的意见、协调群体内部之间或群体与其他主体之间争议的作用。

村中有一个公益（微信）群，群中包含外嫁女和村民，有一个村民专用（微信）群，还有一个外嫁女专用（微信）群。如果遇到问题，我们会在对应的群里讨论。(M6)

有了微信群，很多人都可以通过这个渠道及时了解消息，每逢三四天就会聚集一下开个会。而且外面的人都不需要回来，时间到了大家就可以集中在线上讨论。(M4)

报名参加"回娘家活动"的时候是要收集姓名和捐款金额的，这些信息是分开的，村里也张贴了捐款花名册。(X3)

活动经费支出情况是透明的，资金使用明细会定期在微信群中予以公示。(C1)

3.3 参与内容

外嫁女"回娘家活动"可以说是一次外嫁女对社会活动的公共参与。传统乡村社会中的村民秉持"嫁出去的女儿是泼出去的水"的思想观念，外嫁的女儿被排除在娘家公共事务的参与之外，对娘家村落的发展没有话语权和决策权。随着时代的变迁和人们性别观念的改变，人们逐渐意识到外嫁的女性和本村村民一样都是乡村发展的主体，都同样有能力对农村社区的民主协商、基础设施建设、文化生活和服务活动等作出贡献。

3.3.1 民主协商

村委会不但没有拒绝外嫁女对农村社区发展活动的参与，还积极组织、动员她们，发掘她们中的优秀人才为社区的民主发展作贡献。外嫁女代表参与村落的民主协商在 C、M、X 三村都有体现，她们在"回娘家活动"中积极就农村社区的发展出谋划策，并主动协助社区开展探访老人、为青少年颁发奖学金等活动，为娘家发展提供智力支持。同时，有的村落如 C 村，结合外嫁女集体返乡活动，举办的诸如"乡村振兴"座谈会、"新农村建设"座谈会，则是将外嫁女力量纳入乡村建设、乡村治理主体的表现。

可以动员外嫁女群体为新农村建设提供资金支持，我们希望外嫁女活动能够继续举办下去，而且要与我们现在提倡的新农村建设结合起来。(C6)

以前她们（外嫁女）都不会表态，在参与活动后她们会给（修路和修祠堂）一些意见。(M1)

石仔岭街道内在 2018 年共两个村举办了外嫁女回娘家联谊活动，举办得很成功，基本没有问题，但以后可以与党建、乡村振兴、新农村建设的主题相结合。(C4)

通过外嫁女"回娘家活动"的举办，可以激发多种治理主体参与到乡村治理中来，也能鼓励更多的村民参与社区建设的讨论，促使乡村自我治理和民主化进程的向前迈进。但是，就目前外嫁女群体参与娘家社区的民主协商来看，核心事项的决策权仍掌握在权威男性村民的手上，外嫁女可以提出自己的意见，但意见被采纳与否、是否影响最终决策却不得而知。

村里（建设）一般是男人参与的，我们女人一般很少参与这些事。女人理事就理女人事咯。(M1)

3.3.2 基础设施建设

在外嫁女"回娘家活动"中，外嫁女参与基础设施建设的做法是捐赠资金修建文化楼、公路、石凳等。在活动筹资的过程中结余的资金并没有被退回，而是作为了村中的公共发展资金。因为这些资金都是外嫁女自愿付出的，她们需要清楚地知道资金的使用情况，因此"回娘家活动"中财务透明度比较高，相关负责人都做到了财务公开以便让外嫁女们放心。

活动举办后便用余款购买凳子、椅子给老人家进行日常娱乐活动（下棋），争取每笔资金都用好、用透明。（C1）

因为这个活动，现在路修得更好了。她们回来，我们会感到很骄傲。（X1）

大概是在微信群里对相关花费和余额公示之后，几个核心筹办者牵头，大多数外嫁女同意，就将多余的资金给到村中进行公益建设。（M5）

3.3.3　文化生活

在满足温饱需求之后，人们开始追求精神上的"粮食"，文化活动是外嫁女"回娘家活动"中最具吸引力的环节，外嫁女和村民对"回娘家活动"中文艺表演的参与热情十足。所调查的 C、M、X 三村"回娘家活动"中都包含了文艺表演的环节，只是具体的表现形式有所不同。例如 M 村第二届外嫁女活动与"广场舞下乡"相结合，巧妙地联络临近村落共同举办广场舞表演；C 村外嫁女穿上了旗袍进行精彩的游村旗袍秀；X 村则有舞狮表演、烟花大会等节目。丰富多彩的文化活动能够满足外嫁女和村民们的娱乐需求。

外嫁女穿着旗袍，从文化楼开始，沿着 207 国道，回到文化楼，相当是绕 C 村一圈。（C3）

3.3.4　服务活动

外嫁女"回娘家活动"在社区服务方面注重社区内互帮互扶，一系列的敬老活动基本上都是由外嫁女和外嫁女组成的团体来承办和参与的。

我们向 60 岁以上老人发放红包和慰问品，同时有一位热心的外嫁女，向 80 岁以上老人额外发放每人 200 元的红包。（C1）

通过外嫁女活动，号召外嫁女回娘家支持公益性事业发展，活动组织者经商讨还会在活动现场设置捐款环节。（C6）

村民也都有一点变化的啊，比如说如果村里有人生病，就可以发动全村人去帮助了。（M2）

外嫁女对娘家的老年人等弱势群体给予了极大的关爱和帮助，通过捐款表达了她们内心对家乡的热爱之情，有利于弘扬中华民族传统的敬老精神，更有利于促进村民积极参与对弱势群体的志愿服务，从而构建和谐美好、团结友爱的社区生活氛围。

3.4　参与成效

外嫁女的"回娘家活动"能够积累对社区发展具有价值的资源，即社区资本。Emery 等（2006）认为社区资本可分为自然、文化、人力、社会、政治、金融及基建七大类型。结合实际调研情况，外嫁女"回娘家活动"具体产生了文化、社会、金融及基建四类资本。文化资本包括人们的世界观、方法论、传统与语言；社会资本即人与组织或社会之间的联系；金融资本即可用于社区投资的财政资源，基建资本即支持社区活动的基础设施。其中，本文将金融资本和基建资本统称为经济资本，即用于支持社区发展或活动的资金和设施。

3.4.1　文化资本

乡风文明是乡村振兴战略的五个总方针之一，也是乡村振兴的重要推动力量和软件基础。外嫁女将"关爱、孝德、感恩"等价值观融入"回娘家活动"的全过程，对乡风文明建设发挥着显著的促进作用，这也是外嫁女参与"回娘家活动"给予娘家社区带来的正面影响之一。通过实地访谈，笔者得知，外嫁女"回娘家活动"对乡风文明的影响主要体现在冲击农村重男轻女的思想、倡导和发扬村落的敬老风气、提高村落的村民凝聚力三个方面。

首先，外嫁女"回娘家活动"的举办冲击了农村传统重男轻女的观念。宗法社会在进行身份界定时奉行这样一条规则：妇女出嫁后依附男方家庭，与其原来宗族不发生关系。按照这个原则，娘家的祭祀、娘家社区的发展都与外嫁女们无关，她们仅需要在特定的日子回乡探望父母。通过"回娘家活动"，村民对外嫁女的看法发生了改变，重新定义了外嫁女的身份，即外嫁女也是村落中的一员，并认可她们为村落作出的贡献。

祭祖的时候，我们也邀请外嫁女回来吃饭，时间是在清明之后。(M6)

我们刚进（村）门的时候，娘家有老人啊、小孩啊、嫂子啊都站在门口等着我们、欢迎我们。我们自己觉得：哦，原来娘家人这么看重我们！就觉得很兴奋。(X4)

其次，外嫁女"回娘家活动"中孝亲敬老等环节有助于弘扬村落的敬老风气。外嫁女通过募集经费向全村的长者开展送红包和物资、入户探访等尊老敬老实际行动，不仅让村中长者感受到来自晚辈的温暖，更为村中的青年和儿童做出良好示范，有助于在社区形成敬老的优良乡风。

再次，外嫁女"回娘家活动"也是联结外嫁女与村民、村民与村民的活动，有助于加强整个村落的凝聚力。村民和外嫁女在聚会、聚餐过程中被联结起来，构建了共同的乡村记忆与乡村印象，在外嫁女与村民、村民与村民之间形成了新的"熟人社会"。此外，"回娘家活动"的成功举办给村落带来的名誉也能促使村民形成更为强烈的对乡村共同体的认同感和荣誉感，进而有助于整个乡村的情感联结。

3.4.2　社会资本

社会资本理论中，"参与"指的是个人的社会关系网络以及参与社会事务的机会，通过社会事务的参与从而加强对个人关系网络的认同感和归属感。由于外嫁女出嫁后离开原先居住的村庄，彼此间的联系日渐减少甚至中断，借助"回娘家活动"这个机会，在部分外嫁女的带领下，以往分散在全国各地的众多外嫁女重新联系起来，强化了外嫁女群体的内部联系，这种外嫁女之间相互熟悉、信任、有序的互动有利于形成新的社会资本。

    通过（回娘家）活动，大家都加微信了嘛，平时联系不上的人一下子全部都联系上了。(X6)

    像以前，就算外嫁女回来也没人问的嘛，连招呼都不会打。现在大家都回来，就会知道该怎么称呼，见面也会打声招呼。(M2)

    另外，在外嫁女"回娘家活动"中，外嫁女与村民的共同参与有助于增进外嫁女对家乡的了解，加强村落内邻里之间、村民与外嫁女之间的沟通与团结，促进外嫁女与家乡的联系，并形成凝聚力，增进彼此的社会资本。通过"回娘家活动"所积攒的人脉，会助力外嫁女和村民日后的发展，最为典型的是 X 村外嫁女 S 的案例。

    外嫁女 S 经营一家美容店，在"回娘家活动"当天，她和她的员工为外嫁女和村民提供免费的化妆服务，为活动贡献自己的力量。S 因此得到其他外嫁女和村民的好评："S 人这么好，化得这么漂亮，以后也要去 S 的美容店做美容。"S 为他人免费化妆的举动让更多的人了解到她和她的美容店，在一定程度上为她的店铺经营带来了益处。

3.4.3 经济资本

    外嫁女群体组织的"回娘家活动"为其家乡的发展提供了机遇。一方面，外嫁女积极贡献个人能力、学识等为解决家乡经济发展中的问题建言献策，增加了农村社区经济发展的智力资源。另一方面，外嫁女因强烈的家乡情怀会将本身已获得的经济资源链接到乡村建设中。比如，通过募捐为娘家村落的民生工程筹集财力、物力；以及为娘家村落的特色产业进行推广宣传，X 村每户人家都在种植三华李，"回娘家活动"的成功举办让更多的外嫁女全面了解自己家乡的特产，外嫁女也表示愿意帮助村民通过新媒体平台去宣传三华李；此外，"回娘家活动"结束之后剩余的筹款经外嫁女们一致同意后被作为了村中的公共发展资金贡献给娘家村落，并用于一些公共设施的建设。

    我们村在建文化楼的时候，外嫁女也捐钱了，听说一共捐了好几万啊。我们外嫁女聚会就是在文化楼那里办的，地方很大。还有环村路啊，平安大道啊，外嫁女都捐钱的。(C5)

    她们都是从事不同工作的，就可以互相介绍一下（资源）。外嫁女中也有在外面闯荡得很好的，就可以给村里带来资源。(C2)

4 "她"之困惑——可持续性发展之"难"

通过"回娘家活动"独特的形式与内涵，外嫁女们在为农村社区带来利益的同时也间接地提高了村庄在当地的声望。但外嫁女"回娘家活动"是一种自下而上的群体性自发行为，自发意味会存在不稳定和不确定的因素，容易受各方面影响而出现中断，不具备可持续举办的特征。目前，外嫁女"回娘家活动"的可持续举办面临着两大挑战：一个是来自群体内部的攀比奢侈风悄悄蔓延；另一个则是来自外部正式权力对活动的负面反应。

4.1 攀比奢侈风

外嫁女"回娘家活动"最初的举办动机是反哺家乡、回馈父母、弘扬孝道等朴素的愿景，但随着"回娘家活动"的传播与扩散，某些后来效仿举办活动的村落开始掺杂"竞争""不甘落后"等动机。长期以来，村民深受乡村社会中的"攀比""讲排面"等不良风气的影响，尤其在节假日和聚会的时候，炫耀攀比、铺张浪费的现象更为突出，而举办这样的群体活动更能彰显村庄的文化软实力和经济硬实力，活动形式越隆重则似乎代表着村民和外嫁女具有更强的经济实力，部分村落的村民因此更为积极主动地参与活动的筹备。在S村开展的访谈中，被访者表示本村的活动预期总支出是20万元左右，是C村活动经费的3倍。

村民C先生看到其他村有这个活动，本村经济不比其他村差，所以他们也想要举行，而且要搞得比其他村更好，更有势头。（S1）

活动可以显示出自己村的财力与地位，提升自己村的名声与凝聚力。（S2）

随着"回娘家活动"的"攀比""讲排场"风潮愈演愈烈，村民们将捐赠金额与孝顺程度进行等价挂钩，即"捐得越多越有孝心"，对外嫁女们形成了一种道德绑架，并将活动中的铺张浪费行为合理化。若是"回娘家活动"的举办动机掺杂了攀比因素，活动的预算会相应提高，一旦活动预算的增加幅度超过了外嫁女的家庭收入增加幅度，则外嫁女更可能选择退出，毕竟选择超出自身经济承受范围去捐赠的外嫁女属于少数群体。这样持续下去的后果是参与者逐渐变少，活动可持续性受到严重挑战，外嫁女"回娘家活动"或成为昙花一现的时代产物。

我们村也准备搞（回娘家活动），表面是自愿捐款，实际上进群的至少每人出500元，如果不交就进不了群，也就没资格参加，弘扬传统文本来是一件好事，结果都变质了。（O1）

4.2 活动的行政合法性

行政合法性属于形式合法性，即获得政府的默许和认可。对于外嫁女"回娘家活动"而言，是否拥有行政合法性是影响活动可持续性的关键要素。外嫁女"回娘家活动"最初是自下而上的自发性活动，因其显著的正面社会影响力被正式权力所关注，又因其在华南地区的传播过程中掺杂了"攀比""讲排场"等因素被某些地方的正式权力所禁止。如2018年8月，海南省澄迈县加乐镇的外嫁女们身着鲜艳旗袍站在豪车上声势浩大地出现在街道上的视频在网络上被多次转发，引起网友们的广泛议论。对此，澄迈县纪委、监委发文批评了此次活动，并指出"孝悌之道不在形式，在于真诚"。又如湛江市吴川市委办公室于2018年10月19日发布《关于狠刹大操大办"年例""外嫁女聚会"等不正之风 倡导移风易俗的通知》，导致吴川部分村庄因此取消外嫁女"回娘家活动"。以上都是政府正式权力对外嫁女"回娘家活动"中存在的不正之风作出的强烈回应。若想使外嫁女"回娘家活动"成为一种可持续的现象，以惯习的形式嵌入农村社区，则需要获取正式权力的允许或默许，对此，要求外嫁女"回娘家活动"在举办过程中必须去除"攀比""讲排场"等不正之风，保持"反哺家乡、回馈父母"的初心。

5 "她"之未来——外嫁女参与式发展模式的优化路径

5.1 优化的理念

5.1.1 赋权于"她"

参与式发展的核心是赋权，而分权则是赋权的主要内容，若要使外嫁女性逐渐获得权利，"她"由"无权"开始变为"有权"。在过去的乡村社会，受思想观念限制，对于乡村的发展项目被贴上"外人"身份的外嫁女难以发出自己的"声音"，往往被排除在项目之外，沦为发展的"旁观者"。在外嫁女"回娘家活动"中，乡村社会不再把外嫁女当成"外人"，外嫁女逐渐拥有发展权、参与权和建议权等权利去为村落发展贡献自己的力量，推动社区资本的增长及整个社区的发展与进步。对于当地村民来说，外嫁女的角色发生转变，成为社区发展的"合作者"，因此，在决策过程中会更加关注外嫁女的意见和声音。如果村落发展的决策者只是"走形式"地征求普通外嫁女的意见，这并不是真正意义上的参与，外嫁女也没得到完整的赋权，很难达到理想的参与效果。

5.1.2 可持续发展

"回娘家活动"要充分肯定外嫁女的主体作用，事实上"回娘家活动"是一种手段和载体而不是最终目标，而赋予外嫁女参与权利，培养外嫁女的参与能力，进而促进农村社区的发展才是最终目标。因此，作为手段和载体的"回娘家活动"具有可持续性是实现最终目标的前提条件。在外嫁女"回娘家活动"的传播过程中，某些村落的村民和外嫁女群体内部产生了"攀比""讲排场"等不正之风，导致活动预算激增，导致部分地区的政府"一刀切"地叫停了"回娘家活动"，这意味着带有不正之风的"回娘家活动"是不符合可持续发展理念的。在开展外嫁女"回娘家活动"中要注重以人为本，所有的活动项目、环节安排都要以反哺家乡、回馈父母、联络感情等朴素愿望为根本，以免走入"炫富宴"的歧途。一次两次的"回娘家活动"虽然能对农村社区的发展产生积极效应，但这种影响力是有限的，所以需要"回娘家活动"通过优化形式，走上可持续发展的道路，以此巩固外嫁女的参与成果。

5.2 优化的方式——多元协助

参与式发展不仅需要全过程和全方位的赋权，还需要可持续性的参与。发展一方面是社区内特定的"局内人"（Insiders，包括阶层、人群、团体和个体）自觉参与发展行动的过程；另一方面也是社区系统以外的"外来者"（Outsiders，包括群体和机构）通过推荐合理的方案、方法实现对其发展进程辅助和推动的干预过程。我们可以在确保外嫁女主体参与地位的同时引入其他"局内人"和"外来者"参与其中，通过多元协调的制度来实现该活动的可持续发展。

5.2.1 政府

政府在关注到外嫁女活动在扩散的过程中由于出现了村与村之间的恶性竞争而将活动推向形式化和奢靡化的同时，也应该注意到活动的举办向社会传递了男女平等、孝敬长者、饮水思源等观念，所以，政府对外嫁女"回娘家活动"应该是"宜引不宜禁"的。政府需要充当引导者的角色，引导活动宗旨及目的建立要符合当今社会的政治规范，将活动跟乡风文明建设结合起来，促进乡风民风建设，促使"回娘家活动"回归"本心"。各级政府应认真落实好移风易俗的工作要求，印发相关通知，明令禁止外嫁女"回娘家活动"中的不正之风，不应"一刀切"式全面叫停外嫁女回娘家活动。同时，倡导农村基层党员发挥先锋模范作用，树立良好作风、弘扬淳朴民风，营造勤俭节约的村落氛围，鼓励基层党员干部和政府工作人员自觉抵制具有不正之风意味的"回娘家活动"。地方政府应摸索出一条既保留地方文化特色，又符合社会主义核心价值观的节俭举办外嫁女"回娘家活动"的可持续之路。

5.2.2 村委会

村委会的监督管理要贯穿"回娘家活动"的整个过程，这种监督管理是一种多元主体参与的体现，村庄内部可建立村规民约来确定村委会的监督制度，对外嫁女活动起到规范作用。村委会对外嫁女活动的监督应该从两方面入手：一是对内容形式的监督，坚决抵制华丽花哨、注重表面但毫无意义的活动创新，村委会可以建议"回娘家活动"嵌入以"给长者送温暖""关爱留守儿童""关爱农村残障人士"等为主题的正能量乡风建设活动内，以赋予"回娘家活动"新的意义；二是对财务的监督，村委会成员可以在活动筹划之前与外嫁女取得联系，了解活动的进展情况和财务预算，并明确村委会方面对"回娘家活动"的要求和期待，将活动经费预算控制在合理的范围之内。

5.2.3　社会工作

在活动举办的过程中，虽然强调外嫁女群体的主体地位以及能动性，但同时也应当认识到外嫁女群体对农村社区发展的认识有局限性，所以应该引进专业的社会工作者与她们同行，助力农村社区发展。社会工作的地区发展模式认为可以发动社区内不同群体广泛参与活动，在此过程中使他们实现自助和互助，进而改善社区关系推动社区发展。此模式注重社区成员的参与，强调参与者的自主成长，而"回娘家活动"中具有"参与"主体地位的是外嫁女群体，因此，将地区发展模式运用到"回娘家活动"中具有合理性，同时，社会工作者应发挥使能者、倡导者、协调者的作用去协助外嫁女们应对"回娘家活动"中的问题。若在外嫁女群体中缺乏骨干力量，则社会工作者还承担着培养和发展外嫁女骨干的责任。另外，社会工作者可以通过游说，以举办讲座等方式去改变外嫁女和村民的"攀比""讲排场"等落后观念，建议捐款坚持自愿原则，不应强迫，推崇节俭、包容的活动新风尚。

5.3　优化的关键——外嫁女自身能力建设

在外嫁女"回娘家活动"中，追求的不仅是其他主体的参与，更重要的是外嫁女发挥自身的能动性和主动性实现自身发展，即外嫁女群体的能力建设是参与式发展中的重要目标。外嫁女主动参与的过程本身也是一个不断学习、不断接受自我教育和自我培训的过程，这种主动参与的机制需要以不断优化外嫁女个体的能力建设为前提，包括：建立外嫁女的主体意识；培养外嫁女的活动参与技能；建立参与组织，在组织中培养外嫁女的自我管理、自我发展能力。

第一，推进外嫁女的意识觉醒。传统社会中外嫁女与娘家人分属于两个不同的家庭，受传统观念影响，外嫁女目前在参与娘家社区的发展管理和决策中仍处于边缘位置，有部分外嫁女甚至认为这是理所当然的事情。这需要向外嫁女传递"男女都有权参与"的意识，主张她们发出更为明确、有效的声音，使得她们对农村社区发展自然地建立起"主人翁意识"。实现外嫁女的意识觉醒能够改被动发展为主动发展，促使她们从原来参与的边缘位置逐渐走向中心。意识觉醒还包括端正对举办"回娘家活动"的认知，"回娘家活动"的举办动因不是炫耀、比阔气、从众等，而是外嫁女回馈家乡、助力社区发展的初心。

第二，培养外嫁女的技能。活动组织者调动外嫁女的积极性需要重新唤回外嫁女对自身的知识和能力的自信，让她们相信自己，敢于畅所欲言、发表各自的观点、为别人提供帮助，运用自己的智慧和力量参与"回娘家活动"。此外，活动组织者需要培养管账、动员、策划等多种实际技能，并把技术应用到"回娘家活动"举办全过程中，提高工作效率，制订出符合大多数外嫁女意愿的活动方案。

第三，外嫁女可根据本地"回娘家活动"的具体举办情况，推选或培养活动骨干，成立自发性的外嫁女自组织，若已存在外嫁女自组织，则需要进行自我规范。以外嫁女自组织或类似组织为平台，外嫁女可以通过讨论、辩论的方式对"回娘家活动"的内容进行改良。对于"回娘家活动"的"精华"成分，需要保留，如尊师重道、尊老爱幼、扶贫济困、心系孤寡老弱等公益活动，倡导外嫁女策划节俭、合理、充满正能量的"回娘家活动"以感恩父母和家乡。此外，外嫁女自组织还应发挥管理功能，及时关注"回娘家活动"举办过程中的问题，如外嫁女群体中的部分人员有可能无法参与活动，应把那些"非自愿"不参与者作为活动筹办过程中的关注重点，有的可能是由于家庭贫困被"高昂"的活动捐资拒之门外，对于这部分外嫁女，自组织应该给予关怀，免除她们参与活动的费用。

6　总结

外嫁女"回娘家活动"的创新之处在于充分利用外嫁女群体的力量回馈家乡，反映出外嫁女群体是乡村发展过程中值得挖掘的重要力量。外嫁女"回娘家活动"的兴起主要受到社会、经济和技术因素的影响，其中社会因素是活动兴起的前提，经济因素是活动兴起的基础，技术因素是活动兴起的推手。外嫁女"回娘家活动"不仅强化了外嫁女群体内部及其与家乡的联系，还为乡村治理引入了新的主体，传递孝悌、饮水思源、热爱家乡的美好文明乡风，并且为农村社区带来一定潜在的社会资本和可见的经济利益。但是，"回娘家活动"在传播扩散的过程中面临着可持续性发展的问题，这说明"回娘家活动"的巩固需要其他主体的回应和参与，需要采用更为科学的方法去推动"回娘家活动"的发展。

参 考 文 献

柏兰芝，2013. 集体的重构：珠江三角洲地区农村产权制度的演变：以"外嫁女"争议为例 [J]. 开放时代（3）：109-129.

陈端洪，2003. 排他性与他者化：中国农村"外嫁女"案件的财产权分析 [J]. 北大法律评论，5（2）：321-333.

刁统菊，2010. 回娘家习俗与嫁女身份的转变：兼论民俗文化的协调功能 [J]. 西北民族研究（4）：145-159.

何阳，2019. 外嫁女反哺：乡风文明建设路径创新与引申 [J]. 农林经济管理学报，18（4）：561-568.

贺雪峰，董磊明，2009. 农民外出务工的逻辑与中国的城市化道路 [J]. 中国农村观察（2）：12-18，95.

洪淑苓，2003. "回娘家"习俗与女性研究：中华传统文化与新世纪国际学术研讨会论文集 [C]. 西安：三秦出版社：721-732.

黄磊，胡彬，刘桂发，2011. 参与式发展理论：一个文献综述 [J]. 大众科技（11）：231-233.

蒋志宏，2004. 农村"外嫁女"权益纠纷问题法律探索 [J]. 南方农村（4）：35-38.

金爱武，2004. 浙闽山区毛竹高效经营技术与参与式发展模式研究 [D]. 南京：南京林业大学.

李彬宁，2012. 农村社区参与式发展研究与社会工作的介入 [D]. 武汉：华中农业大学.

李小云，2001. 参与式发展概论 [M]. 北京：中国农业大学出版社.

李小云，2005. 普通发展学 [M]. 北京：社会科学文献出版社.

梁漱溟，1990. 梁漱溟全集（第二卷）[M]. 济南：山东人民出版社.

廖婷芬，2015. 赋权视角下对流动妇女自助组织的培育研究 [D]. 昆明：云南大学.

林志斌，2001. 性别与发展导论 [M]. 北京：中国农业大学出版社.

林志斌，邱国军，2001. 全球化在农业领域对中国妇女的潜在影响 [J]. 妇女研究论丛（1）：18-24.

莫小云，2003. 广州市白云区农村外嫁女经济权益保护的思考 [J]. 南方经济（7）：30-33.

申可君，2013. 城市社区建设中的居民参与研究 [D]. 武汉：华中师范大学.

施婧娴，2017. "农转居"背景下农村老年妇女社区参与的实务研究 [D]. 昆明：云南大学.

孙海龙，龚德家，李斌，2004. 城市化背景下农村"外嫁女"权益纠纷及其解决机制的思考 [J]. 法律适用（3）：26-30.

王倩楠，何雪松，2020. 从"回娘家"到"联谊会"：外嫁女的"报"与新宗族主义的兴起 [J]. 妇女研究论丛（2）：5-19，96.

王万英，孙大江，薛金玲，2002. 参与性方法在社区科技互助组织发展中的作用研究 [J]. 云南地理环境研究（1）：1-9.

许柏扬. 城市居民社区参与行为的个案分析:基于深圳三个社区的实证分析 [EB/OL].
(2009 - 07 - 02) [2022 - 06 - 15]. http://www. sociology2010. cass. cn/news/132836. htm.

阎友兵,蒋晟,王忠,2007. 社区参与式乡村旅游的优势与实施策略 [J]. 宁波职业技术学院学报 (3):11 - 14.

叶敬忠,陆继霞,2002. 论农村发展中的公众参与 [J]. 中国农村观察 (2):52 - 60,81.

张晨,李天祥,曹芹,2010. "参与式发展"研究综述 [J]. 农村经济与科技,21 (5):23 - 25.

张开泽,2009. 农村外嫁女权益纠纷及其成因分析:以广东部分地区为例 [J]. 中华女子学院山东分院学报 (5):24 - 28.

张青,2014. 父权制与回娘家节日禁忌传承:基于苏北 H 村的田野考察 [J]. 民俗研究 (4):81 - 88.

张庆东,陈向波,2006. 农村"外嫁女"权益纠纷若干法律问题研究 [J]. 福建法学 (2):55 - 58.

EMERY M,FLORA C,2006. Spiraling up:Mapping community transformation with community capitals framework [J]. Community Development,37 (1):19 - 35.

图书在版编目（CIP）数据

群体社会工作与基层社会服务 / 罗天莹，曾永辉主编. -- 北京：中国农业出版社，2024.9. -- （青年视角下新时代基层中国研究丛书）. -- ISBN 978 - 7 - 109 - 32405 - 3

Ⅰ. D632

中国国家版本馆 CIP 数据核字第 202457GC69 号

群体社会工作与基层社会服务
QUNTI SHEHUI GONGZUO YU JICENG SHEHUI FUWU

中国农业出版社出版

地址：北京市朝阳区麦子店街 18 号楼

邮编：100125

责任编辑：邓琳琳　张　丽

版式设计：王　晨　责任校对：吴丽婷

印刷：三河市国英印务有限公司

版次：2024 年 9 月第 1 版

印次：2024 年 9 月河北第 1 次印刷

发行：新华书店北京发行所

开本：700mm×1000mm　1/16

印张：13.25

字数：252 千字

定价：79.00 元